Das Java-Praktikum

 **Reinhard Schiedermeier** ist Professor an der Hochschule München, Fakultät für Informatik und Mathematik. Er beschäftigt sich mit Programmiersprachen, Compilerbau und Webtechnologien. Nach Informatikstudium und Promotion an der Universität Erlangen-Nürnberg arbeitete er in der Forschung bei Siemens-Nixdorf und IBM.

 **Klaus Köhler** ist Professor an der Hochschule München, Fakultät für Informatik und Mathematik. Dort lehrt er schwerpunktmäßig Softwareentwicklung, Künstliche Intelligenz und Kryptografie. Vorher war er Dozent bei der Siemens AG in München. Er hat an der RWTH Aachen und an der Chalmers TH Göteborg studiert und in Mathematik promoviert.

Reinhard Schiedermeier · Klaus Köhler

Das Java-Praktikum

**Aufgaben und Lösungen zum
Programmierenlernen**

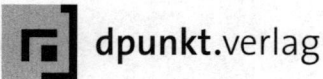 dpunkt.verlag

Reinhard Schiedermeier
rs@cs.hm.edu

Klaus Köhler
koehler@hm.edu

Lektorat: Dr. Michael Barabas
Copy-Editing: Ursula Zimpfer, Herrenberg
Satz: Science & More
Herstellung: Birgit Bäuerlein
Umschlaggestaltung: Helmut Kraus, www.exclam.de
Druck und Bindung: Koninklijke Wöhrmann B.V., Zutphen, Niederlande

Bibliografische Information Der Deutschen Bibliothek
Die Deutsche Bibliothek verzeichnet diese Publikation in der Deutschen Nationalbibliografie;
detaillierte bibliografische Daten sind im Internet über <http://dnb.ddb.de> abrufbar.

ISBN 978-3-89864-513-3

1. Auflage 2008
Copyright © 2008 dpunkt.verlag GmbH
Ringstraße 19
69115 Heidelberg

Vorwort

Learning by doing – einen besseren Leitspruch könnte es zum Lernen von Programmieren kaum geben.

Programmieren lernen hat viel Ähnlichkeit mit Schwimmen lernen in Kindertagen. Allerdings kann man einem Kind noch so genau erklären, wie man Arme und Beine im Takt bewegt, im richtigen Moment ein- und ausatmet, den Kopf anhebt oder loslässt und so weiter – schwimmen kann das Kind mit diesem Wissen ganz bestimmt nicht! Dazu muss es ins Wasser springen, nass werden, husten, nach Luft japsen, untergehen und wieder auftauchen. Die Begeisterung durchläuft dabei sicher einige Höhen und auch Tiefen.

Das Gleiche gilt für das Programmieren: Man kann sich beliebig lang die Konzepte, Strukturen, Ausdrucksmittel und Mechanismen von Programmiersprachen durchlesen oder erklären lassen – programmieren kann man dann wohl kaum. Dazu muss man Code schreiben, Fehler machen, suchen und beheben, Hilfe holen, sich andere Programme ansehen und so weiter. Bezüglich der Begeisterung gilt dabei das oben Gesagte.

Dieses Buch will Ihnen helfen, Java programmieren zu lernen. Sie finden hier eine Sammlung von ausgewählten Aufgaben und dazu jeweils einen ausführlich erklärten Lösungsvorschlag. Betrachten Sie es im übertragenen Sinn als eine Kombination aus Sprungbecken, Schwimmreifen und Wellenmaschine.

Inhalt

Die Aufgaben in diesem Buch setzen Kenntnisse von Java voraus. Dieses Wissen wird hier nicht erklärt, sondern praktisch angewendet. Es ist unbedingt zu empfehlen, dass Sie gleichzeitig eine einschlägige Vorlesung besuchen oder ein Java-Lehrbuch heranziehen, wie zum Beispiel [Mössenböck 05], [Schiedermeier 04] oder eines der vielen anderen.

Der Schwierigkeitsgrad der Aufgaben in diesem Buch steigt fortlaufend an und bezieht schrittweise immer neue Sprachmittel von Java ein. Die folgende Liste soll Ihnen einen groben Überblick über die Auswahl der Aufgaben und ihre Voraussetzungen geben. Eine genauere Liste der einzelnen Aufgaben und Teilaufgaben mit ihrem Schwierigkeitsgrad und den jeweils im Fokus stehenden Sprachmitteln finden Sie in Anhang B (Seite 370).

I. Arithmetik, Variablen, Wertzuweisungen Die ersten Aufgaben kommen mit recht bescheidenen Kenntnissen von Java aus. Sie erwarten nicht mehr als Arithmetik, Variablen und Ausgabeanweisungen.

II. Kontrollstrukturen Die Aufgaben in diesem Abschnitt führen Alternativen und Schleifen ein. Diese Sprachmittel werden als Kontrollstrukturen bezeichnet. Praktisch alle verbreiteten Programmiersprachen bieten sie in ganz ähnlicher Form an.

III. Algorithmen In diesem Abschnitt werden Kontrollstrukturen zur Lösung algorithmisch anspruchsvollerer Aufgaben eingesetzt. Zum Teil werden geschachtelte Schleifen verwendet, ebenso wie Arrays und Rekursion.

IV. Klassen Der nächste Abschnitt beschäftigt sich mit der Definition und dem Einsatz von Klassen. Die Algorithmik tritt dabei etwas in den Hintergrund. Das Augenmerk liegt hier auf dem Umgang mit Objekten, Methoden und der Abgrenzung von Zuständigkeiten. Alle diese Maßnahmen zielen auf die systematische Konstruktion größerer Programme ab.

V. Interfaces und Vererbung Hier kommen Interfaces und Vererbung als Kern der Objektorientierung ins Spiel. Der disziplinierte Einsatz von Vererbung in ihren verschiedenen Facetten führt zu eleganten und flexiblen Lösungen. Aber ebenso kann Vererbung bei unangemessener Verwendung heilloses Chaos auslösen. Diese Aufgaben erfordern sorgfältige Modellierung des Problems in aufeinander abgestimmte Typen und den Entwurf passender Methoden.

VI. Containerklassen Eine wichtige Art von Klassen sind Containerklassen, das heißt Klassen, die andere Elemente organisieren und verwalten. Hier wird das *Collection-Framework* benutzt und es werden auch neue Containerklassen erstellt.

VII. I/O, Netzwerke, Nebenläufigkeit Die Aufgaben dieses Abschnittes widmen sich pragmatischen Themen wie der Ein- und Ausgabe. Der Umgang mit externen Daten und dem Filesystem ist nicht ganz einfach, aber in der Praxis unverzichtbar. Weitere Aufgaben haben Netzwerkprogrammierung zum Gegenstand. Diese Art von Problemen ist von Natur aus nebenläufig und legt den Einsatz von Threads nahe.

VIII. Generics Die Aufgaben im letzten Abschnitt befassen sich mit generischen Klassen und Typen. Diese Sprachmittel sind äußerst nützlich und führen zu robusten und kompakten Programmen.

Eine Standardinstallation von Java beinhaltet eine umfangreiche Laufzeitbibliothek, die wohl kaum noch jemand in allen Einzelheiten überblickt.[1] Programmieren mit Java erfordert sicher nicht, die komplette Bibliotheksreferenz im Kopf zu haben. Die meisten Aufgaben sind deshalb so gestaltet, dass sie sich mit möglichst

---

[1]Einige Java-Versionen unterscheiden sich überwiegend im Umfang der Bibliothek. Größere Änderungen der *Sprache* Java gab es zwischen Java 1.4 und Java 1.5. Letzteres wurde, mehr aus Marketing-strategischen Gründen, in »Java 5« umbenannt. Damit begann eine neue Versionszählung, in der die vormalige *Major version* 1 weggefallen ist.

wenigen und elementaren Bibliotheksklassen lösen lassen. Ausnahmen sind Containerklassen im *Collection-Framework* sowie die Themen I/O und Netzwerkkommunikation, die ohne Bibliotheksunterstützung nicht sinnvoll zu behandeln sind.[2] Im Mittelpunkt steht allerdings immer die *Sprache* Java. Es reicht völlig aus, wenn Sie aus diesem Buch mitnehmen, dass es für gewisse Teilprobleme Hilfe in der Bibliothek gibt. Zu gegebener Zeit schlagen Sie in der ausgezeichneten Onlinereferenz nach oder besuchen eine der zahlreichen Quellen im Internet, wie zum Beispiel [Almanac 02] oder [Tutorial].

Bedienungsanleitung

Neben den Aufgaben enthält dieses Buch auch alle Lösungen. Wiederkehrende und nebensächliche Teile der Lösungen, wie zum Beispiel der Kopf der `main`-Methode oder `import`-Klauseln, sind zum Teil nicht abgedruckt. Die vollständig ausformulierten, sofort übersetzbaren Lösungen finden Sie auf der Webseite zum Buch: `http://sol.cs.hm.edu/dpunkt-java-praktikum`.

Wir sind uns bewusst, dass die unmittelbar auf den Aufgabentext folgende Lösung recht verführerisch ist. Dennoch sollten Sie, lieber Leser[3], versuchen, den maximalen Nutzen aus diesem Buch zu ziehen, und die mitgelieferte Lösung so lange wie möglich ignorieren. Blättern oder lesen Sie bitte erst dann weiter, wenn Sie selbst eine befriedigende Lösung entwickelt haben oder wenn Sie unbedingt einen Hinweis brauchen.

Zur Lösung der Aufgaben implementieren Sie lauffähige Programme. Konzepte oder Ideen reichen leider nicht aus, denn deren Tragfähigkeit bleibt ungewiss, bis sie mit einer konkreten Realisierung nachgewiesen wird. Geben Sie sich deshalb bitte nicht mit der Annahme zufrieden, dass Sie die Lösung im Ernstfall schon finden würden. Einige Aufgaben weisen verborgene Klippen auf, die erst bei der praktischen Umsetzung zutage treten.

Wenn Ihnen die richtige Idee einfach nicht kommen will, möchten wir Ihnen empfehlen, wenigstens eine Nacht über einer Aufgabe zu schlafen (oder schlaflos über dem Problem zu brüten), bevor Sie die Lösung nachschlagen.

Betrachten Sie die abgedruckten Lösungen im Buch nur als Vorschläge, aber nicht als das Maß aller Dinge. Die Aufgaben lassen zum Teil viel Spielraum bei der Wahl des Lösungsweges. Deshalb ist es vollkommen in Ordnung, wenn Sie zu einer ganz anderen Lösung kommen.

In der Java-Programmierung haben sich im Laufe der Zeit einige Konventionen entwickelt, die den *test of time* bestanden haben und deshalb allgemein akzeptiert werden. In Anhang C haben wir einige Regeln zusammengestellt, die

---

[2]Eine kompakte, aber für den Zweck dieser Aufgaben ausreichende Darstellung finden Sie beispielsweise in [Mössenböck 05], Kap. 21.

[3]Der Begriff »Leser« bezieht sich im gesamten Buchtext gleichermaßen auf beide Geschlechter. Wir verzichten um der Lesbarkeit willen auf die wiederkehrende Formulierung »Leser/Leserin«.

wir bei der Entwicklung unserer Lösungen beachtet haben. Es wäre sicher hilfreich, wenn Sie diesen Anhang durchsehen, bevor Sie die Aufgaben angehen. Es
macht nichts, wenn Sie zunächst noch nicht alles verstehen. Wichtig ist nur, dass
Sie sich wieder daran erinnern, zu diesem oder jenem Punkt etwas gelesen zu
haben. Sie werden auch feststellen, dass wir selbst gelegentlich gegen die Konventionen verstoßen. Konventionen sind nicht in Marmor gemeißelt, sondern spielen
mehr die Rolle von Empfehlungen, von denen man durchaus mit guten Gründen
abweichen kann.

Einige Aufgaben erfordern den Einsatz von Bibliotheksklassen und
-methoden, deren Beherrschung zwar nützlich, aber aus konzeptioneller
Sicht wenig tiefschürfend ist. Um Ihnen die Arbeit zu erleichtern, finden Sie in
Anhang D kurze Programme, die einfache, wiederkehrende Aufgaben erledigen,
wie zum Beispiel das Einlesen einer Textdatei oder den Transport von Daten über
ein Netzwerk. Benutzen Sie diese Programme nach Bedarf als Bausteine für Ihre
eigenen Lösungen.

Technische Voraussetzung

Die minimalen Hilfsmittel zur Bearbeitung der Aufgaben sind ein einfacher Texteditor und ein Java-Entwicklungssystem. Ein Texteditor[4] wird mit jedem Betriebssystem geliefert. Etwas komfortablere Editoren, die oft die Entwicklung von
Java-Programmen unterstützen, sind für die meisten populären Plattformen frei
verfügbar, wie zum Beispiel *jEdit* oder *Joe*.

Ein Java-Entwicklungssystem kann kostenlos von der Website von Sun Microsystems, Inc., heruntergeladen werden (`http://java.sun.com`). Sie finden auf
dieser Website eine ganze Anzahl von Downloads. Die folgenden Kriterien führen Sie zum passenden Paket:

Version Es gibt verschiedene Java-Versionen. Sie brauchen Java Version 6 oder
eine nachfolgende Version.[5]

Edition Java Version 6 wird für verschiedene Einsatzzwecke angeboten. Für
den persönlichen Gebrauch vorgesehen ist die *Standard Edition* (SE).
Die ebenfalls verfügbare *Enterprise Edition* (EE) und die *Micro Edition*
(ME) sind für andere Systeme ausgelegt und bieten hier keinen Vorteil.

Entwicklungssystem
Die Standard Edition ist als *Java SE Development Kit* (JDK) und als
Java SE Runtime Environment (JRE) verfügbar. Mit dem *Runtime En-
vironment* JRE können zwar fertige Java-Programme ausgeführt, aber
keine neuen entwickelt werden. Sie brauchen deshalb das *Development
Kit* JDK, das das JRE komplett enthält.

---

[4]Ein Text*verarbeitungs*system, wie Microsoft Word oder OpenOffice, eignet sich
schlecht.

[5]Mit Version 5 können die Aufgaben gelöst werden, allerdings sind nicht alle Lösungen
der Webseite damit übersetzbar. Version 1.4 oder noch ältere Versionen reichen nicht aus.

Elegant lässt sich mit einer integrierten Entwicklungsumgebung (IDE) arbeiten. Derzeit populär sind beispielsweise *Eclipse* und *Netbeans*, die beide kostenlos und für praktisch alle Systeme verfügbar sind. Diese Umgebungen kapseln Editor, Compiler, Laufzeitsystem und weitere Werkzeuge in einer ansprechenden grafischen Oberfläche, die viele Aufgaben automatisch oder mit Mausklick erledigt. Darin liegt allerdings auch eine gewisse Gefahr, denn ohne Kenntnis der tatsächlichen Abläufe ist der Benutzer hilflos, wenn die IDE einmal nicht so reagiert wie erwartet.

IDEs sind selbst umfangreiche Programme, deren Arbeitsweise verstanden werden will und entsprechende Einarbeitung erfordert. Insgesamt sehen sich gerade Anfänger mit einer Komplexität konfrontiert, die ohne IDE vielleicht leichter und schneller zu bewältigen wäre.

Behalten Sie schließlich im Auge, dass eine hübsche IDE zwar technische Abläufe vereinfacht, aber bei konzeptioneller Arbeit keine Unterstützung leistet. So reduziert sich die Zeiteinsparung auf die Codierung, während die vorausgehende, oft entscheidende Denkarbeit unverändert überwiegend im Kopf stattfindet, allenfalls unterstützt von Papier und Bleistift.[6]

Insgesamt sollten Sie abwägen, ob Sie die erste Zeit Ihres Vorhabens nicht vielleicht auf eine IDE verzichten sollten, um die tatsächlichen Abläufe und Werkzeuge ungefiltert kennenzulernen. Sobald Ihre Programme aus mehreren Quelltextdateien bestehen, ist die Zeit möglicherweise reif für eine IDE.

Aufbau der Lösungen

Viele Lösungen werden schrittweise aufgebaut. Dabei wird das endgültige Programm aus kurzen Abschnitten zusammengesetzt, die jeweils einzeln diskutiert und erklärt werden. Um nicht beim Einfügen jedes neuen Fragments alle zuvor entwickelten Fragmente wiederholen zu müssen, werden die einzelnen Auszüge mit Kommentartiteln versehen, auf die von anderer Stelle Bezug genommen wird. Hier ein Beispiel für ein Codefragment:

```
// Berechnen der Summe s aller Zahlen von 1 bis n
int s = 0;
int i = 1;
while(i <= n) {
    s = s + i;
    i = i + 1;
}
```

---

[6]Vom zu frühen Einsatz bildschirmgestützter Entwurfswerkzeuge (UML-Editoren und dergleichen) raten wir ab. Sie leisten gute Dienste zu Dokumentationszwecken, lenken aber von der eigentlich wichtigen Denkarbeit ab.

Später wird anstelle dieses Codeabschnitts nur noch der Kommentar genannt und von drei Punkten gefolgt. Dieser Kommentar ist ein Platzhalter für das vorher gezeigte Codefragment, das hier nicht mehr abgedruckt ist:

```
// Festlegen der Obergrenze n
int n = 10;

// Berechnen der Summe s aller Zahlen von 1 bis n
...

// Summe ausgeben
System.out.println(s);
```

Manche Lösungen werden sequenziell entwickelt. Ein Codefragment endet dann mit drei Punkten, um anzuzeigen, dass das Programm noch nicht komplett ist und weiter unten fortgesetzt wird.

```
// Variablen zur Berechnung der Zahlensumme
int n = 10;      // Obergrenze, bis zu der addiert wird
int s = 0;       // akkumulierte Summe
int i = 1;       // Zahl, die gerade addiert wird
...
```

Das nachfolgende Fragment setzt das oben begonnene Fragment fort:

```
// die Zahlen von 1 bis n addieren
while(i <= n) {
    s = s + i;
    i = i + 1;
}

// Summe ausgeben
System.out.println(s);
```

Wenn die einzelnen Abschnitte hintereinander zusammengesetzt werden, ergibt sich das vollständige Programm.

Auswahl der Aufgaben

Sie finden in diesem Buch ein breites Spektrum von Themen. Die zur Lösung erforderlichen Sprachmittel überspannen einen weiten Bereich. In dem Maße, wie Sie Ihre Kenntnisse erweitern, werden immer neue Aufgaben zugänglich. Um Ihnen die Orientierung zu erleichtern, finden Sie im Anhang B die Sprachmittel, die jeweils im Mittelpunkt der verschiedenen Aufgaben stehen.

Die Auswahl der Aufgaben ist unbestreitbar subjektiv. Einige Aspekte der Sprache Java und weite Bereiche der Bibliothek von Java werden nicht erwähnt, obwohl sie zweifellos wichtig sind. Wir haben uns auf Themen beschränkt, die nach unserer Erfahrungen bei der Softwareentwicklung immer wieder auftauchen oder grundsätzliche Strukturen der Programmiersprache betreffen, deren Verständnis für einen sicheren Umgang mit Java notwendig ist.

Wir hoffen natürlich, lieber Leser, dass möglichst *alle* Aufgaben in diesem Buch Sie ansprechen. Allerdings ist diese Hoffnung wahrscheinlich vermessen, deshalb wären wir bereits sehr zufrieden, wenn Ihnen ein großer Teil der Aufgaben zusagt.

Fassen Sie bitte die Aufgaben nicht als Test oder Prüfung auf, sondern als Anregung zum Grübeln und Tüfteln. Sicher wird Ihnen nicht jedes Mal in wenigen Minuten die vollständige Lösung gelingen. Wenn Sie stehenden Fußes alle Aufgaben lösen könnten, dann hätten Sie dieses Buch ohnedies nicht nötig :-) Nehmen Sie also in Kauf, dass es manchmal ein wenig dauert, bis Ihnen der entscheidende Einfall kommt.

Webseite zum Buch

Unter der Internetadresse

```
http://sol.cs.hm.edu/dpunkt-java-praktikum
```

finden Sie weiteres Material zum Buch. In erster Linie stehen dort für Sie die vollständigen, lauffähigen Lösungen zum Download zur Verfügung.

Dank

Unser Dank gilt den Mitarbeitern des *dpunkt*.verlages, die uns viel Freiheiten bei der Gestaltung des Buches gelassen haben. Besonders danken möchten wir Tschucky (Gudrun Schiedermeier), die sich in mühseliger Arbeit durch ständig neue, unausgegorene Fassungen dieses Buchs gearbeitet hat und Aufgaben lösen musste, die nicht immer lösbar waren. Schließlich sollen auch die Studierenden unserer Fakultät 07 für Informatik und Mathematik der Hochschule München gewürdigt werden, die über viele Semester hinweg in Prüfungen und Praktika mit früheren Versionen der Aufgaben[7] die Klingen kreuzten. Sie fanden manche überraschenden und kreativen Lösungen, die zum Teil in dieses Buch eingeflossen sind.

Anregungen, Kritik und Verbesserungsvorschläge sind uns jederzeit willkommen. Bitte richten Sie Ihre Nachricht an koehler@hm.edu oder rs@cs.hm.edu.

München, Juli 2008
Klaus Köhler und Reinhard Schiedermeier

---

[7]Einige Aufgaben in diesem Buch beruhen auf Ideen, die als Übungsaufgaben in [Schiedermeier 04] zu finden sind.

Inhaltsverzeichnis

Vorwort .... **v**

I	**Arithmetik, Variablen, Wertzuweisungen**	**1**

1	**Dreiecksfläche**	**2**

2	**Datumsarithmetik**	**5**
2.1	Wochentag	5
2.2	Osterdatum	6

3	**Dutzend, Schock, Gros**	**8**

II	**Kontrollstrukturen**	**11**

4	**Median**	**12**

5	**Mäxchen**	**15**

6	**Flaggen**	**17**

7	**Rechtecke**	**21**

8	**S-Bahn in Byteburg**	**26**

9	**Newton-Verfahren**	**31**
9.1	Approximation der Quadratwurzel	31
9.2	Kubikwurzel	32

10	**Zahlenbasis**	**34**

11	**Messwerte**	**38**

12   Reihen **42**
12.1 Exponentialfunktion 42
12.2 Hyperbolischer Sinus 44
12.3 Umkehrfunktion des hyperbolischen Sinus 45

13   Potenzieren **46**

III   Algorithmen   49

14   Kompression **50**

15   Perfekte und andere Zahlen **55**
15.1 Perfekte Zahlen 55
15.2 Befreundete Zahlen 59
15.3 Quersumme 61
15.4 Lychrel-Zahlen 62
15.5 Fröhliche Zahlen 66

16   Binomialkoeffizienten **69**
16.1 Iterative Berechnung 70
16.2 Rekursive Berechnung 71
16.3 Pascal'sches Dreieck 72
16.4 Optimierte Berechnung des Pascal'schen Dreiecks 75

17   Teppiche **77**

18   Primzahlen **81**
18.1 Exakter Primzahltest 81
18.2 Probabilistischer Primzahltest 83
18.3 Primzahlen-Iterator 85
18.4 Goldbach-Vermutung 87
18.5 Generator zu einer Primzahl 88
18.6 Zufallszahlengenerator 90

19   Permutationen **93**
19.1 Permutationsvektoren 93
19.2 Permutationsmatrizen 94
19.3 Sudoku 96

20   Kommentar-Zapper **101**
20.1 Blockkommentare 101
20.2 Zeilenkommentare 106

21   Mustervergleich **112**
21.1 Jokerzeichen 112
21.2 Super-Joker 113

IV   Klassen   115

22   Punkte und Dreiecke **116**
22.1 Punkte 116
22.2 Dreiecke 119

23   Intervalle **125**

24   Uhrzeit **131**

25   Große Ganzzahlen **136**

26   Polynom **141**
26.1 Polynomklasse 141
26.2 Division von Polynomen 146

27   Josephusring **149**

28   E-Camel **154**
28.1 Kamele und Karawanen 154
28.2 Robuste Implementierung 158

V   Interfaces und Vererbung   163

29   Mobiles **164**
29.1 Sterne und Stäbchen 164
29.2 Glitzersterne 169

30   Widerstandsnetzwerke **171**
30.1 Konstante Widerstände 171
30.2 Potenziometer 176

31   Stoppuhren **179**
31.1 Basisklasse 179
31.2 Zurücksetzen 181
31.3 Pauseknopf 183

32   Spielkarten **186**

33   Zahlenfolgen **195**
33.1   Konkrete Folgen 195
33.2   Filter 198

34   Chiffren **204**
34.1   Substitutionschiffren 205
34.2   *Xor*-Substitution 206
34.3   Additive Substitution 208
34.4   Stromchiffren 208
34.5   Diffie-Hellman 210

35   Bäume **215**

36   Physikalische Größen **222**
36.1   Längen 222
36.2   Allgemeine Größen 225
36.3   Zusammengesetzte Einheiten 228

VI   Containerklassen   **231**

37   Buchstabensammlungen **232**
37.1   Beliebige Buchstabensammlung 232
37.2   Eindeutige Buchstabensammlung 239

38   Vorlesungsverzeichnis **241**

39   Römische Zahlen **244**
39.1   Klasse für römische Zahlen 244
39.2   Stringdarstellung 247
39.3   Vergleich 249

40   Zählerlisten **252**

VII   I/O, Netzwerke, Nebenläufigkeit   **261**

41   Textdateien **262**
41.1   Textzeilen-Iterator 262
41.2   Zeilentransformator 266
41.3   Textdatei-Trenner 267

42   I/O-Filter **270**
42.1   Textposition 270
42.2   Zeichen umdrehen 274

43   Filesystemsuche **277**
43.1   Rekursiver Directory-Durchlauf 277
43.2   Directory-Tiefe 280
43.3   Dubletten 280
43.4   Umfang von Verzeichnissen 282

44   Bitstreams **284**
44.1   Einfache Bitstreams 284
44.2   Beliebig lange Bitstreams 289

45   Tittle-Tattle **293**

46   Watchdog **298**

47   Verkehrsüberwachung **303**

48   Nameservice **310**
48.1   Nameserver 310
48.2   Persistenter Server 314
48.3   Nameclient 315

VIII   Generics   319

49   Objektpaare **320**
49.1   Generische Klasse 320
49.2   Vergleich von Paaren 322

50   Generische Methoden **324**
50.1   No Null 324
50.2   Median 325
50.3   Klon-Armee 327

51   Relationen **329**
51.1   Aufgezählte Relation 329
51.2   Reflexivität, Symmetrie und Transitivität 331
51.3   Verkettete Relation 333

52   Ring-Queue **335**

53   Listen und Warteschlangen **340**
53.1   Geordnete Listen 340
53.2   Geordnete Warteschlangen 343
53.3   Iteratoren 345

54   Algebraische Strukturen **348**
54.1 Gruppe, Ring und Körper 349
54.2 Der Körper $\mathbb{Z}_2$ 350
54.3 Aufzählungstyp 352
54.4 Der Körper $\mathbb{Z}_p$ 353
54.5 Polynomringe 356

IX   Anhang   **359**

A   Glossar **360**

B   Schwerpunkte der Aufgaben **370**

C   Konventionen **373**

D   Programmfragmente **380**

Literaturverzeichnis **387**

Index **389**

Teil I

Arithmetik, Variablen, Wertzuweisungen

1 Dreiecksfläche

In dieser Aufgabe müssen mathematische Ausdrücke, wie man sie in einer Formelsammlung findet, in Java-Syntax »übersetzt« werden. Man sollte sich Bibliotheksmethoden zunutze machen, die häufig wiederkehrende Berechnungen und Funktionen zur Verfügung stellen. Zwischenergebnisse werden in temporären Variablen gespeichert, um Berechnungen nicht unnötig zu wiederholen.

Schreiben Sie ein Programm TriangleArea, das die Fläche eines Dreiecks berechnet und ausgibt. Ein Dreieck ist durch die Eckpunkte $A(a_x, a_y)$, $B(b_x, b_y)$, $C(c_x, c_y)$ festgelegt. In mathematischen Formelsammlungen finden Sie dafür verschiedene Formeln.

Die kartesischen Koordinaten a_x, a_y, b_x, b_y, c_x, c_y der Eckpunkte werden in dieser Reihenfolge als sechs Floatingpoint-Werte auf der Kommandozeile angegeben. Lesen Sie diese Werte zunächst in lokale Variablen ein und verarbeiten Sie diese dann weiter. Zum Einlesen des Kommandozeilenargumentes mit Index a[1] als Floatingpoint-Wert verwenden Sie folgenden Anweisung:

```
Double d = Double.parseDouble(args[a]);
```

Für das Dreieck $A(-1, 0)$, $B(0, 2)$, $C(1, 0)$ berechnet das Programm zum Beispiel[2] die Fläche 2.0:

```
$ java TriangleArea -1 0 0 2 1 0
2.0
```

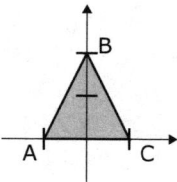

---

[1]Das erste Kommandozeilenargument hat den Index 0, das zweite den Index 1 und so weiter.

[2]Das $-Zeichen am Zeilenanfang ist das Promptzeichen einer Unix-Shell. Ihr System zeigt wahrscheinlich ein anderes Prompt. Den Text nach dem Promptzeichen geben Sie ein. Die darunter folgenden Zeilen, in diesem Beispiel nur eine, gibt das Programm aus.

Auch für »entartete« Fälle arbeitet das Programm korrekt:

```
$ java TriangleArea 0 0 1 1 2 2      // alle drei Punkte auf einer Linie
0.0
$ java TriangleArea 0 0 0 0 1 1      // zwei Punkte fallen zusammen
0.0
$ java TriangleArea 1 1 1 1 1 1      // alle drei Punkte fallen zusammen
0.0
```

Lösung

Das Programm wird als main-Methode in der Klasse TriangleArea definiert:

```
public class TriangleArea {
    public static void main(String[] args) {
        ...
```

Zuerst werden die Kommandozeilenparameter in entsprechende lokale Variablen übertragen:

```
int i = 0;
double ax = Double.parseDouble(args[i++]);
double ay = Double.parseDouble(args[i++]);
double bx = Double.parseDouble(args[i++]);
double by = Double.parseDouble(args[i++]);
double cx = Double.parseDouble(args[i++]);
double cy = Double.parseDouble(args[i++]);
```

Die *Heronische Formel* liefert die Fläche eines Dreiecks:

$$A = \sqrt{s(s-a)(s-b)(s-c)},$$

mit $s = \frac{a+b+c}{2}$, wobei a, b, c die Seitenlängen sind.

Die Seitenlängen können aus den Eckpunktkoordinaten mit der Methode Math.hypot berechnet werden.[3]

```
double a = Math.hypot(cx - bx, cy - by);
double b = Math.hypot(ax - cx, ay - cy);
double c = Math.hypot(bx - ax, by - ay);
...
```

---

[3]hypot berechnet aus den zwei Katheten eines rechtwinkligen Dreiecks die Hypotenuse (Pythagoras).

Aus den Seitenlängen ergeben sich s und die Fläche:

```
double s = (a + b + c)/2;
double area = Math.sqrt(s*(s - a)*(s - b)*(s - c));
...
```

Schließlich wird die berechnete Fläche ausgegeben:

```
System.out.println(area);
    }
}
```

Die wiederholte Angabe des Präfixes `Math.` kann wegfallen, wenn zu Beginn des Programms alle Bibliotheksmethoden der Klasse `java.lang.Math` mit einer statischen Importklausel[4] zugänglich gemacht werden:

```
import static java.lang.Math.*;
```

Der Hauptteil des Programms kürzt sich dann zu:

```
...
double a = hypot(cx - bx, cy - by);
double b = hypot(ax - cx, ay - cy);
double c = hypot(bx - ax, by - ay);
double s = (a + b + c)/2;
double area = sqrt(s*(s - a)*(s - b)*(s - c));
...
```

---

[4]Der Begriff »Klausel« bezeichnet eine Anweisung, die nur den Compiler betrifft. Klauseln haben keine Auswirkung auf die Effizienz des übersetzten Codes.

2 Datumsarithmetik

Zur Lösung dieser beiden Aufgaben werden komplizierte Formeln mit historischer Bedeutung in Java-Syntax ausgedrückt. Dabei wird die ganzzahlige Division und der Modulus-Operator (%) benutzt. Erstere wirkt auf den ersten Blick etwas ungewohnt, weil sie aus rechnerischer Sicht augenscheinlich falsche Ergebnisse produziert. Hier wird aber genau diese Funktionalität gebraucht. Der etwas undurchsichtige Ablauf der Berechnungen macht die Fehlersuche nicht ganz leicht.

2.1 Wochentag

Der Geistliche Christoph Zeller hat 1885 eine Formel aufgestellt, die für ein gegebenes Kalenderdatum den Wochentag liefert. Die Zeller'sche Formel lautet:

$$w = (d + \frac{26 \cdot (m+1)}{10} + \frac{5 \cdot y}{4} + \frac{c}{4} + 5 \cdot c - 1) \bmod 7$$

Dabei sind:

d	Tag im Monat ($1 \leq d \leq 31$)
m	Monat ($3 \leq m \leq 14$). In die Formel müssen Januar und Februar als Monate 13 und 14 des Vorjahres eingesetzt werden.
y	Jahr im Jahrhundert ($0 \leq y \leq 99$)
c	Jahrhundert
w	Index des Wochentages, gezählt ab 0 = Sonntag bis 6 = Samstag

Alle Divisionen sind ganzzahlig.

Schreiben Sie ein Programm `Zeller`, das drei Zahlen für Tag, Monat und Jahr von der Kommandozeile akzeptiert, die mit der beschriebenen Umrechnung ein Datum benennen. Das Programm gibt den Index des entsprechenden Wochentages aus. Hier Beispiele für den 23. August 1959 und den 6. Februar 2000, beides Sonntage:

```
$ java Zeller 23 8 1959
0
$ java Zeller 6 14 1999
0
```

Lösung

Aus den drei Kommandozeilenargumenten werden zunächst d, m, y und c berechnet. Jahrhundertzahl und Jahr im Jahrhundert ergeben sich aus der Jahreszahl durch ganzzahlige Division durch 100 beziehungsweise als Rest bei Division durch 100:

```
int d = Integer.parseInt(args[0]);
int m = Integer.parseInt(args[1]);
int temp = Integer.parseInt(args[2]); // Jahreszahl
int y = temp%100;
int c = temp/100;
```

Die Formel lässt sich geradlinig in Java umsetzen:

```
int w = (d + 26*(m + 1)/10 + 5*y/4 + c/4 + 5*c - 1)%7;
```

In dieser Form muss der Anwender die Sonderbehandlung von Januar und Februar bei der Eingabe berücksichtigen. Mit einer if-Abfrage direkt nach der Initialisierung von temp kann das Programm diese Umrechung selbst erledigen:

```
...
int temp = Integer.parseInt(args[2]);
if(m < 3) {
    m += 12;        // Januar --> 13, Februar --> 14
    temp--;         // zurück zum Vorjahr
}
int y = ...
```

Der Wochentag des 6. Februar 2000 kann jetzt ohne Sonderbehandlung des Februar berechnet werden:

```
$ java Zeller 6 2 2000
0
```

2.2   Osterdatum

Das Osterdatum ist festgelegt auf den ersten Sonntag nach dem ersten Vollmond nach der Tag-und-Nacht-Gleiche im Frühling. Es ergibt sich für das Jahr y

(4-stellige Angabe) mit der folgenden Berechnung. Die Divisionen sind ganzzahlig und ignorieren den Divisionsrest.[1]

$$g = y \bmod 19$$
$$c = \frac{y}{100}$$
$$h = (c - \frac{c}{4} - \frac{8c+13}{25} + 19g + 15) \bmod 30$$
$$i = h - \frac{h}{28}(1 - \frac{29}{h+1} \cdot \frac{21-g}{11})$$
$$j = (y + \frac{y}{4} + i + 2 - c + \frac{c}{4}) \bmod 7$$
$$l = i - j$$
$$m = 3 + \frac{l+40}{44}$$
$$d = l + 28 - 31\frac{m}{4}$$

Am Ende liefern die Variablen d (Tag) und m (Monat) das Datum des Ostersonntags.

Schreiben Sie ein Programm EasterDate, das auf der Kommandozeile eine Jahreszahl $y \geq 1582$ erhält und Tag und Monat des Ostersonntags in diesem Jahr ausgibt.

Zum Beispiel fiel im Jahr 2008 Ostern auf den 23. März, 2009 ist Ostern am 12. April:

```
$ java EasterDate 2008
23 3
$ java EasterDate 2009
12 4
```

Lösung

Die Java-Implementierung der Berechnungen setzt die Formeln direkt in arithmetische Ausdrücke um:

```
int y = Integer.parseInt(args[0]);     // eine Jahreszahl
int g = y%19;
int c = y/100;                          // Jahrhundert
int h = (c - c/4 - (8*c + 13)/25 + 19*g + 15)%30;
int i = h - (h/28)*(1 - (29/(h + 1))*((21 - g)/11));
int j = (y + y/4 + i + 2 - c + c/4)%7;
int l = i - j;
int m = 3 + (l + 40)/44;                // Ostermonat
int d = l + 28 - 31*(m/4);              // Ostersonntag
```

---

[1]Diese Berechnung funktioniert nur im gregorianischen Kalender, der seit 1582 gilt. Für frühere Jahre kann das Programm nicht verwendet werden.

3 Dutzend, Schock, Gros

Die folgende Aufgabe lässt sich durch geschickten Einsatz des Modulus-Operators und der ganzzahligen Division lösen. Es wird deutlich, dass die beiden Operatoren eng zusammenhängen und nutzbringend Hand in Hand arbeiten. Am Ende ergibt sich eine recht einfache Implementierung, die ohne Modulus-Operator deutlich umständlicher ausfällt.

In früheren Zeiten waren verschiedene Zählmaße gebräuchlich:

1 Dutzend	= 12 Stück	
1 Schock	= 5 Dutzend	= 60 Stück
1 Gros	= 12 Dutzend	= 144 Stück

Schreiben Sie ein Programm Zaehlmass[1], das eine gegebene Anzahl in Gros, Schock, Dutzend und Einzelstücke umrechnet. Einige Beispiele:

100 Stück	= 1 Schock + 3 Dutzend + 4 Stück
200 Stück	= 1 Gros + 4 Dutzend + 8 Stück
300 Stück	= 2 Gros + 1 Dutzend

Ihr Programm liest eine ganze Zahl $n \geq 0$ von der Kommandozeile und gibt vier Werte für die Anzahl Gros, Schock, Dutzend und Einzelstücke aus (alle ≥ 0).[2] Einige Aufrufbeispiele:

```
$ java Zaehlmass 100
0 1 3 4
$ java Zaehlmass 200
1 0 4 8
$ java Zaehlmass 300
2 0 1 0
```

---

[1]Java erlaubt beliebige Unicode-Zeichen in Klassen- und Dateinamen, auch deutsche Umlaute. Der Klassenname »Zählmaß« wäre also zulässig. Allerdings ist die Codierung solcher Zeichen in Dateinamen plattformspezifisch, deshalb werden sie hier vermieden. Die ausgeschriebenen Umlaute sind zwar weniger schön, aber problemlos und portabel.

[2]Im Ergebnis sollen möglichst große Zählmaße benutzt werden. Die Umrechnungen 300 Stück = 25 Dutzend oder 300 Stück = 5 Schock wären also nicht gewünscht.

Lösung

Hier lässt sich der Zusammenhang zwischen Modulus und ganzzahliger Division nutzen[3]. Der Java-Ausdruck a/b liefert den ganzzahligen Quotienten $\frac{a}{b}$, der Ausdruck a%b den Divisionsrest. Zunächst wird mit gros = n/144 bestimmt, wie viele ganze Gros in die Gesamtzahl n passen. Der Rest von n%144 wird dann nach dem gleichen Verfahren weiter in die kleineren Zählmaße gestückelt, bis am Ende nur noch Einzelstücke übrig bleiben:

```
int n = Integer.parseInt(args[0]);

int gros = n/144;
n = n%144;

int schock = n/60;
n = n%60;

int dutzend = n/12;
n = n%12;

int stueck = n;

System.out.printf("%d %d %d %d%n", gros, schock, dutzend, stueck);
```

---

[3]Bei negativen Operanden des Modulus-Operators ist Vorsicht geboten. Das Ergebnis hat immer das Vorzeichen des ersten Operanden, kann also negativ werden. In dieser Aufgabe spielt das aber keine Rolle, weil keine negativen Operanden vorkommen.

Teil II

Kontrollstrukturen

4 Median

Ziel der Aufgabe ist eine möglichst sparsame Implementierung, die keine un-nötigen Tests ausführt. Dabei wird (hoffentlich) deutlich, dass sich eine Lösung besser im Kopf als an der Tastatur entwerfen lässt. Obwohl sich im vorliegen-den Fall kaum ein messbarer Laufzeitgewinn erzielen lassen wird, sollte eine »gute« Lösung möglichst keinen Code duplizieren oder die gleichen Ausdrücke mehrfach berechnen.

Schreiben Sie ein Programm Median, das drei verschiedene ganze Zahlen a, b, c von der Kommandozeile einliest und den mittleren der drei Werte ausgibt. Damit ist nicht der arithmetische Mittelwert $\frac{a+b+c}{3}$ gemeint. Denken Sie sich a, b und c der Größe nach geordnet. Das Programm gibt den Wert aus, der dann in der Mitte steht. Hier einige Beispiele:

```
$ java Median 1 2 3
2
$ java Median 2 1 3
2
$ java Median 2 3 1
2
$ java Median 2 1 2
2
```

Versuchen Sie mit möglichst wenig Vergleichen, mit einfachen Bedingungen und ohne Bibliotheksmethoden auszukommen.

Lösung

Die drei Zahlen werden in Variablen a, b, c gespeichert.

```
public class Median {
    public static void main(String[] args) {
        int a = Integer.parseInt(args[0]);
        int b = Integer.parseInt(args[1]);
        int c = Integer.parseInt(args[2]);
        ...
```

Zunächst ist nicht bekannt, welche die kleinste, die mittlere und die größte Zahl ist. Es gibt allerdings nur die folgenden sechs möglichen Anordnungen:

1. $a < b < c$
2. $a < c < b$
3. $b < a < c$
4. $b < c < a$
5. $c < a < b$
6. $c < b < a$

Durch Tests können diese Möglichkeiten in Gruppen aufgeteilt werden, bis in jeder Gruppe nur noch eine Möglichkeit übrig bleibt und die mittlere Zahl damit feststeht. Ein erster Test a < b trennt die Möglichkeiten 1, 2 und 5 von den Möglichkeiten 3, 4 und 6:

```
        if(a < b)
            ...    // Möglichkeiten 1, 2, 5
        else
            ...    // Möglichkeiten 3, 4, 6
    }
}
```

Jede Gruppe enthält jetzt noch drei Möglichkeiten. Ein weiterer Vergleich spaltet diese Gruppen weiter auf:

```
        if(a < b)
            if(b < c)
                ...    // Möglichkeit 1
            else
                ...    // Möglichkeiten 2, 5
        else
            if(b < c)
                ...    // Möglichkeiten 3, 4
            else
                ...    // Möglichkeit 6
    }
}
```

In zwei Fällen bleibt nur noch eine Möglichkeit. Die mittlere Zahl liegt damit fest und kann ausgegeben werden. In den beiden verbleibenden Fällen ist eine weitere Abfrage nötig, bis auch dort die mittlere Zahl bekannt ist:

```
    if(a < b)
        if(b < c)
            System.out.println(b);      // Möglichkeit 1
        else
            if(a < c)
                System.out.println(c);  // Möglichkeit 2
            else
                System.out.println(a);  // Möglichkeit 5
    else
        if(b < c)
            if(a < c)
                System.out.println(a);  // Möglichkeit 3
            else
                System.out.println(c);  // Möglichkeit 4
        else
            System.out.println(b);      // Möglichkeit 6
    }
  }
```

Insgesamt ergibt sich folgende Programmstruktur:

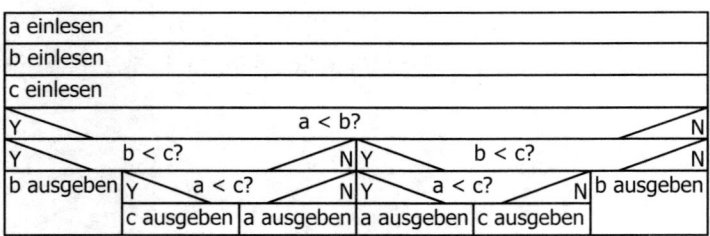

Wenn man annimmt, dass jede der sechs Möglichkeiten gleich wahrscheinlich ist, dann führt das Programm in 4 der 6 Fälle 3 Vergleiche aus, in den übrigen 2 der 6 Fälle 2 Vergleiche. Im Durchschnitt ergeben sich $\frac{4}{6} \cdot 3 + \frac{2}{6} \cdot 2 = 2\frac{2}{3}$ Vergleiche.

5 Mäxchen

Diese Aufgabe wird mit einer einfachen if-Kaskade gelöst, die der Reihe nach die Fälle vom speziellsten bis zum allgemeinsten überprüft und abbricht, sobald das Ergebnis feststeht.

Die Berechnung wird mit temporären Variablen vereinfacht, in denen überflüssige Information ausgeblendet ist.

»Mäxchen« ist ein einfaches Würfelspiel, dessen vollständige Spielregeln hier ohne Bedeutung sind. Ein Spieler wirft zwei Würfel. Der Wert des Wurfs ergibt sich aus den Augen der Würfel wie folgt:

1. Der Wurf 1, 2 heißt »Mäxchen« und ist 1000 Punkte wert.
2. Ein Wurf mit zwei gleichen Augenzahlen wird als »Pasch« bezeichnet und ist 100·Augenzahl an Punkten wert. Der Wurf 4, 4 hat beispielsweise den Wert 400.
3. Ansonsten ist der Wert 10·(höhere Augenzahl) + (niedrigere Augenzahl). Der Wurf 3, 5 hat beispielsweise den Wert 53.

Schreiben Sie ein Programm Maexchen, das die Augenzahl von zwei Würfeln von der Kommandozeile liest[1] und den Wert des Wurfes ausgibt.

Beispielsweise kann das Programm folgendermaßen aufgerufen werden:

```
$ java Maexchen 2 1
1000
$ java Maexchen 4 4
400
$ java Maexchen 3 5
53
```

---

[1]Gehen Sie davon aus, dass beide Kommandozeilenargumente zulässig sind, also jeweils eine Zahl zwischen 1 und 6 angeben.

Lösung

Zunächst werden die höhere und die niedrigere Augenzahl in den Hilfsvariablen max und min gespeichert. Diese Werte sind unabhängig davon, in welcher Reihenfolge die Augenzahlen auf der Kommandozeile angegeben wurden. Das lässt sich mit den Methoden Math.min und Math.max erledigen:

```
int a = Integer.parseInt(args[0]);
int b = Integer.parseInt(args[1]);
int min = Math.min(a, b);
int max = Math.max(a, b);
```

In einer if-Kaskade werden die beiden Fälle »Mäxchen« und »Pasch« aussortiert. Im schließenden else-Fall bleiben nur die restlichen Würfe übrig, die keine Sonderbewertung genießen:

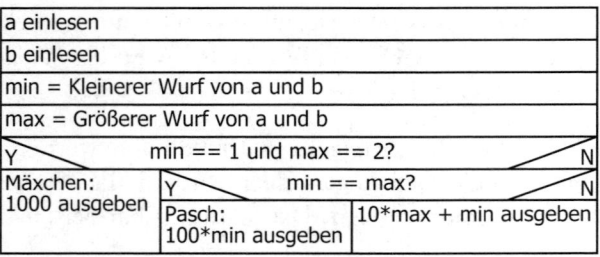

```
if(min == 1  &&  max == 2)              // Mäxchen
    System.out.println(1000);
else if(min == max)                     // Pasch
    System.out.println(100*min);
else                                    // alle anderen Würfe
    System.out.println(10*max + min);
```

6 Flaggen

In dieser Aufgabe werden mit einfachen Mitteln grafische Ergebnisse erzeugt, die sich durch Augenschein auf Plausibilität überprüfen lassen. Zur Lösung ist eine passende Anordnung von Alternativen notwendig. Während »einfache« Flaggen nur wenige Zeilen Code erfordern, gibt es praktisch beliebig Spielraum für größere Herausforderungen. Die erst zur Laufzeit bekannte Größe der Flaggen erfordert die Anpassung an beliebige Seitenverhältnisse.

Die deutsche Flagge besteht aus drei gleich hohen horizontalen Streifen. Der obere Streifen ist schwarz, der mittlere rot, der untere goldfarben. Nehmen Sie an, die Flagge sei w Längeneinheiten breit und h Längeneinheiten hoch.

Schreiben Sie ein Programm FlagDE, das auf der Kommandozeile zwei positive, ganzzahlige Werte für w und h sowie die ganzzahligen Koordinaten eines Punktes $P(x, y)$ akzeptiert. Der Koordinatenursprung liegt links unten. Es gilt $0 \leq x < w$ und $0 \leq y < h$. Das Programm berechnet die Farbe der Flagge am Punkt P und gibt die Farbe als englischen Farbnamen aus, wie beispielsweise *black*, *red* und *gold*.

Ein Beispiel: Der Punkt $P(48, 12)$ in einer deutschen Flagge der Größe 80×60 fällt in das untere, goldene Drittel:

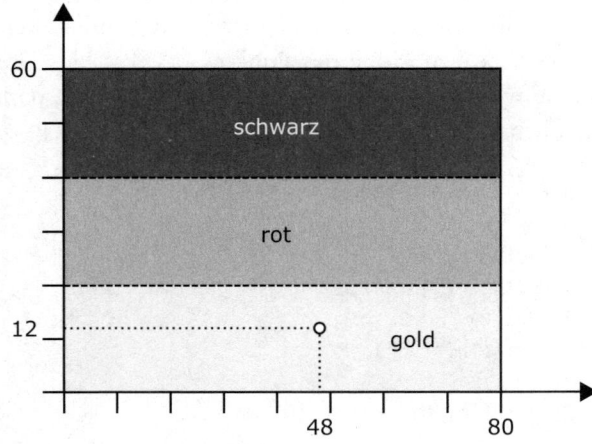

```
$ java FlagDE 80 60 48 12
gold
```

Schreiben Sie weitere Flaggenprogramme, wie zum Beispiel FlagFR (Frankreich), FlagJP (Japan), FlagSE (Schweden), FlagUK (Großbritannien) oder FlagBY (Bayern).[1] Das Programm FlagFR würde zum Beispiel ausgeben:

```
$ java FlagFR 80 60 48 12
white
```

Auf der Webseite zum Buch, http://sol.cs.hm.edu/dpunkt-java-praktikum, finden Sie das Programm FlagRender, das eine komplette Flagge darstellt:

```
$ java FlagRender FlagDE 800 600
```

ruft Ihr Programm FlagDE vielfach auf, um die Flagge in einem Fenster von 800×600 Pixel Größe darzustellen.[2]

Die geometrischen Elemente von Flaggen sind oft bis in alle Einzelheiten geregelt. Das Ziel dieser Aufgabe ist aber nicht eine absolut korrekte Reproduktion jedes Details, sonst nur eine erkennbare Näherungsdarstellung.

Lösung

Zunächst liest das Programm die Kommandozeilenargumente in Variablen ein.

```
// Format und Position einlesen
int a = 0;
int w = Integer.parseInt(args[a++]);
int h = Integer.parseInt(args[a++]);
int x = Integer.parseInt(args[a++]);
int y = Integer.parseInt(args[a++]);
```

Für die Ausgabe der deutschen Flagge spielt die horizontale Koordinate des Punktes keine Rolle, deshalb wird x zwar eingelesen, im Weiteren aber ignoriert. Die Farbe wird von der relativen Höhe des Punktes (x, y) in der Flagge bestimmt. In einer if-Kaskade werden nacheinander das untere Drittel, dann das mittlere Drittel und schließlich der Rest ausgewählt:

```
// Format und Position einlesen
...
if(y < h/3)
    System.out.println("gold");
else if(y < 2*h/3)
    System.out.println("red");
else
    System.out.println("black");
```

[1]Sie können Ihre Programme beispielsweise nach den Top-Level-Domains der IANA (http://www.iana.org/cctld/cctld-whois.htm) benennen.

[2]FlagRender benutzt das Farbnamenverzeichnis xrgb.txt des X Window Systems.

In der zweiten Bedingung ist die Reihenfolge der Operatoren entscheidend. Der Test y < 2/3*h wäre falsch, denn die zuerst ausgeführte ganzzahlige Division 2/3 liefert bereits null, sodass schließlich y < 0 getestet werden würde.

Die französische Flagge ist vertikal gestreift. Der Programmaufbau entspricht dem vorhergehenden Programm, nur dass hier y ignoriert und x getestet wird:

```
// Format und Position einlesen
...
if(x < w/3)
    System.out.println("red");
else if(x < 2*w/3)
    System.out.println("white");
else
    System.out.println("blue");
```

Für die japanische Flagge gilt es, die Punkte innerhalb der roten Sonnenscheibe zu erkennen. Je nach Seitenverhältnis der ganzen Flagge sollte sich deren Radius an der Höhe oder an der Breite orientieren. Als einfache Näherung wird hier als Radius $\frac{1}{3}$ der Höhe beziehungsweise der Breite angesetzt, was immer davon kleiner ist.

```
// Format und Position einlesen
...
int r = Math.min(w, h)/3;
...
```

Schließlich muss nur der Abstand des Punktes (x, y) vom Mittelpunkt $(\frac{w}{2}, \frac{h}{2})$ der Flagge mit r verglichen werden:

```
if(Math.hypot(x - w/2, y - h/2) < r)
    System.out.println("red");
else
    System.out.println("white");
```

Als letztes Beispiel soll die schwedische Flagge abgebildet werden, die ein gelbes Kreuz auf blauem Grund zeigt. Beide Balken haben die gleiche Breite b, die 10% des kleineren Wertes von Breite und Höhe der Flagge betragen soll:

```
// Format und Position einlesen
...
int b = Math.min(w, h)/10;
...
```

Der gelbe Querbalken liegt auf halber Höhe der Flagge. Ein Punkt ist gelb, wenn er nicht mehr als die halbe Balkenbreite von der horizontalen Mittellinie entfernt ist:

```
if(Math.abs(y - h/2) <= b/2)
    System.out.println("yellow");
...
```

Der senkrechte gelbe Balken wird an $\frac{1}{3}$ der Breite der Flagge platziert. Ein Punkt ist auch dann gelb, wenn er nicht mehr als die halbe Balkenbreite von der vertikalen Drittellinie entfernt liegt:

```
else if(Math.abs(x - w/3) <= b/2)
    System.out.println("yellow");
...
```

Alle anderen Punkte sind blau:

```
else
    System.out.println("blue");
```

Die Flaggen von Großbritannien, den USA oder Brasilien sind den Autoren zu kompliziert und werden deshalb dem Leser zur Übung überlassen :-)

7 Rechtecke

In dieser Aufgabe ist ein auf den ersten Blick einfaches Problem zu lösen, das einem Menschen mit seiner Fähigkeit, die Lage von Figuren und Formen zu erkennen, recht leicht fällt. Ein Programm tut sich dabei viel schwerer.

Die Lösung dieser Aufgabe gerät leicht aus den Fugen. Gesucht ist eine möglichst einfache Lösung, die zum Beispiel keine Berechnungen und Vergleiche unnötig wiederholt. Entscheidend ist eine geschickte Anordnung der Tests, mit denen sich dann die verschiedenen Fälle nacheinander differenzieren lassen.

Ein achsenparalleles Rechteck ist durch die Koordinaten von zwei gegenüberliegenden Eckpunkten $P(p_x, p_y)$ und $Q(q_x, q_y)$ bestimmt. Zur Vereinfachung sind alle Koordinaten ganzzahlig und alle Kantenlängen ≥ 1.

Schreiben Sie ein Programm Rectangles, das die gegenseitige Lage von zwei Rechtecken klassifiziert, die an beliebigen Positionen in der kartesischen Koordinatenebene liegen. Ihr Programm gibt eines der folgenden Wörter aus:

disjoint Der Durchschnitt der beiden Rechtecke ist leer. Sie haben keinen gemeinsamen Punkt.

same Lage und Größe beider Rechtecke ist gleich.

contained
　　　　Der Durchschnitt der beiden Rechtecke fällt mit genau einem der Rechtecke zusammen. Alle Punkte eines der Rechtecke sind auch im anderen enthalten, aber nicht umgekehrt.

aligned Der Durchschnitt der beiden Rechtecke ist eine Linie. Alle gemeinsamen Punkte liegen auf einer Linie mit Länge > 0.

touching
　　　　Der Durchschnitt der beiden Rechtecke ist ein Punkt. Es gibt genau einen gemeinsamen Punkt.

intersecting
　　　　Der Durchschnitt der beiden Rechtecke ist ein anderes Rechteck mit einer Fläche > 0.

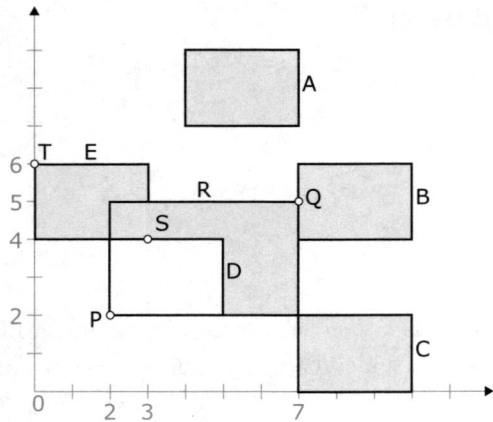

Einige Beispiele:

R-A   *disjoint*

R-B   *aligned*

R-C   *touching*

R-D   *contained*

R-E   *intersecting*

R-R   *same*

Das Programm liest acht ganze Zahlen von der Kommandozeile: Die Koordinaten p_x, p_y, q_x, q_y der Eckpunkte P und Q eines ersten Rechtecks sowie die Koordinaten s_x, s_y, t_x, t_y der Eckpunkte S und T eines zweiten Rechtecks.

Ihr Programm gibt das Wort aus der oben genannten Liste aus, das die Lage der Rechtecke klassifiziert. Ein Beispiel mit den Rechtecken R, festgelegt durch die Eckpunkte $P(2,2)$ und $Q(7,5)$, und E, festgelegt durch die Eckpunkte $S(3,4)$ und $T(0,6)$, ergibt:

```
$ java Rectangles 2 2 7 5 3 4 0 6
intersecting
```

Lösung

Im ersten Schritt werden die Kommandozeilenargumente in lokale Variablen eingelesen, die die Eckpunktkoordinaten beider Rechtecke speichern:

```
int a = 0;
int px = Integer.parseInt(args[a++]);
int py = Integer.parseInt(args[a++]);
int qx = Integer.parseInt(args[a++]);
int qy = Integer.parseInt(args[a++]);
```

```
int sx = Integer.parseInt(args[a++]);
int sy = Integer.parseInt(args[a++]);
int tx = Integer.parseInt(args[a++]);
int ty = Integer.parseInt(args[a++]);
...
```

Die Eckpunkte können auf der Haupt- oder auf der Nebendiagonalen liegen. Die weiteren Berechnungen fallen leichter, wenn der linke und rechte, beziehungsweise untere und obere Rand der beiden Rechtecke bekannt sind. Mit den Bibliotheksmethoden Math.min und Math.max lassen sich diese bestimmen:

```
int r1left = Math.min(px, qx);
int r1right = Math.max(px, qx);
int r1bottom = Math.min(py, qy);
int r1top = Math.max(py, qy);
int r2left = Math.min(sx, tx);
int r2right = Math.max(sx, tx);
int r2bottom = Math.min(sy, ty);
int r2top = Math.max(sy, ty);
...
```

In einer Kaskade von aufeinanderfolgenden Tests werden schrittweise die verschiedenen möglichen gegenseitigen Lagen aussortiert.

1. Den Anfang machen getrennte Rechtecke: Wenn der rechte Rand eines Rechtecks (r1right) weiter links als der linke Rand des anderen Rechtecks (r2left) liegt, sind die Rechtecke disjunkt, unabhängig von den übrigen Rändern.

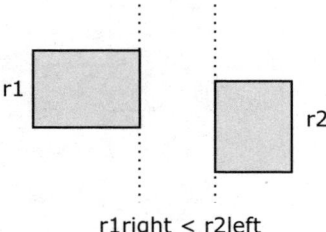

r1right < r2left

Entsprechendes gilt für die anderen vier gegenüberliegenden Ränder:

```
if(r1right < r2left
        || r1left > r2right
        || r1top < r2bottom
        || r1bottom > r2top)
    System.out.println("disjoint");
    ...
```

2. Im nächsten Test wird geprüft, ob gegenüberliegende Ränder zusammenfallen.

```
else if(r1right == r2left
        || r1left == r2right
        || r1top == r2bottom
        || r1bottom == r2top)
    ...
```

Wenn gleichzeitig gegenüberliegende vertikale *und* horizontale Ränder zusammenfallen, berühren sich die Rechtecke in einem Punkt.

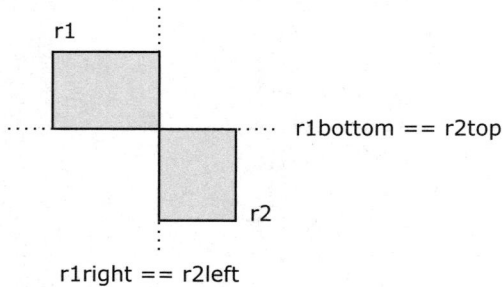

```
if((r1right == r2left  || r1left == r2right)
    && (r1top == r2bottom || r1bottom == r2top))
    System.out.println("touching");
    ...
```

Andernfalls haben sie eine gemeinsame Kante:

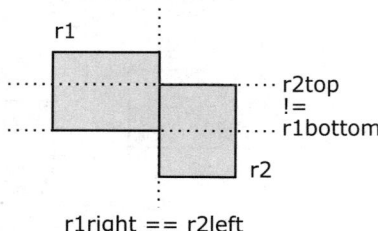

```
else
    System.out.println("aligned");
    ...
```

3. Sollten sich alle vier Ränder decken, liegen die Rechtecke gleich:

```
else if(r1left == r2left
        && r1right == r2right
        && r1top == r2top
        && r1bottom == r2bottom)
    System.out.println("same");
    ...
```

4. Falls keine Kante des ersten Recktecks außerhalb des zweiten Rechtecks liegt, ist das erste Teil des zweiten. Ebenso kann das zweite Rechteck im ersten enthalten sein:

```
else if(r1left >= r2left
        && r1right <= r2right
        && r1top <= r2top
        && r1bottom >= r2bottom)
    System.out.println("contained");
else if(r2left >= r1left
        && r2right <= r1right
        && r2top <= r1top
        && r2bottom >= r1bottom)
    System.out.println("contained");
...
```

5. Nachdem alle anderen Lagen aussortiert sind, bleiben nur noch überlappende Rechtecke übrig:

```
else
    System.out.println("intersecting");
```

8   S-Bahn in Byteburg

Diese Aufgabe scheint zunächst leicht lösbar zu sein, allerdings blähen sich unbedacht konstruierte Lösungen schnell auf. Die Struktur des Liniennetzes lässt sich ausnutzen, um die verschiedenen Fahrpreisregeln mit einer passenden Abfolge von Tests sukzessive abzuspalten.

Das S-Bahn-Netz von »Byteburg« ist regelmäßig aufgebaut. Es gibt fünf Hauptlinien (»1« bis »5«) und eine Ringlinie. Linie »6« befindet sich im Bau und wird noch nicht benutzt. Die Stationen entlang der Hauptlinien sind von innen nach außen mit 1 bis 6 durchnummeriert. Im Zentrum liegt Station »00«. Die Ringlinie verbindet reihum die Stationen 3 der Hauptlinien.

Die Stationen sind mit einem zweistelligen Code benannt: Die Zehnerstelle nennt die Linie, die Einerstelle die Stationsnummer, wie in der folgenden Skizze gezeigt:

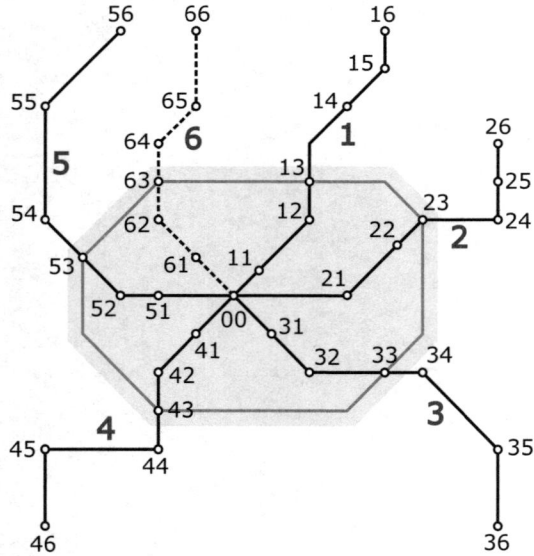

Im Innenraum (grau hinterlegt) liegen das Zentrum und alle Stationen bis einschließlich der Ringlinie. Die übrigen Stationen liegen im Außenraum.

Schreiben Sie ein Programm ByteburgTarif, das die Fahrpreise nach den folgenden Regeln berechnet:

1. Eine Fahrt kostet 2 Taler[1] (Beispiel: 11 nach 13).
2. Jede überquerte Zonengrenze kostet zusätzlich 1 Taler (Beispiel: 11 nach 14: 2 + 1 = 3 Taler).
3. Jede benutzte Endstation kostet zusätzlich 1 Taler (Beispiel: 16 nach 11: 2 + 1 (Zonengrenze) + 1 (Endstation) = 4 Taler).
4. Eine Fahrt zwischen zwei benachbarten Stationen kostet immer 1 Taler, auch wenn eine Zonengrenze dazwischen liegt oder eine Endstation benutzt wird (Beispiele: 13 nach 14, 15 nach 16 und 13 nach 53: jeweils 1 Taler).

Beachten Sie, dass nach Linie 6 auch noch weitere Hauptlinien geplant sind mit jeweils 6 Stationen, die die Ringlinie an Station 3 schneiden. Auch nach Ausbauten bleiben die Hauptlinien im Uhrzeigersinn fortlaufend durchnummeriert. Ihr Programm soll mit möglichst wenig Aufwand für die erweiterten Streckennetze anpassbar sein.

Ihr Programm ByteburgTarif liest die Codes von zwei Stationen von der Kommandozeile und gibt die Fahrtkosten aus.

Beispiele:

```
$ java ByteburgTarif 11 13
2
$ java ByteburgTarif 13 14
1
$ java ByteburgTarif 00 16
4
```

Lösung

Eine wesentliche Anforderung ist die Flexibilität bezüglich des späteren Ausbaus um weitere Linien. Die Anzahl der Linien, zugleich die höchste Nummer einer Hauptlinie, wird in der Variablen lines gespeichert. Im weiteren Programm wird nur noch lines verwendet. Sollten neue Linie gebaut werden, muss lediglich der Startwert dieser Variablen angepasst werden.

```
int lines = 5;
...
```

---

[1]»Taler« wird hier als beliebige Fantasiewährung verwendet.

Zunächst werden die Kommandozeilenargumente verarbeitet und in Variablen gespeichert:

```
int code1 = Integer.parseInt(args[0]);
int code2 = Integer.parseInt(args[1]);
...
```

Eine Fahrt kostet in jeder Richtung den gleichem Betrag. Die weitere Berechnung fällt leichter, wenn der kleinere und der größere Code festgestellt werden:

```
int codemin = Math.min(code1, code2);
int codemax = Math.max(code1, code2);
...
```

Die Ziffern der Stationscodes können mit ganzzahliger Arithmetik getrennt werden. Linien- und Stationsnummern (Zehner- und Einerstellen der Codes) liegen damit einzeln vor:

```
int lineMin = codemin / 10;
int stationMin = codemin % 10;
int lineMax = codemax / 10;
int stationMax = codemax % 10;
...
```

In der Variablen result wird der Fahrpreis berechnet:

```
int result;
...
```

Im Rest des Programms werden die verschiedenen Regeln zur Bestimmung des Preises absteigend nach Vorrang überprüft.

Als Erstes sind Kurzfahrten zu behandeln. Eine Kurzfahrt kann entlang einer Hauptlinie erfolgen. In diesem Fall sind die Zehnerstellen gleich und die größere Einerstelle liegt um 1 über der kleineren, wie zum Beispiel 13 und 14:

```
// Kurzfahrt entlang einer Hauptlinie
if(lineMin == lineMax &&  stationMin + 1 == stationMax)
    result = 1;
...
```

Eine Kurzfahrt kann auch entlang der Ringlinie verlaufen. Die Einerstellen sind beide 3, die Zehnerstellen unterscheiden sich um 1, wie zum Beispiel 43 und 53:

```
// Kurzfahrt entlang der Ringlinie
else if(stationMin == 3 && stationMax == 3 && lineMin + 1 == lineMax)
    result = 1;
...
```

Noch nicht berücksichtigt ist der Fall, dass auf der Ringlinie von Hauptlinie 1 zur höchsten Hauptlinie gefahren wird. Wieder sind die Einerstellen beide 3. Die kleinere Zehnerstelle ist 1; die Größere entspricht der Anzahl Linien, wie zum Beispiel 13 und 53:

```
// Kurzfahrt auf der Ringlinie von Linie 1 zur hoechsten Linie
else if(stationMin == 3 && stationMax == 3
        && lineMax == lines && lineMin == 1)
    result = 1;
...
```

Schließlich kann eine Kurzfahrt zum Zentrum führen. Die Summe der Einerstellen ist in diesem Fall 1:

```
// Kurzfahrt zum/vom Zentrum
else if(stationMin + stationMax == 1)
    result = 1;
...
```

In allen anderen Fällen gilt der Grundpreis von 2 Taler, zuzüglich möglicher Aufschläge:

```
else {
    result = 2;     // Grundpreis; Aufschläge folgen
    ...
```

Eine Zonengrenze wird überquert, wenn eine Stationsnummer im Innenraum liegt und die andere im Außenraum:

```
if(stationMin < 4  &&  stationMax >= 4)
    result++;
else if(stationMin >= 4  &&  stationMax < 4)
    result++;
...
```

Wenn *beide* Stationsnummern im Außenraum liegen, müssen die Liniennummern verglichen werden. Wenn sie verschieden sind, wurden zwei Zonengrenzen überquert, ansonsten keine:

```
else if(stationMin >= 4  &&  stationMax >= 4  &&  lineMax != lineMin)
    result += 2;
...
```

Schließlich sind noch Endstationen aufschlagspflichtig. Unabhängig vonein-ander und unabhängig von den vorhergehenden Tests wird jede Stationsnummer mit 6 verglichen:

```
if(stationMin == 6)
    result++;
if(stationMax == 6)
    result++;
}
...
```

Am Ende wird der Fahrpreis ausgegeben:

```
System.out.println(result);
```

Hier der gesamte Algorithmus:

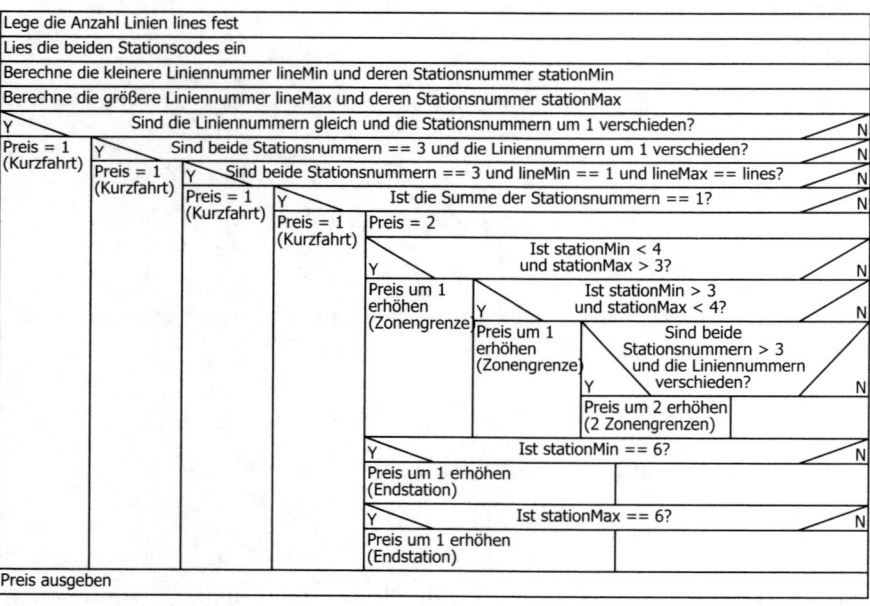

9 Newton-Verfahren

Wurzeln lassen sich mit Bibliotheksmethoden berechnen. In diesem Kapitel wird aber ein Algorithmus explizit implementiert, der die gleiche Aufgabe löst. Im Gegensatz zu ganzzahliger Arithmetik müssen bei Floatingpoint-Arithmetik die allgegenwärtigen Rechenungenauigkeiten berücksichtigt werden. Um sinnvolle Resultate zu erzielen, gilt es, ein brauchbares Abbruchkriterium des Näherungsverfahrens zu implementieren.

9.1 Approximation der Quadratwurzel

Ein Approximationsverfahren für die Quadratwurzel aus einer gegebenen positiven reellen Zahl n ist der »Newton-Algorithmus«.

Die Quadratwurzel $x = \sqrt{n}$ ist zunächst nicht bekannt. Das Verfahren startet mit einem Schätzwert q für x. Als erster Schätzwert kann eine beliebige Zahl $q > 0$ gewählt werden, beispielsweise $q = 1$. Es gibt die folgenden drei Möglichkeiten:

$q = x$ damit $q^2 = n$: Das Approximationsverfahren ist beendet.

$q < x$ damit $q \cdot x < x^2$, $q \cdot x < n$, $x < \frac{n}{q}$:
           Für die gesuchte Quadratwurzel gilt also $q < x < \frac{n}{q}$.

$q > x$ damit entsprechend zum vorhergehenden Fall: $\frac{n}{q} < x < q$.

Im zweiten und dritten Fall wird als neuer Schätzwert der arithmetische Mittelwert von q und $\frac{n}{q}$ verwendet. Das Verfahren wird so lange wiederholt, bis q^2 hinreichend nahe an n liegt.[1]

Schreiben Sie ein Programm Newton, das diesen Algorithmus implementiert. Wählen Sie als Abbruchkriterium für die Approximation beispielsweise $|n-q^2| < \varepsilon$ mit $\varepsilon = n \cdot 10^{-8}$. Newton gibt den Approximationswert, die relative Abweichung $|\frac{n-q^2}{n}|$ und die Anzahl Approximationsschritte aus. Verwenden Sie keine mathematischen Bibliotheksfunktionen außer abs.

---

[1] Hier wird unterstellt, dass das Newton-Verfahren überhaupt konvergiert.

Newton wird mit $n > 0$ als Kommandozeilenargument aufgerufen:

```
$ java Newton 10
3.162277665175675
3.1668918154537097E-9
5
```

Lösung

Neben Variablen für die Werte n und ε werden zwei weitere für q und die Anzahl der Iterationen definiert:

```
double n = Double.parseDouble(args[0]);
double epsilon = n*1e-8;
double q = 1;          // Schätzwert
int steps = 0;         // Iterationszähler
...
```

Die Approximationsschleife läuft, bis das Abbruchkriterium erfüllt ist. In jedem Zyklus wird der Schätzwert aktualisiert und die Anzahl der Schleifendurchgänge inkrementiert:

```
while(Math.abs(n - q*q) > epsilon) {
    q = (q + n/q)/2;
    steps++;
}
```

9.2   Kubikwurzel

Entwickeln Sie aus Newton ein weiteres Programm Newton3, das einen Näherungswert für die Kubikwurzel aus einer gegeben Zahl n bestimmt. Als neuer Schätzwert wird der gewichtete Mittelwert $\frac{2}{3}q + \frac{1}{3}\frac{n}{q^2}$ verwendet. Auch Newton3 gibt den Approximationswert, die relative Abweichung $|\frac{n-q^3}{n}|$ und die Anzahl Approximationsschritte aus.

```
$ java Newton3 4096
16.00000000000398
7.460698725481052E-13
16
```

Lösung

Newton3 hat dieselbe Struktur wie Newton. Als Schleifenbedingung wird verwendet:

```
Math.abs(n - q*q*q) > epsilon
```

Bei der Berechnung des neuen Schätzwertes muss sichergestellt werden, dass keine ganzzahlige Division vorkommt:

```
q = q*2/3 + n/q/q/3;
```

Der Ausdruck 2/3*q würde zuerst 2/3 berechnen und hätte wegen der ganzzahligen Division immer den Wert 0.

10 Zahlenbasis

Diese Aufgabe erfordert den Umgang mit Zahlen in verschiedenen Zahlensystemen. Obwohl die Ein- und Ausgabe von Java zunächst im Zehnersystem arbeitet, kann eine Ziffernfolge auch als Darstellung in einem anderen Zahlensystem aufgefasst werden. Das Problem lässt sich leichter bewältigen, wenn es in zwei Teilprobleme zerlegt wird, die einzeln gelöst werden. Bibliotheksmethoden, die eine vorgefertigte Lösung der Aufgabe zur Verfügung stellen, sollen hier nicht benutzt werden.

Zahlen lassen sich in verschiedenen Zahlensystemen darstellen. In der Informatik spielen, neben der dezimalen Darstellung, vor allem das binäre (Basis 2) und das hexadezimale Zahlensystem (Basis 16) eine Rolle, daneben werden gelegentlich noch oktale Zahlen (Basis 8) benutzt.

Schreiben Sie ein Programm NumberBase, das Zahlen von einem Zahlensystem in ein anderes umwandelt. Das Programm akzeptiert drei Kommandozeilenargumente: eine Zahl n, eine Quellbasis a und eine Zielbasis b. Die Zahl n wird im Zahlensystem zur Basis a interpretiert, das heißt, sie enthält nur Ziffern zwischen 0 und $a - 1$. Ihr Programm gibt den Wert von n, dargestellt im Zahlensystem zur Basis b, wieder aus.

Zur Vereinfachung der Ein- und Ausgabe gilt $a \leq 10$ und $b \leq 10$.

Zwei Beispiele:

```
$ java NumberBase 8 10 8
10
$ java NumberBase 100 10 8
144
$ java NumberBase 11001010 2 10
202
$ java NumberBase 710 8 2
111001000
```

Lösung

Die Kommandozeilenargumente werden in drei Variablen aufgezeichnet:

```
int n = Integer.parseInt(args[0]); // Zahl
int a = Integer.parseInt(args[1]); // Quellbasis
int b = Integer.parseInt(args[2]); // Zielbasis
...
```

Das Programm arbeitet in zwei Schritten:

- Im ersten Schritt wird der Wert der im a-System interpretierten Zahl n in einer Zwischenvariablen number10 berechnet.
- Im zweiten Schritt wird number10 im b-System wieder ausgegeben.

Wie bei der Quersumme (Aufgabe 15.3, Seite 61) noch gezeigt wird, lässt sich eine Zahl durch fortgesetztes, ganzzahliges Dividieren durch 10 und Anwenden des Modulus-Operators von rechts nach links in ihre Ziffern abbauen. Dabei wird der dezimale Wert v der jeweils nächsten Ziffer im a-System mitgeführt. In jedem Schleifendurchgang wird das Produkt aus der letzten Ziffer d und dem Wert v dieser Ziffer zum Gesamtwert number10 akkumuliert. Anschließend muss noch v für den nächsten Schleifendurchgang erhöht und n um eine Stelle nach rechts verschoben werden.

```
int v = 1;
int number10 = 0;
while(n > 0) {
    int d = n%10;
    number10 += v*d;
    // --- Ausgabe, siehe unten ---
    v *= a;
    n /= 10;
}
...
```

Eine Ausgabeanweisung an der oben markierten Stelle macht den Ablauf transparenter:

```
System.out.printf("n=%d\td=%d\tv=%d\tnumber10=%d%n", n, d, v, number10);
```

Das Programm produziert beim Start mit n = 2441, a = 8 und b = 10 die folgende Ausgabe:

```
n=2441   d=1    v=1      number10=1
n=244    d=4    v=8      number10=33
n=24     d=4    v=64     number10=289
n=2      d=2    v=512    number10=1313
```

Im ersten Schleifendurchlauf hat n den Startwert 2441. d ist die letzte Ziffer von n, die 1. Der »Wert« v dieser letzten Stelle ist ebenfalls 1. Der dezimale Gesamtwert number10 wird um das Produkt aus d und v erhöht, also auf $1 \cdot 1 = 1$. Als Vorbereitung für den nächsten Schleifendurchgang wird v mit der Quellbasis multipliziert $(1 \cdot 8 = 8)$ und n ganzzahlig durch 10 geteilt $(2441/10 = 244)$

Im zweiten Schleifendurchlauf ist n = 244, die letzte Ziffer d ist eine 4. Der Stellenwert dieser Ziffer ist jetzt 8, damit erhöht sich number10 auf $1 + 4 \cdot 8 = 33$. Anschließend wird der Stellenwert auf $8 \cdot 8 = 64$ erhöht und n durch Division durch 10 auf 24 reduziert.

Im dritten Schleifendurchlauf ist n = 24, die letzte Ziffer wieder die 4. Der Stellenwert dieser Ziffer ist 64, number10 wird erhöht auf $33 + 4 \cdot 64 = 289$. Der Rest des Ablauf sollte jetzt klar sein.

Der zweite Schritt arbeitet ganz ähnlich: In der Variablen v wird wieder der Wert der nächsten Ziffer im b-System mitgeführt. Der ganzzahlige Quotient aus number10 und v liefert die jeweils nächste Ziffer im b-System. Anschließend wird number10 verringert und der Ziffernwert erhöht.

Dabei ergibt sich allerdings ein Problem, denn die Ziffern im b-System werden in steigender Wertigkeit produziert. Das heißt, sie fallen bezüglich der geschriebenen Darstellung von rechts nach links an. Die Ausgabe des Programms wäre dementsprechend rückwärts und damit aus Benutzersicht ziemlich unnatürlich zu lesen.

Das Problem lässt sich lösen, wenn vor der Ausgabe der Ziffernwert v der höchsten Stelle im b-System ermittelt und dann bei der Ausgabe selbst schrittweise verringert wird.

Um den Wert der höchsten Ziffer zu finden, wird v im b-System so lange erhöht, bis number10 überschritten ist. Dann ist v allerdings um einen Schritt zu weit multipliziert, der sofort im Anschluss kompensiert wird:

```
v = 1;
while(v <= number10)
    v *= b;
v /= b;
...
```

Die Ausgabeschleife reduziert v so lange, bis die letzte Stelle im b-System ausgegeben ist:

```
while(v > 0) {
    int d = number10/v;
    System.out.print(d);
    number10 %= v;
    v /= b;
}
System.out.println();
```

Hier noch einmal der gesamte Algorithmus:

Lies die Zahl n im a-System ein
Lies die Quellbasis a ein
Lies die Zielbasis b ein
Definiere den Ziffernwert v = 1
Setze den dezimalen Wert number10 = 0
Wiederhole solange n > 0 ...
Bestimme die letzte Ziffer d von n
Erhöhe number10 um v*d
Multipliziere v mit a
Lösche die letzte Ziffer von n
Definiere den Ziffernwert v = 1
Wiederhole bis v > n ist ...
Multipliziere v mit b
Teile v durch b
Wiederhole solange v > 0 ...
Berechne den Quotienten d = number10/v
Gibt d aus
Ersetze number10 durch den Rest von number10/v
Teile v durch b

11 Messwerte

In dieser Aufgabe gilt es, einen Datenstrom unbekannter Länge zu verarbeiten. Die Aufgabe wäre viel einfacher, könnte man alle Daten auf einmal betrachten, aber gerade das wird ausgeschlossen.

   Die Lösung erfordert einen Algorithmus mit einem begrenzten Gedächtnis für früher verarbeitete Informationen. Dazu ist eine genaue Analyse der möglichen Situationen nötig.

Ein Sensor liefert Messwerte als Folge ganzer Zahlen. Schreiben Sie ein Programm FilterSamples, das diese Messwerte wie folgt verarbeitet:

1. Negative Werte werden gelöscht.
2. In der verbleibenden Messwertfolge werden alle Gruppen von zwei oder mehr unmittelbar aufeinanderfolgenden Nullen zu einer einzigen 0 zusammengefasst.
3. Die übrigen Messwerte werden ausgegeben.

Jede Folge endet mit dem Tripel $-1, -1, -1$, das sonst nicht vorkommt. Ein Beispiel:

$$1, 2, 3, 0, -1, -2, 0, 0, 3, 4, -1, -1, -1 \rightarrow 1, 2, 3, 0, 3, 4$$

FilterSamples liest die Messwerte von der Standardeingabe und schreibt die verarbeiteten Werte auf die Standardausgabe.[1] Im zweiten Beispiel gibt das Programm überhaupt nichts aus.

```
$ java FilterSamples
1 2 3 0 0 -1 -1 3 4 -1 -1 -1
1 2 3 0 3 4
$ java FilterSamples
-2 -1 -1 -1

$ java FilterSamples
0 0 -2 0 0 -1 -1 -1
0
```

---

[1]Die erste Zeile mit Zahlen wurde von der Tastatur eingegeben, die zweite Zeile ist die Ausgabe des Programms.

Gehen Sie vom nachfolgenden Grundprogramm aus, das endlos ganze Zahlen von der Standardeingabe liest und sie unverändert wieder ausgibt:

```java
import java.util.*;

public static void main(String[] args) {
    Scanner scanner = new Scanner(System.in);
    while(true) {
        int n = scanner.nextInt();
        System.out.println(n);
    }
}
```

Lösung

Die Messwerte lassen sich in drei Gruppen (positiv, null, negativ) einteilen, die jeweils eine andere Behandlung erfordern. Für die Stopperzahl −1 wird eine Konstante definiert. Die drei Gruppen werden mit einer if-Kaskade getrennt:

```java
while(true) {
    int n = scanner.nextInt();
    final int STOPPER = -1;
    if(n > 0)        // n > 0
        ...
    else if(n == 0) // n = 0
        ...
    else            // n < 0
        ...
}
```

Um das Ende der Messwerte zu erkennen, wird ein Zähler stoppers definiert, der bei jedem STOPPER inkrementiert und bei jedem anderen Messwert zurückgesetzt wird. Die Schleife und damit das Programm endet, sobald dieser Zähler den Wert 3 erreicht:

```java
int stoppers = 0;
while(stoppers < 3) {
    int n = scanner.nextInt();
    if(n > 0) {               // n > 0
        stoppers = 0;
    }
    else if(n == 0) {         // n = 0
        stoppers = 0;
    }
```

```
        else {                    // n < 0
            if(n == STOPPER)
                stoppers++;
            else
                stoppers = 0;
        }
    }
```

Mehrfache Nullen sollen zu einem Exemplar kollabieren. In einer boolean-Variablen nonZero wird Buch geführt, ob der vorhergehende Messwert verschieden von null war oder nicht. Eine 0 wird nur dann ausgegeben, wenn dieses Flag gesetzt ist. Anschließend wird nonZero für den nächsten Schleifendurchgang aktualisiert. Bei negativen Werten wird nonZero nicht verändert, weil gemäß Aufgabenstellung *zuerst* negative Werte aussortiert und *anschließend* Null-Folgen zusammengefasst werden sollen.

```
int stoppers = 0;
boolean nonZero = true;
while(...) {
    int n = scanner.nextInt();
    if(n > 0) {                   // n > 0
        stoppers = 0;
        nonZero = true;
    }
    else if(n == 0) {             // n = 0
        stoppers = 0;
        if(nonZero)               // Ausgabe der ersten 0
            System.out.print("0 ");
        nonZero = false;
    }
    else {                        // n < 0
        if(n == STOPPER)
            stoppers++;
        else
            stoppers = 0;
        // nonZero bleibt unverändert
    }
}
```

Positive Werte werden schließlich in jedem Fall ausgegeben. Nach der Schleife wird die Zeile mit den ausgegebenen Werten abgeschlossen.

```
while(...) {
    int n = scanner.nextInt();
    if(n > 0) {                    // n > 0
        stoppers = 0;
        nonZero = true;
        System.out.printf("%d ", n);   // Ausgabe positiver Werte
    }
    else ...
}
System.out.println();
```

Das folgende Struktogramm zeigt den Algorithmus:

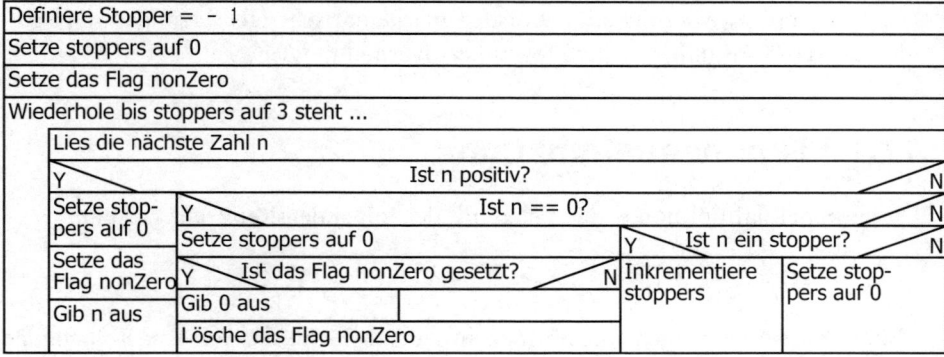

12 Reihen

Manche reellen Funktionen lassen sich mit Reihen approximieren. Die Glieder einer Reihe werden eines nach dem anderen berechnet und im Näherungswert akkumuliert. Je weiter die Reihe entwickelt wird, desto genauer ist das Ergebnis.

Zur Implementierung sind zunächst mathematische Überlegungen notwendig, die dann sorgfältig in Java formuliert werden müssen.

12.1 Exponentialfunktion

Die Exponentialfunktion e^x lässt sich mit der folgenden Reihe entwickeln:

$$e^x = 1 + x + \frac{x^2}{2!} + \frac{x^3}{3!} + \cdots = \sum_{n=0}^{\infty} \frac{x^n}{n!}.$$

Man kann sie berechnen, indem man in einer Schleife das nächste Reihenglied $a_{n+1} = \frac{x^{n+1}}{(n+1)!}$ aus dem letzten $a_n = \frac{x^n}{n!}$ berechnet mit $a_{n+1} = a_n \cdot \frac{x}{n+1}$. Das neue Reihenglied wird zur Partialsumme $s_k = \sum_{n=0}^{k} \frac{x^n}{n!}$ addiert. Die Schleife wird abgebrochen, sobald die gewünschte Rechengenauigkeit $\varepsilon = 10^{-16}$ erreicht ist, also $\left|\frac{a_n}{s_n}\right| < \varepsilon$ wird.

Schreiben Sie eine Klasse Series mit einer statischen Methode exp zur Berechnung der Exponentialfunktion und vergleichen Sie Ihre Ergebnisse mit der Bibliotheksfunktion Math.exp. Die Rechengenauigkeit wird in einer Konstanten der Klasse Series festgelegt:

```
public final static double EPSILON = 1E-16;
```

Die Ergebnisse sollten fast gleich sein:

```
System.out.println(Math.exp(2));    // 7.38905609893065
System.out.println(Series.exp(2));  // 7.389056098930649
```

Lösung

Zur Vorbereitung der Approximationsschleife werden drei Variablen definiert:

```
int n
double an
```
Index des zuletzt berechneten Reihengliedes,

Wert des letzten Reihengliedes und

```
double sn
```
bisher akkumulierte Partialsumme.

Das erste Reihenglied a_0 hat den Wert 1. Das ist gleichzeitig der Startwert der Partialsumme $s_0 = 1$:

```java
public static double exp(double x) {
    int n = 0;
    double an = 1;
    double sn = 1;
    ...
```

Die Approximationsschleife wird fortgesetzt, bis das letzte Reihenglied den vorgegebenen Schwellwert unterschritten hat:

```java
while(Math.abs(an/sn) > EPSILON) {
    ...
```

In der Schleife wird das letzte Reihenglied a_n mit dem Quotienten zweier aufeinanderfolgender Glieder zum nächsten Glied multipliziert:

$$\frac{a_{n+1}}{a_n} = \frac{x}{n+1}.$$

Dieses nächste Reihenglied wird zur Partialsumme addiert. Schließlich wird der Index hochgezählt.

```java
        an *= x/(n + 1);
        sn += an;
        n++;
    }

    return sn;
}
```

12.2 Hyperbolischer Sinus

Der hyperbolische Sinus kann in folgender Reihe entwickelt werden:

$$\sinh x = x + \frac{x^3}{3!} + \frac{x^5}{5!} + \cdots = \sum_{n=1}^{\infty} \frac{x^{2n-1}}{(2n-1)!}.$$

Definieren Sie in der Klasse Series eine statische Methode sinh zur Berechnung des hyperbolischen Sinus und vergleichen Sie Ihre Ergebnisse mit der Bibliotheksfunktion Math.sinh. Gehen Sie dabei entsprechend zur vorhergehenden Aufgabe vor. Wieder sollte das Ergebnis Ihrer Implementierung mit dem Ergebnis der Bibliotheksmethode im Rahmen der Rechengenauigkeit übereinstimmen:

```
System.out.println(Math.sinh(0.5));    // 0.5210953054937474
System.out.println(Series.sinh(0.5));  // 0.5210953054937474
```

Lösung

Der Quotient zweier aufeinanderfolgender Glieder ist

$$\frac{a_{n+1}}{a_n} = \frac{x^2}{2n \cdot (2n+1)}.$$

Zur Berechnung von a_{n+1} wird daher der alte Wert a_n mit diesem Quotienten multipliziert:

```
public static double sinh(double x) {
    int n = 1;
    double an = x;
    double sn = x;
    while(Math.abs(an) > EPSILON*Math.abs(sn)) {
        int nn = 2*n;
        an *= x/nn * x/(nn + 1);
        sn += an;
        n++;
    }

    return sn;
}
```

Um die Division durch 0 zu vermeiden, wurde die Abfrage $|\frac{a_n}{s_n}| > \varepsilon$ durch $|a_n| > \varepsilon \cdot |s_n|$ ersetzt.

12.3 Umkehrfunktion des hyperbolischen Sinus

Die Umkehrfunktion des hyperbolischen Sinus heißt *Area Sinus Hyperbolicus*. Sie kann für $|x| < 1$ durch folgende Reihe dargestellt werden:

$$\text{arsinh}(x) = x - \frac{1}{2\cdot3}x^3 + \frac{1\cdot3}{2\cdot4\cdot5}x^5 - \frac{1\cdot3\cdot5}{2\cdot4\cdot6\cdot7}x^7 \pm \ldots$$

Schreiben Sie eine statische Methode `arsinh` zur Berechnung des Area Sinus Hyperbolicus. Da sie nicht in der Java-Standardbibliothek enthalten ist, testen Sie sie, indem Sie das Ergebnis $y = \text{arsinh}(x)$ als Argument des hyperbolischen Sinus verwenden:

```
System.out.println(Series.arsinh(Series.sinh(0.5))); // 0.5000000000000001
System.out.println(Series.sinh(Series.arsinh(0.5))); // 0.49999999999999994
```

Lösung

In der Methode `arsinh` wird zunächst die Gültigkeit des Arguments überprüft:

```
public static double arsinh(double x) {
    if(x >= 1  ||  x <= -1)
        throw new IllegalArgumentException("arsinh undefined for " + x);
    ...
```

Die Programmstruktur entspricht den vorhergehenden Lösungen. Allerdings werden die Variablen anders initialisiert und das nächste Folgenglied wird aus dem vorhergehenden durch Multiplikation mit dem Quotienten berechnet:

$$\frac{a_{n+1}}{a_n} = -\frac{x^2\cdot(2n-1)^2}{2n\cdot(2n+1)}.$$

Der Hauptteil des Methodenrumpfes ergibt sich damit wie folgt:

```
int n = 1;
double an = x;
double sn = x;

    while(Math.abs(an) > EPSILON * Math.abs(sn)) {
    int nn = 2*n;
    an *= -x*x*(nn - 1)*(nn - 1)/nn/(nn + 1);
    sn += an;
    n++;
    }

    return sn;
}
```

13 Potenzieren

In dieser Aufgabe berechnen Sie ganzzahlige Potenzen modulo einer Zahl mit der Arithmetik von Java. Eine unbedachte Implementierung ist einerseits langsam und scheitert andererseits schnell an den Wertebereichsgrenzen der primitiven ganzzahligen Typen. Ein schneller Algorithmus erlaubt effizientes Potenzieren. Durch geschickten Einsatz des Typs long lässt sich ein Überlauf sicher vermeiden.

In der Kryptografie benötigt man ganzzahlige Potenzen x^k mod b. Definieren Sie eine statische Methode

```
int pow(int x, int k, int b)
```

zur Berechnung ganzzahliger Potenzen für positive Zahlen.[1] Für die Berechnung soll ausschließlich ganzzahlige Arithmetik verwendet werden, um Rundungsfehler zu vermeiden. Es sollen keine Überläufe vorkommen.

Prüfen Sie Ihre Lösung mit den folgenden Beispielen:

3^4 mod $5 = 81$ mod $5 = 1$
17^{23} mod $13 = 19967568900859523802559065713$ mod $13 = 10$
$3^{1733885101}$ mod $5 = 3$

Der naive Algorithmus, die Potenz $x^k = x \cdot x \ldots x$ durch k-fache Multiplikation zu berechnen, ist für große Exponenten k, wie im dritten Beispiel, sehr langsam. Schneller ist der *square-and-multiply*-Algorithmus. Er basiert auf den Gleichungen

$$x^k = \begin{cases} (x^2)^{k/2} & \text{für gerade } k \\ x \cdot x^{k-1} & \text{für ungerade } k \end{cases}.$$

---

[1]Java kennt keinen Potenzoperator. Potenzen von reellen Zahlen können zwar mit der Bibliotheksmethode Math.pow berechnet werden, allerdings sind dabei die Rundungsfehler der Floatingpoint-Arithmetik unvermeidlich. Eine entsprechende Methode für ganzzahliges Potenzieren gibt es nicht, da dabei schnell große Werte entstehen, die einen Überlauf erzeugen.

Lösung

Das Ergebnis wird in der Variablen z berechnet, die zunächst mit 1 initialisiert wird. (Die hier zuerst entwickelte Fassung ist noch nicht vollständig und wird unten in zwei Schritten korrigiert.)

```java
public static int pow(int x, int k, int b) {
    int z = 1;
    ...
```

Der verbleibende Exponent k wird in einer Schleife so lange verringert, bis er auf den Wert 1 reduziert ist und damit in z das Endergebnis vorliegt.

```java
while(k > 0) {
    ...
```

In jedem Schleifendurchlauf wird k geprüft, ob es gerade oder ungerade ist. Für gerade k wird der Exponent halbiert und die Basis x quadriert gemäß der oben gezeigten Formel. Die weitere Berechnung liefert daher immer noch das gleiche Ergebnis wie vorher, wird aber mit einem kleineren Exponenten fortgesetzt.

```java
if(k%2 == 0) {
    k /= 2;              // gerades k
    x = x*x;
}
...
```

Ein ungerades k wird um 1 dekrementiert und x zum Ergebnis z multipliziert:

```java
else {
    k--;                 // ungerades k
    z = z*x;
    }
    }
    return z%b;
}
```

Die Zuweisung im else-Teil wird in jedem Fall irgendwann ausgeführt, weil die Variable k nur ganzzahlige Werte annimmt und in jedem Schleifendurchlauf entweder halbiert oder dekrementiert wird. Sie *muss* also spätestens im letzten Schleifendurchgang den ungeraden Wert 1 erreichen.

In dieser Fassung laufen die Produkte x*x und z*x bei hinreichend großen Argumenten über. Das lässt sich vermeiden, wenn nach jeder Multiplikation *sofort* modulo b reduziert wird:

```
while(k > 0) {
    if(k%2 == 0) {
        k /= 2;
        x = x*x%b;        // Produkt modulo b reduzieren
    }
    else {
        k--;
        z = z*x%b;        // Produkt modulo b reduzieren
    }
}
```

Auch diese zweite Fassung liefert unter Umständen falsche Resultate. Bei der Multiplikation können immer noch *Zwischenergebnisse* außerhalb des int-Wertebereichs entstehen, auch wenn diese vor der Zuweisung in den zulässigen Bereich zurückgeführt werden.

Das Problem lässt sich lösen, indem die Produkte mit long- statt int-Operanden berechnet werden. Das Produkt von zwei positiven int-Werten liegt in jedem Fall innerhalb des long-Wertebereiches, weil dieser doppelt so viele Binärstellen umfasst.[2] Dazu wird der Parameter x in a umbenannt und sein Wert der neuen Hilfsvariablen x zugewiesen. x und z bekommen den Typ long:

```
public static int pow(int a, int k, int b) {
    long x = a;
    long z = 1;
    ...
```

Die Methode soll ein int-Ergebnis liefern. Deshalb wird bei der Rückgabe der Inhalt der long-Variablen z mit einem *Typecast* in einen int-Wert umgewandelt:

```
    return (int)z;
}
```

---

[2]Jede Java-Implementierung ist auf 32 Binärstellen für int-Werte und 64 Binärstellen für long-Werte festgelegt. Das gilt unabhängig von Betriebssystem und Architektur des Systems, auf dem die JVM läuft.

Teil III

Algorithmen

14 Kompression

In dieser Aufgabe wird ein einfaches Kompressionsverfahren implementiert, das zwar eher Modellcharakter hat, aber in manchen Situationen durchaus brauchbar ist. Zur Implementierung müssen einige Sonderfälle berücksichtigt werden. Wegen der verzögerten Arbeitsweise erfordert eine korrekte Lösung etwas Überlegung.

Eine Zeichenfolge kann komprimiert werden, indem Abschnitte von mehreren gleichen, lückenlos aufeinanderfolgenden Zeichen zusammengefasst werden zur Angabe eines Zählers sowie des wiederholten Zeichens. Eine solche Abkürzung soll als »Zählersequenz« bezeichnet werden. Zum Beispiel kann der String

```
AAAA BBBBBB CCCC
```

in die Zählersequenzen »4-mal A, 6-mal B, 4-mal C« komprimiert werden:

```
4A 6B 4C
```

Dieser Algorithmus wird als *Runlength Encoding* (RLE) bezeichnet. Zur Vereinfachung werden in dieser Aufgabe nur druckbare Zeichen betrachtet.[1] Die Leerzeichen in den Beispielen sind nur zur besseren Lesbarkeit eingefügt und nicht Teil der tatsächlichen Ein- und Ausgabe des Programms.

Aus der obigen Regelung ergibt sich eine Mehrdeutigkeit: »4A« kann bedeuten »4-mal A«, aber auch einfach die Ziffer »4«, gefolgt vom Buchstaben »A«. Um eine Zählersequenz eindeutig identifizieren zu können, wird sie mit einem besonderen Erkennungszeichen versehen, einem *Marker*. Hier wird als Marker der Buchstabe Z gewählt. Der oben gezeigte String wird also komprimiert zu

```
Z4A Z6B Z4C
```

Bei Einzelzeichen oder kurzen Folgen von zwei oder drei gleichen Zeichen ist die »Kompression« schädlich oder unwirksam. Diese Zeichen bleiben unverändert, wie im folgenden Beispiel:

```
A BBB CC
```

---

[1]Das Programm lässt sich mit wenig Aufwand auf die Verarbeitung von Binärdaten umstellen und könnte dann sinnvoll verwendet werden.

Der Marker kann selbst wieder im Originaltext auftreten. Einfach kopieren kann man ihn nicht, weil er im komprimierten String fälschlich als Beginn einer Zähler-sequenz ausgelegt werden würde, obwohl er nur für sich selbst steht. Das Problem lässt sich lösen, indem man den Marker *immer* in eine Zählersequenz verpackt, selbst wenn er weniger als viermal nacheinander vorkommt. Der String

```
A Z BBBB ZZZ
```

wird umgesetzt in

```
A Z1Z Z4B Z3Z
```

Wenn im Originaltext viele Marker vorkommen, dann verlängert ihn die »Kom-pression«, wie zum Beispiel:

```
Z A Z
```

Als Marker wird man also ein möglichst seltenes Zeichen wählen.

Schließlich ist der Wertebereich des Zählers in einer Zählersequenz begrenzt. Zur Illustration wird hier nur eine Ziffer als Zähler zugelassen, sodass eine Zäh-lersequenz maximal 9 gleiche Zeichen ersetzen kann. Längere Folgen werden in mehrere Zählersequenzen zerlegt. Zwanzig A werden zum Beispiel komprimiert zu:

```
Z9A Z9A AA
```

Entwickeln Sie ein Programm RunLength, das von der Kommandozeile einen String liest und den komprimierten String ausgibt. Beispielsweise sollte Ihr Programm folgendermaßen arbeiten:

```
$ java RunLength ABBBCC
ABBBCC
$ java RunLength AZBBBBZZZ
AZ1ZZ4BZ3Z
$ java RunLength ZAZ
Z1ZAZ1Z
$ java RunLength AAAAAAAAAAAAAAAAAAAA
Z9AZ9AAA
```

Lösung

Zunächst werden der Marker und der Eingabetext in Variablen gespeichert.

```
char marker = 'Z';
String input = args[0];
...
```

Der Eingabetext wird Zeichen für Zeichen umgesetzt. Das jeweils aktuelle Zeichen ist möglicherweise Teil einer längeren Folge, deren tatsächliche Länge noch nicht bekannt ist. Zur Steuerung des Algorithmus ist ein Zeichen nützlich, das sonst nicht in der Eingabe vorkommt. Es wird der Konstanten IMPOSSIBLE zugewiesen. In der Variablen last wird das vorhergehende Zeichen gemerkt und in count die Anzahl der bisher schon eingelesenen Exemplare von last. last kann mit einem beliebigen Wert initialisiert werden, count mit 0, weil zu Beginn noch keine Zeichen verarbeitet wurden:

```
final  char IMPOSSIBLE = '\0';
char last = IMPOSSIBLE;
int count = 0;
...
```

Die Hauptschleife arbeitet sich zeichenweise durch alle Zeichen chr des Eingabetextes:

```
for(int i = 0; i < input.length(); i++) {
    char chr = input.charAt(i);
    ...
```

Eine Folge von einem oder mehreren gleichen Zeichen muss ausgegeben werden,

1. wenn sie endet, das heißt, wenn das aktuelle Zeichen vom vorhergehenden Zeichen abweicht, oder
2. wenn die Folge die maximale Länge erreicht hat, die in eine Zählersequenz verpackt werden kann.

Die beiden Bedingungen werden überprüft:[2]

```
if(chr != last || count == 9) {
    ...
```

Die auszugebenden Zeichen können, beziehungsweise müssen in eine Zählersequenz verpackt werden,

1. wenn die Anzahl ausreicht (mehr als drei) oder
2. wenn das Zeichen ein Marker ist.

Die »magische« Anzahl 3 wird vorher als Variable compressAbove definiert.

---

[2]Beim Start des Programms kann die Bedingung chr != last gelten oder auch nicht. In jedem Fall arbeitet das Programm korrekt: Falls chr != last, werden 0 Zeichen last ausgegeben. Falls chr == last, stimmt der Zählerwert 0.

```
        int compressAbove = 3;
        if(count > compressAbove || last == marker)
            System.out.printf("%c%d%c", marker, count, last);
        ...
```

Andernfalls werden die Zeichen einzeln ausgegeben. Hier wird kurzerhand ein String mit drei gleichen Zeichen konstruiert und davon das Präfix der gewünschten Länge ausgegeben:

```
        else
            for(int j = 0; j < count; j++)
                System.out.print(last);
        ...
```

count zählt die Anzahl der unverarbeiteten Exemplare von last. Nachdem jetzt alle ausgegeben wurden, wird der Zähler auf 0 zurückgestellt.

```
        count = 0;
    }
    ...
```

Die vorhergehenden Zeichen wurden verarbeitet. Das aktuelle Zeichen wird jetzt zum vorhergehenden Zeichen und die Anzahl wird aktualisiert:

```
    last = chr;
    count++;
}
...
```

Nach dem Lesen des letzten Eingabezeichens endet die letzte Folge. Diese ist noch nicht ausgegeben, deshalb wird der entsprechende Codeabschnitt nach der Hauptschleife noch einmal wiederholt:

```
if(count > compressAbove || last == marker)
    System.out.printf("%c%d%c", marker, count, last);
else
    for(int j = 0; j < count; j++)
        System.out.print(last);
```

Derartiges Duplizieren eines Codeabschnitts ist nicht sehr elegant. Es lässt sich umgehen, wenn nach dem Ende der Eingabe noch ein einzelnes, künstlich erzeugtes Zeichen nachgeschoben wird.[3] Dieses Zeichen wird selbst nicht mehr ausgegeben, erzwingt aber die Verarbeitung der noch zurückgehaltenen vorausgegangenen Zeichen. Dazu sind zwei Maßnahmen nötig:

---

[3]Alternativ könnte man den Code in eine Hilfsmethode verschieben und diese mehrfach aufrufen.

1. Der Vergleichsoperator im Kopf der for-Schleife wird von < in <= geändert für einen weiteren Durchlauf nach dem Ende der Eingabe.
2. Als aktuelles Zeichen wird im letzten Schleifendurchgang ein »unmögliches« Zeichen eingesetzt, wie zum Beispiel das Zeichen mit Code 0, das durch die Kontrollzeichensequenz '\0' dargestellt werden kann. Es wurde oben bereits als Konstante IMPOSSIBLE definiert.

```
final  char IMPOSSIBLE = '\0';
char marker = 'Z';
String input = args[0];
char last = IMPOSSIBLE;
int count = 0;
int compressAbove = 3;

for(int i = 0; i <= input.length(); i++) {
    char chr = i < input.length()?  input.charAt(i):  IMPOSSIBLE;
    if(chr != last || count == 9) {
        if(count > compressAbove || last == marker)
            System.out.printf("%c%d%c", marker, count, last);
        else
            for(int j = 0; j < count; j++)
                System.out.print(last);
        count = 0;
    }
    last = chr;
    count++;
}
```

Hier der Algorithmus im Überblick:

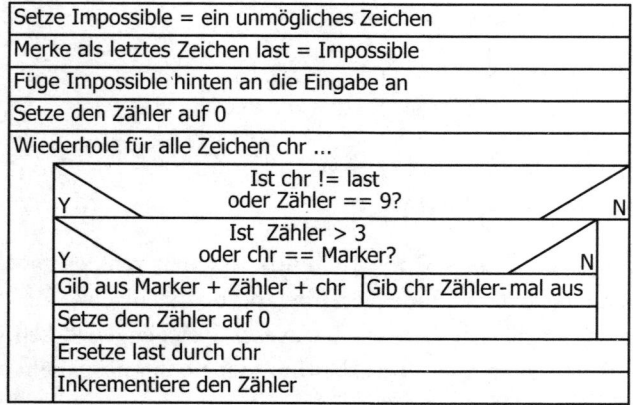

15 Perfekte und andere Zahlen

Diese Aufgaben beleuchten verschiedene zum Teil nützliche, zum Teil eher kuriose Eigenschaften von Zahlen. Sie erfordern den Entwurf und die Implementierung von Algorithmen, das heißt den Einsatz und die Kombination von Kontrollstrukturen. Dabei werden Unterschiede zwischen mathematischen Konzepten und deren technische Umsetzung in Java-Code deutlich sichtbar.

Moderne Computer rechnen zwar schnell, aber nicht beliebig schnell. Unbedacht entworfene Algorithmen führen leicht zu astronomischen Rechenzeiten und zwingen zu Überlegungen, wie unnötige Berechnungen vermieden werden können (perfekte Zahlen, befreundete Zahlen).

Mithilfe des Modulus-Operators lassen sich Probleme lösen, die sich auf die Zifferndarstellung von Zahlen beziehen (Quersumme, fröhliche Zahlen).

Der endliche Wertebereich der numerischen Typen von Java zeigt schließlich eine Grenze auf, die nicht immer ignoriert werden kann, ohne zu völlig falschen Ergebnissen zu führen (Lychrel-Zahlen).

15.1 Perfekte Zahlen

Eine natürliche Zahl n nennt man eine »perfekte Zahl«, wenn sie gleich der Summe aller ihrer echten Teiler[1] ist. Die Summe der echten Teiler von n soll mit $T(n)$ bezeichnet werden. Perfekte Zahlen sind z.B.

$$T(6) = 3 + 2 + 1 = 6$$
$$T(28) = 14 + 7 + 4 + 2 + 1 = 28$$

Schreiben Sie ein Programm PerfectNumbers, das möglichst viele perfekte Zahlen findet und ausgibt. Ihr Programm muss nicht von alleine anhalten, sondern kann endlos weiterrechnen. Die Ausgabe sollte folgendermaßen beginnen:

```
$ java PerfectNumbers
6
28
...
```

[1]Als »echte Teiler« von n werden hier alle natürlichen Teiler von n, einschließlich 1, aber ohne n, bezeichnet.

Um eine perfekte Zahl zu erkennen, addieren Sie die Teiler eines Kandidaten. Wenn die Summe am Ende gleich dem Kandidaten ist, haben Sie eine perfekte Zahl gefunden. Überlegen Sie aber zuerst, wie sich die Teilersumme am schnellsten berechnen lässt.

Lösung

Ein Teiler t einer Zahl n kann mithilfe des Modulus-Operators erkannt werden: Wenn der Ausdruck n%t den Wert 0 liefert, ist t ein Teiler von n, ansonsten nicht. In einer Schleife werden nacheinander alle t von 1 bis $n - 1$ getestet. Zur Teilersumme s werden alle die t addiert, bei denen der Rest n%t den Wert 0 hat:

```
// Berechnen der Summe s der echten Teiler von n
int t = 1;
int s = 0;
while(t < n) {
    if(n%t == 0)
        s += t;
    t++;
}
```

Wenn nach Ablauf der Schleife die Teilersumme s und die Zahl n übereinstimmen, ist n eine perfekte Zahl:

```
// Berechnen der Summe s der echten Teiler von n
...
// Test, ob n eine perfekte Zahl ist
if(n == s)
    System.out.println(n);
```

Um perfekte Zahlen systematisch zu finden, werden, beginnend bei 2, der Reihe nach immer größere n überprüft:

```
int n = 2;          // Suche ab n = 2
while(true) {        // offenes Ende
    // Berechnen der Summe s der echten Teiler von n
    ...
    // Test, ob n eine perfekte Zahl ist
    ...
    n++;
}
```

Dieses Programm läuft endlos und muss von außen beendet werden.[2]

---

[2]Bei den meisten Betriebssystemen kann ein Programm, das in der Eingabeaufforderung gestartet wurde, mit einer Tastenkombination abgebrochen werden. In der Regel müssen

Die ersten vier perfekten Zahlen werden von diesem Programm schnell gefunden, dann stellt sich Schweigen ein. Um einen Eindruck vom Fortschritt der Suche zu erhalten, wird nach jeweils 1000 Suchschritten eine Kontrollzahl ausgegeben:

```
// Test, ob n eine perfekte Zahl ist
...
// Kontrollausgabe nach jeweils 1000 Kandidaten
if(n%1000 == 0)
    System.out.printf("(%d)%n", n);
```

Dabei stellt sich heraus, dass die Suche recht schnell abbremst.

Der Algorithmus ist nicht sehr geschickt gewählt. Einen einfachen Weg zur Beschleunigung weist die Beobachtung, dass Teiler (fast) immer paarweise auftreten: Wenn t ein Teiler von n ist, dann ist auch $\frac{n}{t}$ ein Teiler. Statt in der Teilerschleife *alle* Zahlen von 1 bis $n - 1$ auszuprobieren, kann man bei $\sqrt{n}$ abbrechen. Für jeden bis dahin gefundenen Teiler t werden sowohl t als auch $\frac{n}{t}$ der Teilersumme zugeschlagen:

```
// Beschleunigte Fassung zum Berechnen der Summe s der echten Teiler von n
int t = 1;
int s = 0;
while(t <= Math.sqrt(n)) {
    if(n%t == 0) {
        s += t;
        s += n/t;  // weiteren Teiler n/t addieren
    }
    t++;
}
// Test, ob n eine perfekte Zahl ist
...
```

In dieser Form macht das Programm noch zwei Fehler. Zum einen wird mit dem Teiler $t = 1$ auch $\frac{n}{t} = n$ addiert, obwohl n kein »echter Teiler« ist. Das lässt sich mit einer modifizierten Initialisierung korrigieren, die den Teiler 1 vorab berücksichtigt und die Schleife erst mit 2 beginnt:

```
// Beschleunigte Fassung zum Berechnen der Summe s der echten Teiler von n
int t = 2;          // Teiler ab 2 untersuchen
int s = 1;          // Teiler 1 sofort addieren
while(t <= Math.sqrt(n)) {
    ...
}
// Test, ob n eine perfekte Zahl ist
...
```

Sie dazu die Steuerungstaste (meist beschriftet mit *Strg*, *Ctrl* oder *Control*) halten und dann C drücken.

Zum anderen rechnet das Programm falsch, wenn n eine Quadratzahl ist. Hier wird $t = \sqrt{n}$ *zweimal* zur Teilersumme addiert, weil $\sqrt{n} = \frac{n}{\sqrt{n}}$ ein- und derselbe Teiler ist. Dieser Sonderfall muss getrennt berücksichtigt werden:

```
// Beschleunigte Fassung zum Berechnen der Summe s der echten Teiler von n
int t = 2;
int s = 1;
while(t < Math.sqrt(n)) {    // statt: <=
    ...
}
if(t*t == n)                 // für Quadratzahlen
    s += t;
// Test, ob n eine perfekte Zahl ist
...
```

Schließlich kann der Aufruf der verhältnismäßig teuren Methode `Math.sqrt` vermieden werden. Durch Quadrieren beider Seiten der Ungleichung im Schleifenkopf werden nur noch Grundrechenarten gebraucht. Die Bedingung der `while`-Schleife wird geändert in:

```
while(t*t < n) { ...
```

Insgesamt ergibt sich der folgende Algrithmus:

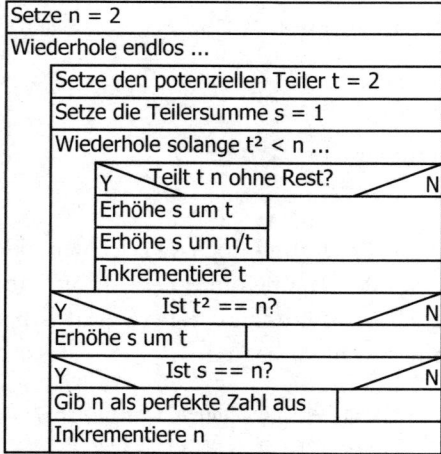

Die fünfte perfekte Zahl ist 33550336.[3] In der letzten Version sollte das Programm diese Zahl auf einem heute handelsüblichen Desktop-PC in weniger als einer Stunde finden.[4] In der ersten Fassung hätte das Programm auf dem gleichen Rechner etwa fünfzigmal länger gebraucht.

15.2 Befreundete Zahlen

Verwandt mit den perfekten Zahlen sind »befreundete Zahlen«. Zwei Zahlen a und b sind befreundet, wenn $T(a) = b$ und $T(b) = a$.[5] Dabei bezeichnet $T(n)$ wieder die Summe aller echten Teiler von n. Das kleinste Paar befreundeter Zahlen ist 220, 284:

$$T(220) = 1 + 2 + 4 + 5 + 10 + 11 + 20 + 22 + 44 + 55 + 110 = 284$$
$$T(284) = 1 + 2 + 4 + 71 + 142 = 220$$

Schreiben Sie ein Programm AmicableNumbers zur Suche nach befreundeten Zahlen.

Lösung

Die Lösung dieses Problems profitiert von der Lösung der vorhergehenden Aufgabe. Wieder werden in einer Endlosschleife nacheinander alle n getestet. Die Teilersumme $s = T(n)$ wird als Kandidat einer befreundeten Zahl betrachtet und in einer zweiten Schleife gleicher Bauart[6] die Teilersumme $f = T(s) = T(T(n))$ berechnet. Wenn nach der Berechnung beider Teilersumme $f = n$ gilt, sind n und s befreundete Zahlen.

```
int n = 1;
while(true) {
    // Teilersumme s = T(n) berechnen
    ...
```

---

[3]Die heute bekannten perfekten Zahlen sind nicht zufällig verteilt, sondern folgen einem Schema. Unglücklicherweise produziert das Schema auch nichtperfekte Zahlen. Weiter ist unbekannt, ob es perfekte Zahlen außerhalb des Schemas gibt.

[4]Die Rechenzeit hängt von vielen äußeren Faktoren ab, wie zum Beispiel der konkreten Rechenleistung und der Auslastung des Systems.

[5]Eine perfekte Zahl ist mit sich selbst befreundet, weil $T(n) = n$.

[6]Dieser zweimal wiederholte Ablauf verlangt geradezu nach einer Methode. Die vielen mit Methoden zusammenhängenden Sprachmechanismen sollen aber an dieser Stelle noch ausgespart bleiben.

```
// Teilersumme f = T(s) = T(T(n)) berechnen
...
// Sind n und s befreundet?
if(f == n)
    System.out.printf("%d, %d%n", n, s);
n++;
}
```

In dieser Fassung werden Paare befreundeter Zahlen zweimal ausgegeben, einmal beim Test jeder der beiden Zahlen. Auch die perfekten Zahlen werden gemeldet. Das lässt sich verhindern, wenn nur solche Kandidaten s befreundeter Zahlen berücksichtigt werden, die echt größer als n sind. Die Grobstruktur des Algorithmus sehen Sie im folgenden Struktogramm:

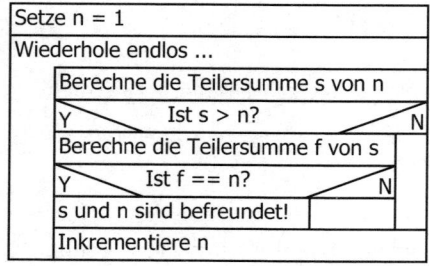

```
int n = 1;
while(true) {
    // Teilersumme s = T(n) berechnen
    ...
    if(s > n) {
        // Teilersumme f = T(s) = T(T(n)) berechnen
        ...
        // Sind n und s befreundet?
        if(f == n)
            System.out.printf("%d, %d%n", n, s);
    }
    n++;
}
```

Das nächste Struktogramm zeigt den gesamten Algorithmus:

```
Setze n = 1
Wiederhole endlos ...
    Setze den potenziellen Teiler t = 2
    Setze die Teilersumme s von n = 1
    Wiederhole solange t² < n ...
        Y        Teilt t n ohne Rest?        N
        Erhöhe s um t
        Erhöhe s um n/t
        Inkrementiere t
    Y            Ist t² == n?                 N
    Erhöhe s um t
    Y            Ist s > n?                   N
    Setze den potenziellen Teiler t = 2
    Setze die Teilersumme f von s = 1
    Wiederhole solange t² < s ...
        Y        Teilt t s ohne Rest?        N
        Erhöhe f um t
        Erhöhe f um s/t
        Inkrementiere t
    Y            Ist t² == s?                 N
    Erhöhe f um t
    Y            Ist f == n?                  N
    s und n sind befreundet!
    Inkrementiere n
```

15.3   Quersumme

Schreiben Sie ein Programm Checksum, das die Quersumme einer ganzen Zahl $n \geq 0$ berechnet und ausgibt. Die Quersumme ist die Summe der einzelnen Dezimalziffern.

Hier werden die *Dezimalziffern* einer Zahl $n \geq 0$ einzeln gebraucht. Bei der Division durch 10 und mithilfe des Modulus-Operators fallen sowohl die Zehner- und alle höherwertigen Stellen als ganzzahliger Quotient wie auch die Einerstelle als Rest an:

```
23447 / 10 = 2344
23447 % 10 = 7
```

Durch wiederholte Anwendung dieser Operationen kann eine beliebige Zahl n *ziffernweise* von rechts nach links verarbeitet werden.

Einige Beispiele für Aufrufe des Programms Checksum:

```
$ java Checksum 23
5
$ java Checksum 999
27
$ java Checksum 1000
1
```

Lösung

Die Ziffern von n werden nacheinander in einer Schleife gewonnen. Die Schleife endet, wenn n auf den Wert 0 reduziert ist. In diesem Fall gibt es keine Ziffern mehr zu verarbeiten:

```
while(n > 0) {
    int d = n%10;  // die letzte Ziffer d von n
    n /= 10;       // übrige Ziffern von n ohne die letzte
}
```

Um die Quersumme zu berechnen, müssen die Ziffern nur addiert werden:

```
int n = ...;
int c = 0;
while(n > 0) {
    int d = n%10;
    c += d;        // Addition von d zur Quersumme c
    n /= 10;
}
System.out.println(c);
```

15.4   Lychrel-Zahlen

Wenn man die Ziffern einer natürlichen Zahl n rückwärts liest, erhält man eine neue Zahl $P(n)$. n wird als »Palindrom« bezeichnet, falls $n = P(n)$ ist. Beispielsweise ist 121 ein Palindrom, denn $P(121) = 121$. Dagegen ist 122 kein Palindrom, weil $P(122) \neq 221$.

Aus einer beliebigen Startzahl n entwickelt sich eine Zahlenfolge, wenn man n wiederholt durch $n + P(n)$ ersetzt. Mit den meisten Startzahlen erhält man dabei über kurz oder lang ein Palindrom. Für einige Startzahlen scheint das aber nicht zu gelten. Diese Ausnahmen werden »Lychrel-Zahlen« genannt.

Zum Beispiel ist 91 keine Lychrel-Zahl, weil nach zwei Additionsschritten ein Palindrom auftaucht:

91 + 19 = 110
110 + 11 = 121

Wenn im Zuge der wiederholten Ersetzung ein Palindrom erreicht wird, wie im vorhergehenden Beispiel, ist die Startzahl per Definition keine Lychrel-Zahl. Wenn aber *kein* Palindrom auftaucht, bleibt die Frage unbeantwortet. Deshalb werden Abbruchbedingungen festgelegt, unter denen die Suche nach einem Palindrom aufgegeben wird. Die Startzahl kann in diesem Fall allerdings nur als »potenzielle Lychrel-Zahl« bezeichnet werden.

Schreiben Sie ein Programm LychrelNumbers, das alle potenziellen Lychrel-Zahlen bis zu einer bestimmten Obergrenze auflistet. Im Zuge der Berechnung können die Zahlen nur anwachsen, weil fortlaufend addiert wird. Bei echten Lychrel-Zahlen wird unweigerlich der numerische Wertebereich überschritten, ohne dass ein Palindrom auftaucht. In diesem Fall soll das Programm die Startzahl als potenzielle Lychrel-Zahl ausweisen. Um den Überlauf weiter hinauszuschieben, kann mit long statt int gerechnet werden. Die erste potentielle Lychrel-Zahl ist 196. Ihr Programm sollte also zum Beispiel ausgeben:

```
$ java LychrelNumbers 200
196
```

Lösung

Zunächst gilt es, Palindrome zu erkennen. Wie bei der Quersumme werden die einzelnen Dezimalziffern von n gebraucht. In einer Schleife fallen sie der Reihe nach von der niederwertigsten bis zur höchstwertigen Ziffer an:

```
while(n > 0) {
    long d = n%10;   // die letzte Ziffer d von n
    n /= 10;         // übrige Ziffern von n ohne die letzte
}
```

Statt die Ziffern zu summieren, wird jetzt daraus eine neue Zahl p aufgebaut, deren Ziffern in der umgekehrten Reihenfolge von n stehen. Die einzelnen Ziffern von n fallen von rechts nach links an. Bei jeder neuen Ziffer wird die bisher berechnete Zahl p durch Multiplikation mit 10 um eine Dezimalstelle nach links gerückt und die neue Ziffer durch Addition an der frei gewordenen Einerstelle nachgeschoben:

```
p = 0;
while(n > 0) {
    ...
    p = 10*p;       // Ziffern von p nach links rücken
    p = p + d;      // d an der Einerstelle nachschieben
}
```

Wenn am Ende $n = p$ gilt, ist n ein Palindrom. Allerdings wird n in der bisherigen Fassung der Schleife abgebaut. Deshalb wird mit einer Kopie x gearbeitet, sodass der ursprüngliche Wert von n auch nach der Schleife unverändert zur Verfügung steht:

```
// Palindrom p von n berechnen
long x = n;
p = 0;
while(x > 0) {
    long d = x%10;
    x /= 10;
    p = 10*p;
    p = p + d;
}
```

Um eine Zahl als mögliche Lychrel-Zahl zu erkennen, wird der Palindrom-Test in einer Schleife wiederholt, wobei n beim Start jeder Schleife durch $n + p$ ersetzt wird. Der Startwert $p = 0$ gewährleistet, dass der erste Test mit n selbst durchgeführt wird.

```
long p = 0;
while(...) {
    n = n + p;
    // Palindrom p von n berechnen
    ...
}
```

An dieser Stelle setzt ein Test auf arithmetischen Überlauf an: Wegen der Binärdarstellung ganzer Zahlen liefert die Addition zweier *positiver* Zahlen eine *negative* Summe, wenn der Wertebereich überschritten wird.[7] Diese Situation wird im Flag overflow aufgezeichnet:

```
long p = 0;
boolean overflow = false;
while(...) {
    n = n + p;
    overflow = n < 0;
    // Palindrom p von n berechnen
    ...
}
```

Die Schleife endet, wenn entweder $n = p$ gilt oder ein Überlauf erkannt wird.

---

[7]Diese Erscheinung wird auch als *wrap-around* bezeichnet und ergibt sich daraus, dass das höchstwertige Bit in der Binärdarstellung als Vorzeichen interpretiert wird. Bei positiven Zahlen ist es gelöscht. Bei der Addition zweier zu großer Zahlen wird es durch Übertrag gesetzt und signalisiert dann einen negativen Wert.

```
// Feststellen, ob n eine Lychrel-Zahl ist
long p = 0;
boolean overflow = false;
while(n != p  &&  !overflow) {
    n = n + p;
    overflow = n < 0;
    // Palindrom p von n berechnen
    ...
}
```

Für $n \neq p$ wird ursprüngliche Zahl als mögliche Lychrel-Zahl ausgewiesen.

Im Zuge der Untersuchung wird n allerdings durch fortgesetzte Addition verändert, deshalb wird in der Schleife statt mit n mit einer Kopie w (*work*) gearbeitet, sodass n nachher unverändert zur Verfügung steht:

```
long w = n;
// Feststellen, ob w eine Lychrel-Zahl ist
...
// Ausgabe, wenn n eine Lychrel-Zahl sein könnte
if(w != p)
    System.out.println(n);
```

Jetzt muss noch dieses Programmfragment für alle n von 1 bis zur festgelegten Obergrenze *limit* wiederholt werden:

```
public static void main(String[] args) {
    int limit = Integer.parseInt(args[0]);
    int n = 1;
    while(n <= limit) {
        long w = n;
        // Feststellen, ob n eine Lychrel-Zahl ist
        ...
        // Ausgabe, wenn n eine Lychrel-Zahl sein könnte
        ...
        n++;
    }
}
```

Dieses Struktogramm zeigt die Idee:

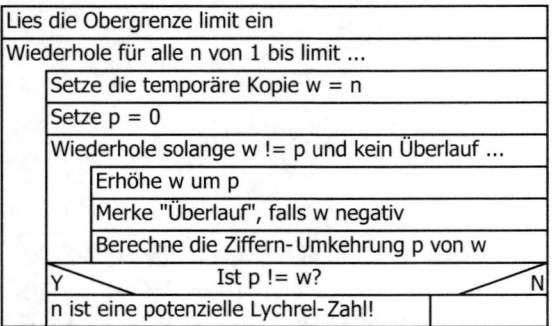

Statt eines primitiven ganzzahligen Typs kann auf Kosten von Effizienz auch die Klasse BigInt aus Aufgabe 25 (»Große Ganzzahlen«, Seite 136) oder die Bibliotheksklasse java.math.BigInteger verwendet werden. Die oben skizzierte Lösung funktioniert nur dann, wenn beim Überlauf ein *wrap-around* in den negativen Wertebereich auftritt. Das gilt für die beiden Klassen nicht unbedingt. Als Ausweg kann ein Zähler eingefügt werden, der die Suche nach einem Palindrom nach einer bestimmten Anzahl Additionsschritte aufgibt.

15.5   Fröhliche Zahlen

Die Dezimalziffern einer natürlichen Zahl n werden einzeln quadriert und die Ziffernquadrate addiert. Mit der Summe wird genauso verfahren. Wenn man dabei irgendwann auf die 1 stößt, wird die ursprüngliche Zahl n als »fröhliche Zahl« bezeichnet. Die Alternative dazu ist der Übergang in den Zyklus $4 \rightarrow 16 \rightarrow 37 \rightarrow 58 \rightarrow 89 \rightarrow 145 \rightarrow 42 \rightarrow 20 \rightarrow 4$. Diese Zahlen werden als »traurige Zahlen« bezeichnet. Ein Beispiel für $n = 19$:

$$1^2 + 9^2 = 1 + 81 = 82$$
$$8^2 + 2^2 = 64 + 4 = 68$$
$$6^2 + 8^2 = 36 + 64 = 100$$
$$1^2 + 0^2 + 0^2 = 1 + 0 + 0 = 1$$

19 ist eine fröhliche Zahl.

Schreiben Sie ein Programm HappyNumbers, das die fröhlichen Zahlen zwischen 1 und einer gegebenen Obergrenze n (einschließlich) auflistet, zum Beispiel für $n = 10$:

```
$ java HappyNumbers 10
1
7
10
```

Lösung

Wie bei der Quersumme (Aufgabe 15.3, Seite 61) werden Dezimalziffern einzeln verarbeitet. Hier wird die Summe q der Ziffernquadrate gebraucht:

```
int q = 0;
while(n > 0) {
    int d = n%10;
    q += d*d;
    n /= 10;
}
```

Sobald einer der Werte 1 oder 4 erreicht wird, ist die Art der ursprünglichen Zahl geklärt. Andernfalls wird n durch q ersetzt und die Berechnung neu gestartet. Der Wert von n wird nach der Schleife wieder gebraucht. Um ihn zu retten, wird n vor der Schleife in eine Hilfsvariable w (*work*) kopiert und diese Hilfsvariable in ihre Ziffern abgebaut:

```
// Feststellen, ob n eine fröhliche Zahl ist
int w = n;      // n nicht verändern, mit der Arbeitskopie w arbeiten
while(w != 1  && w != 4) {
    int q = 0;
    while(w > 0) {
        int d = w%10;
        q += d*d;
        w /= 10;
    }
    w = q;      // Berechnung mit der Quadratsumme q neu starten
}
```

Dieses Programmfragment wird in eine Schleife eingebettet, die alle n von 1 bis zur Obergrenze ausprobiert:

```
int limit = ...;
int n = 1;
while(n <= limit) {
    // Feststellen, ob n eine fröhliche Zahl ist
    ...
    if(w == 1)
        System.out.println(n);
    n++;
}
```

Hier sehen Sie den Algorithmus des Programms:

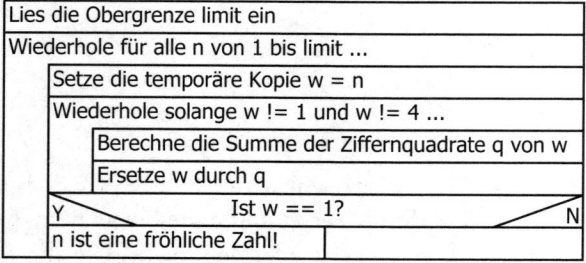

16 Binomialkoeffizienten

Der Binomialkoeffizient $\binom{n}{k}$ gibt die Anzahl der Möglichkeiten an, k Gegenstände aus einer Menge von n verschiedenen Gegenständen auszuwählen. In dieser Aufgabe entwickeln Sie Programme zur Berechnung von Binomialkoeffizienten.

In der ersten Teilaufgabe wird eine iterative Implementierung verlangt. Wegen der ganzzahligen Division von Java müssen die arithmetischen Operatoren sorgfältig arrangiert werden, um kein falsches Ergebnis zu erhalten.

Binomialkoeffizienten lassen sich auch rekursiv berechnen. Dabei muss, wie in der ersten Fassung, auf eine korrekte Berechnungsreihenfolge geachtet werden.

Das »Pascal'sche Dreieck« ist eine Anordnung von Zahlen, deren Zeilen aus Binomialkoeffizienten bestehen. Die Berechnung des Pascal'schen Dreiecks erfordert nur Additionen. In der dritten Teilaufgabe wird ein Abschnitt des Pascal'schen Dreiecks berechnet und in einem int-Array gespeichert. Dabei lässt sich nutzen, dass zweidimensionale Arrays in Java nicht unbedingt rechteckig sein müssen, sondern jede »Zeile« unterschiedlich viele Elemente enthalten kann. In diesem Fall wird eine dreieckige Anordnung von Elementen alloziert, in der jede Zeile um ein Element länger als die vorhergehende Zeile ist. Wegen der Spiegelsymmetrie des Pascal'schen Dreiecks reicht es, nur eine Hälfte des Dreiecks zu speichern. Dadurch wird sowohl Speicherplatz als auch Rechenzeit gespart.

Die Formel zur Berechnung des Binomialkoeffizienten $\binom{n}{k}$ lautet:

$$\binom{n}{k} = \begin{cases} \frac{n!}{(n-k)! \cdot k!} = \frac{n \cdot (n-1) \ldots (n-k+1)}{1 \cdot 2 \ldots k} & \text{für } k \leq n \\ 0 & \text{für } k > n \end{cases}$$

Beispielsweise kann man aus der Menge $\{a, b, c\}$ mit $n = 3$ Elementen die 3 Teilmengen $\{a, b\}$, $\{a, c\}$ und $\{b, c\}$ mit je $k = 2$ Elementen auswählen. Mit der oben gezeigten Formel ergibt sich:

$$\binom{3}{2} = \frac{3 \cdot 2}{1 \cdot 2} = \frac{6}{2} = 3$$

16.1   Iterative Berechnung

Schreiben Sie ein Programm Binom, das zwei natürliche Zahlen n und k von der Kommandozeile einliest und den Binomialkoeffizienten $\binom{n}{k}$ ausgibt.

Beispielsweise kann das Programm folgendermaßen aufgerufen werden:

```
$ java Binom 3 2
3
$ java Binom 17 16
17
$ java Binom 2 3
0
```

Verwenden Sie nur Ganzzahlarithmetik und vermeiden Sie dabei zu große Zahlen. Achten Sie bei der Reihenfolge der Multiplikationen und Divisionen darauf, dass nicht durch zu frühe ganzzahlige Division falsche Zwischenergebnisse entstehen. Zum Beispiel ergibt 3/2*2 = 1*2 = 2 ein falsches Ergebnis, dagegen 3*2/2 = 6/2 = 3 das richtige Resultat.

Lösung

Der naive Ansatz, Zähler und Nenner des Bruches in getrennten Schleifen zu berechnen und dann zu dividieren, führt schnell zu großen Zahlen. Beispielsweise endet diese Berechnung bei Verwendung von int-Zahlen für $n = 17$ und $k = 16$ mit dem falschen Ergebnis 0, weil im Zähler $17! = 17 \cdot 16 \cdots \cdot 1$ berechnet wird. Dieser Wert liegt jenseits des Wertebereichs von int und long. Deshalb sollte in jedem Schleifendurchlauf dividiert werden, um die Zwischenergebnisse klein zu halten.

Zähler und Nenner haben gleich viele Faktoren, können also in einer gemeinsamen Schleife berechnet werden. Das löst aber nicht das Überlaufproblem.

Für eine iterative Lösung wird die definierende Formel umgewandelt:[1]

$$\binom{n}{k} = \frac{n \cdot (n-1) \ldots (n-k+1)}{1 \cdot 2 \ldots k} = \left(\frac{n}{1} \cdot \frac{n-1}{2} \cdots \frac{n-k+2}{k-1} \right) \cdot \frac{n-k+1}{k}$$

Im Kern des Programms steht die folgende Schleife. Der Initialisierungswert 0 der Ergebnisvariablen bin wird für $k > n$ nicht mehr verändert. In allen anderen Fällen wird durch fortgesetzte Multiplikation der Binomialkoeffizient berechnet:

```
public class Binom {
    public static void main(String[] args) {
        int n = Integer.parseInt(args[0]);
```

---

[1] Der erste Faktor auf der rechten Seite ist ganzzahlig, denn Binomialkoeffizienten sind per Definition ganzzahlig und $\frac{n}{1} \cdot \frac{n-1}{2} \cdots \frac{n-k+2}{k-1} = \binom{n}{k-1}$. Da das Produkt den ganzzahligen Binomialkoeffizienten $\binom{n}{k}$ ergibt, können keine Divisionsreste auftreten, wenn die Division durch k die letzte Operation ist.

```
        int k = Integer.parseInt(args[1]);
        int bin = 0;
        if(k <= n) {
            bin = 1;
            for(int i = 1;  i <= k;  i++)
                bin = bin*(n - i + 1)/i;
        }
        System.out.println(bin);
    }
}
```

Hier dürfen die Brüche nicht getrennt berechnet werden, da in der Regel die Zähler nicht durch die Nenner teilbar sind. Beispielsweise ergäbe die Berechnung von $\binom{4}{2} = \frac{4}{1} \cdot \frac{3}{2}$ wegen der ganzzahligen Division:

```
(4/1) * (3/2)  →  4*1  →  4
```

Das richtige Ergebnis ist dagegen:

```
4/1 * 3/2  →  ((4/1)*3)/2  →  6
```

Die folgende Wertzuweisung im Schleifenrumpf wäre deshalb falsch:

```
bin *= (n - i + 1)/i;
```

16.2   Rekursive Berechnung

Aus der Formel für die Binomialkoeffizienten $\binom{n}{k} = \frac{n \cdot (n-1)...(n-k+1)}{1 \cdot 2...k}$ ergibt sich durch Abspalten der letzten Faktoren in Zähler und Nenner die »Rekursionsformel«

$$\binom{n}{k} = \binom{n}{k-1} \cdot \frac{n-k+1}{k} \text{ mit der Abbruchbedingung } \binom{n}{0} = 1.$$

Schreiben Sie ein Programm BinomRec mit einer statischen Methode bin(int n, int k), die rekursiv den Binomialkoeffizienten $\binom{n}{k}$ berechnet. Die Ergebnisse sollten mit der iterativen Berechnung übereinstimmen:

```
$ java BinomRec 3 2
3
$ java BinomRec 17 16
17
$ java BinomRec 2 3
0
```

Lösung

Den in der Rekursionsformel auftretenden Bruch $\frac{n-k+1}{k}$ darf man nicht getrennt berechnen, weil in der Regel der Zähler $n-k+1$ nicht durch k teilbar ist. Stattdessen wird zuerst der Wert von $\binom{n}{k-1}$ mit einem rekursiven Aufruf von bin berechnet, das Ergebnis mit dem Zähler $n-k+1$ multipliziert und das Produkt durch den Nenner k geteilt. Zur Betonung der Auswertungsreihenfolge sind (syntaktisch unnötige) Klammern eingefügt:

```
public static int bin(int n, int k) {
    if(k > n  ||  k < 0)
        return 0;
    if(k == 0  ||  k == n)
        return 1;
    return (bin(n, k - 1)*(n - k + 1))/k;
}
```

16.3   Pascal'sches Dreieck

Das Pascal'sche Dreieck enthält die Binomialkoeffizienten $\binom{n}{k}$ für alle ganzen Zahlen n und k, wobei n und k zwischen 0 und einer Obergrenze m liegen. Ein Beispiel für $m = 5$:

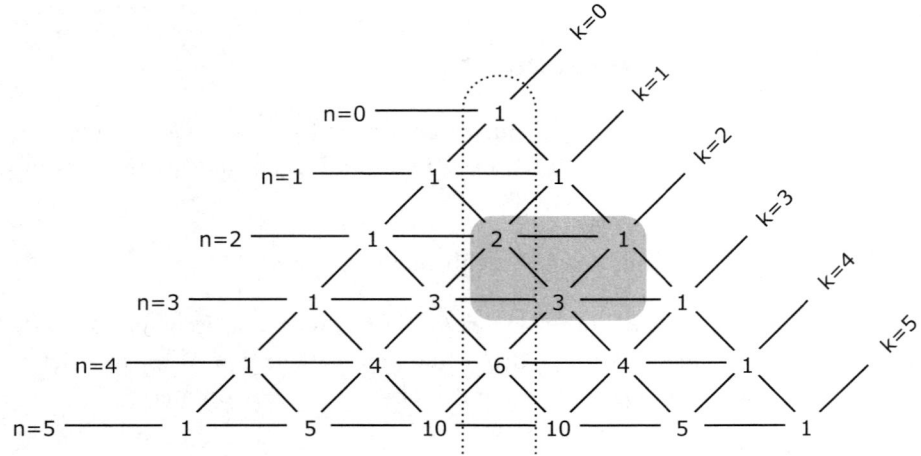

Die Werte an den Rändern ($k = 0$, $k = n$) sind 1. Alle anderen ergeben sich aus der Summe der beiden darüber liegenden Zahlen:

$$\binom{n+1}{k} = \binom{n}{k-1} + \binom{n}{k}$$

In der Skizze grau unterlegt ist zum Beispiel $k = 2, n = 3$:

$$\binom{3}{2} = \binom{2}{1} + \binom{2}{2} = 2 + 1 = 3$$

Werden häufig dieselben Binomialkoeffizienten benötigt, so lohnt es sich, sie in einem Pascal'schen Dreieck zu speichern, um sie nicht immer wieder neu berechnen zu müssen. Die Berechnung wird beschleunigt (nur ein Tabellenzugriff) auf Kosten des Speicherverbrauchs (*time-space tradeoff*).

Schreiben Sie eine Klasse Pascal, deren Konstruktor eine solche Matrix bis zu einem gegebenen m berechnet und in einer Tabelle speichert. Die Methode

```
int bin(int n, int k)
```

holt den Binomialkoeffizienten $\binom{n}{k}$ aus der Tabelle, ohne ihn jedes Mal neu zu berechnen. Bei $n > m$ wirft die Methode eine Exception.

Definieren Sie außerdem eine Methode toString, die das Pascal'sche Dreieck auf der Konsole ausgibt.

Das folgende Programm berechnet zuerst das Pascal'sche Dreieck bis $m = 5$, gibt dann einige Binomialkoeffizienten und schließlich das ganze Dreieck aus:

```java
public static void main(String[] args) {
    Pascal pascal = new Pascal(5);
    System.out.println(pascal.bin(3, 2));
    System.out.println(pascal.bin(5, 3));
    System.out.println(pascal.bin(2, 3));
    System.out.println(pascal);
}
```

Die Ausgabe lautet:

```
3
10
0
                1
              1   1
            1   2   1
          1   3   3   1
        1   4   6   4   1
      1   5  10  10   5   1
```

Lösung

Die natürliche Java-Repräsentation des Pascal'schen Dreiecks ist ein zweidimensionales Array mit $m + 1$ Zeilen. Die Elementzahl ist abhängig von der Zeilennummer: Die n-te Zeile hat $n + 1$ Elemente.

Das Array kann zeilenweise gefüllt werden. Die beiden äußeren Elemente jeder Zeile werden mit 1 initialisiert, die inneren Elemente mit der Summe der darüber liegenden. Die beteiligten Indizes ergeben sich aus der Rekursionsformel.

```
public class Pascal {
    private final int[][] triangle;

    public Pascal(int m) {
        triangle = new int[m + 1][];
        for(int n = 0;  n <= m;  n++) {
            triangle[n] = new int[n + 1];
            triangle[n][0] = 1;
            triangle[n][n] = 1;
            for(int k = 1;  k < n;  k++)
                triangle[n][k] =
                    triangle[n - 1][k - 1] + triangle[n - 1][k];
        }
    }
    ...
```

Die Methode bin greift auf die Tabelle zu. Elemente links und rechts der Ränder einer Zeile haben den Wert 0.

```
public int bin(int n, int k) {
    if(k < 0  ||  k > n)
        return 0;
    return triangle[n][k];
}
...
```

Die toString-Methode soll alle Zahlen in der gleichen Weite ausgeben. Sehr einfach geht das mit der statischen Methode format der Klasse String. Jede neue Zeile muss um eine halbe Zahlenweite weniger eingerückt werden als die vorangegangene. In dieser Fassung wird von vierstelligen Werten ausgegangen:[2]

---

[2]Die Ausgabe des Zeichens \n als Zeilenwechsel ist nicht portabel und gilt nur auf Unix. Windows verwendet die Folge \r\n, toleriert aber in der Regel auch die Unix-Codierung.

```
public String toString() {
    int m = triangle.length - 1;
    String s = "";
    for(int n = 0; n <= m; n++)
    {
        for(int l = 0; l < m - n; l++)
            s += "   ";
        for(int k = 0; k <= n; k++)
            s += String.format("%4d", bin(n, k));
        s += '\n';
    }
    return s;
}
}
```

16.4   Optimierte Berechnung des Pascal'schen Dreiecks

Das Pascal'sche Dreieck ist symmetrisch, weil $\binom{n}{k} = \binom{n}{n-k}$. Deshalb reicht es aus, nur eine Hälfte zu speichern. Entwickeln Sie auf der Grundlage der vorhergehenden Lösung eine neue Klasse PascalOpt, in der nur eine Hälfte des Pascal'schen Dreiecks gespeichert ist. Passen Sie bin entsprechend an. Die neue Klasse kann ebenso verwendet werden wie die ursprüngliche Klasse.

Lösung

Es wird nur die linke Hälfte des Dreiecks angelegt und initialisiert. Die Elemente auf der Mittellinie des Pascal'schen Dreiecks (in der Skizze auf Seite 72 mit Punkten markiert) sind jetzt die letzten der Zeilen mit geradem n. Ihr Wert ist das Doppelte des links darüber liegenden Elements.

```
public class PascalOpt {
    private final int[][] triangle;

    public PascalOpt(int m) {
        triangle = new int[m + 1][];
        for(int n = 0;  n <= m;  n++) {
            triangle[n] = new int[n/2 + 1];
            triangle[n][0] = 1;
```

```
         for(int k = 1;  k < (n + 1)/2;  k++)
            triangle[n][k] =
                triangle[n - 1][k - 1] + triangle[n - 1][k];
         if(n > 0  &&  n%2 == 0)
            // Element auf der Mittellinie
            triangle[n][n/2] = 2*triangle[n - 1][n/2 - 1];
      }
   }
```

Sobald ein Element aus der rechten Hälfte des Pascal'schen Dreiecks gebraucht wird, gibt bin den symmetrischen Partner aus der linken Hälfte zurück:

```
public int bin(int n, int k) {
   if(k > n/2)
       k = n - k;
   if(k < 0)
       return 0;
   return triangle[n][k];
}
...
```

Die Methode toString bleibt unverändert.

17 Teppiche

In dieser Aufgabe müssen einige Schleifen ineinander geschachtelt werden. Wegen der sequenziellen Arbeitsweise der Textausgabe auf der Konsole müssen sie sorgfältig arrangiert werden. Die Korrektheit des Ergebnisses ist leicht durch Augenschein überprüfbar.

Schreiben Sie ein Programm Rhombs, das einen »Rautenteppich« aus Textzeichen auf die Standardausgabe druckt.

Eine einzelne Raute besteht aus Kringeln (großer Buchstabe O) und Punkten. Eine Raute mit der Größe m ist m Spalten breit und m Zeilen hoch ($m \geq 1$, ungerade). Hier Beispiele für Rauten der Größen $m = 1, 3, 5$:

```
O        .O.        ..O..
         OOO        .OOO.
         .O.        OOOOO
                    .OOO.
                    ..O..
```

Das Programm soll einen Teppich in Form einer quadratischen Anordnung von n Rauten nebeneinander und n Rauten übereinander ausgeben ($n \geq 1$). Zwischen zwei benachbarten Rauten liegt eine Zeile bzw. Spalte mit Punkten. Hier sehen Sie zwei Beispiele mit $m = 5, n = 3$ und $m = 1, n = 7$:

```
$ java Rhombs 5 3            $ java Rhombs 1 7
..O.....O.....O..           O.O.O.O.O.O.O
.OOO...OOO...OOO.           .............
OOOOO.OOOOO.OOOOO           O.O.O.O.O.O.O
.OOO...OOO...OOO.           .............
..O.....O.....O..           O.O.O.O.O.O.O
.............               .............
..O.....O.....O..           O.O.O.O.O.O.O
.OOO...OOO...OOO.           .............
OOOOO.OOOOO.OOOOO           O.O.O.O.O.O.O
.OOO...OOO...OOO.           .............
..O.....O.....O..           O.O.O.O.O.O.O
.............               .............
```

```
..0.....0.....0..          0.0.0.0.0.0.0.0
.000...000...000.
00000.00000.00000
.000...000...000.
..0.....0.....0..
```

Die Bildschirmbreite ist für diese Aufgabe unerheblich. Gegebenenfalls schreiben Sie den Teppich in eine Textdatei und betrachten diese mit einem Editor:[1]

```
$ java Rhombs 25 30 > carpet.txt
$ edit carpet.txt
```

Lösung

Die naheliegende Programmstruktur wäre eine Schleife, die n Zeilen mit Rauten untereinander ausgibt. In jeder Zeile werden mit einer geschachtelten Schleife n Rauten nebeneinander gedruckt:

```
int m = Integer.parseInt(args[0]); // Größe einer Raute
int n = Integer.parseInt(args[1]); // Größe des Teppichs

for(int r = 0; r < n; r++) {
    for(int c = 0; c < n; c++) {
        // eine Raute ausgeben
        ...
    }
}
```

Um eine einzelne Raute auszugeben, werden nacheinander die m Textzeilen ausgegeben, aus denen eine einzelne Raute besteht:

```
for(int r = 0; r < n; r++) {
    for(int c = 0; c < n; c++) {
        // eine Raute ausgeben
        for(int l = 0; l < m; l++) {
            // Text von Zeile l einer Raute ausgeben
            ...
        }
    }
}
```

---

[1] Die hier benutzte *I/O redirection* funktioniert auf der Kommandozeile aller gängigen Betriebssysteme. Die Textausgabe des Programms wird dabei in eine Textdatei, hier carpet.txt, umgeleitet und kann dann in aller Ruhe untersucht werden.

Diese Idee scheitert an der sequenziellen Arbeitsweise der Konsole, die Text nur zeilenweise in Schreibrichtung ausgeben kann. Im Programm müssen deshalb die Textzeilen aller nebeneinander liegenden Rauten direkt nacheinander ausgegeben werden. Die zweite und die dritte geschachtelte Schleife tauschen dazu ihren Platz:

```
for(int r = 0; r < n; r++) {
    for(int l = 0; l < m; l++) {
        for(int c = 0; c < n; c++) {
            // Text von Zeile l einer Raute ausgeben
            ...
        }
        System.out.println();
    }
}
```

Zwei Probleme bleiben zu lösen: Zum einen müssen zwischen den einzelnen Rauten Zwischenräume eingefügt werden. Dazu wird vor jeder Rautenzeile, außer der ersten, eine Zeile mit Punkten eingeschoben. Ebenso wird vor jeder Textzeile einer Raute, außer der ersten, ein Punkt eingefügt:

```
for(int r = 0; r < n; r++) {
    if(r > 0) {                                // Zeile mit Punkten einschieben
        for(int c = 0;  c < m*n + n - 1;  c++)
            System.out.println('.');
        System.out.println();
    }
    for(int l = 0; l < m; l++) {
        for(int c = 0;  c < n;  c++) {
            if(c > 0)
                System.out.println('.');     // einen Punkt einfügen
            // Text von Zeile l einer Raute ausgeben
            ...
        }
        System.out.println();
    }
}
```

Bleibt das Problem, die Zeile mit Index l einer Raute auszugeben. Zunächst soll die Anzahl o der Kringel in Zeile l berechnet werden.

- In der oberen Hälfte der Raute, das heißt falls $l \leq \frac{m}{2}$, gilt $o = 2l + 1$.
- In der unteren Hälfte der Raute gilt $o = 2(m - l) - 1$.

Die restlichen $m - o$ Zeichen einer Zeile sind Punkte. Davon steht die Hälfte $\frac{m-o}{2}$ vor den Kringeln, die andere dahinter. Zur Ausgabe einer Zeile wird erst eine Hälfte der Punkte, dann alle Kringel, dann die andere Hälfte der Punkte ausgegeben.

```
// Text von Zeile l einer Raute ausgeben
int ohs = l <= m/2? 2*l + 1: 2*(m - l) - 1;
int dots = (m - ohs)/2;
for(int i = 0; i < dots; i++)      // die erste Hälfte der Punkte
    System.out.print('.');
for(int i = 0; i < ohs; i++)       // alle Kringel
    System.out.print('O');
for(int i = 0; i < dots; i++)      // die zweite Hälfte der Punkte
    System.out.print('.');
```

Hier der Algorithmus als Struktogramm:

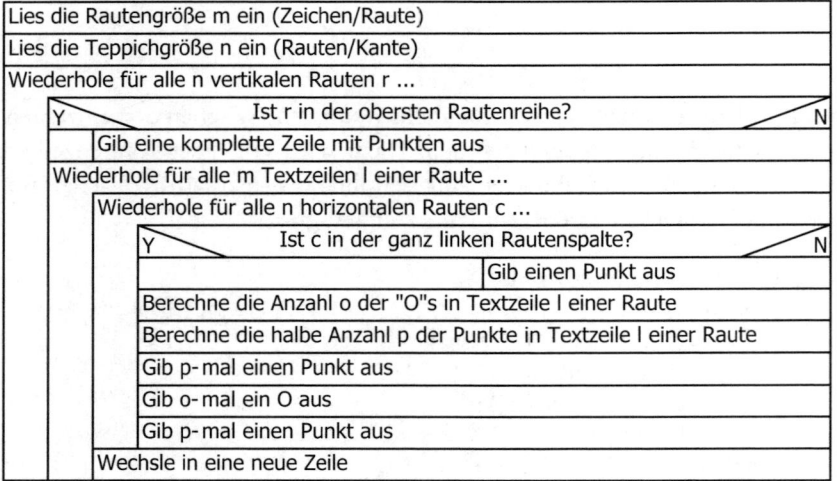

Nach einer anderen Idee wird für jedes Zeichen in Spalte i der Abstand d vom Mittelpunkt der Raute berechnet. Dabei wird die *Manhattan-Distanz* verwendet, bei der der vertikale Abstand $|\frac{m}{2} - l|$ und der horizontale Abstand $|\frac{m}{2} - i|$ addiert werden. Liegt d innerhalb des »Rautenradius«, dann wird ein 0 ausgegeben, ansonsten ein Punkt:

```
// Text von Zeile l einer Raute ausgeben
for(int i = 0;  i < m;  i++) {
    int d = Math.abs(m/2 - l) + Math.abs(m/2 - i);
    System.out.print(d <= m/2? 'O': '.');
}
```

18 Primzahlen

Primzahlen beschäftigten schon die alten Griechen (Eratosthenes, siehe Seite 199) und sind auch heute noch in vielen Bereichen der Mathematik und Informatik von großer Bedeutung, zum Beispiel für Hashtabellen, Zufallsgeneratoren und Verschlüsselung (siehe »Diffie-Hellman«, Seite 210).

In der ersten Teilaufgabe wird ein exakter Primzahlentest realisiert. Auf der Grundlage einfacher Beobachtungen lässt sich der Algorithmus beschleunigen.

Mithilfe des »Fermat-Tests« können Zahlen mit großer Wahrscheinlichkeit als Primzahlen erkannt werden, obwohl die Teiler nicht erschöpfend getestet wurden. Für sehr große Zahlen ist dieser Test vergleichsweise effizient.

Die Folge der Primzahlen lässt sich in ein iterierbares Objekt verpacken und ist damit bequem zu handhaben. Diese Möglichkeit wird genutzt, um einen Test der unbewiesenen Goldbach'schen Vermutung zu realisieren.

18.1 Exakter Primzahltest

Entwickeln Sie einen Algorithmus, der für eine natürliche Zahl $n \geq 2$ feststellt, ob sie eine Primzahl ist oder nicht. Prüfen Sie dazu die potenziellen echten Teiler t von n. n ist eine Primzahl, wenn es kein t mit $1 < t < n$ gibt, das n ohne Rest teilt (Modulus-Operator %); andernfalls ist n keine Primzahl, sondern eine zusammengesetzte Zahl.

Implementieren Sie den Algorithmus in der statischen Methode isPrime der Klasse PrimeTest. Das Programm gibt alle Primzahlen zwischen 2 und einer auf der Kommandozeile gegebenen Obergrenze (ausschließlich) aus. Ein Beispiel für den Aufruf des Programms:

```
$ java PrimeTest 10
2
3
5
7
```

Finden Sie mit Ihrem Programm alle Primzahlen unter einer Million.

Lösung

Die folgende Implementierung prüft einfach alle Zahlen zwischen 2 und $n - 1$ als potenzielle Teiler:

```
public class PrimeTest {
    public static boolean isPrime(int n) {
        for(int t = 2;  t < n;  t++)
            if(n%t == 0)
                return false;        // t teilt n
        return true;                 // kein Teiler gefunden
    }

    public static void main(String[] args) {
        int max = Integer.parseInt(args[0]);
        for(int n = 2;  n < max;  n++)
            if(isPrime(n))
                System.out.println(n);
    }
}
```

Diese Implementierung ist allerdings ziemlich langsam. Die folgenden Beobachtungen erlauben eine viel effizientere Lösung:

1. Wenn n in zwei Faktoren zerlegbar ist, dann ist einer der beiden Faktoren $\leq \sqrt{n}$.
2. Wenn n ungerade ist, kommen nur ungerade Zahlen als Teiler in Frage.

isPrime sortiert zuerst die 2 und die anderen geraden Zahlen aus. Anschließend testet die Suchschleife alle ungeraden Teiler bis einschließlich der Wurzel von n.

```
public static boolean isPrime(int n) {
    if (n == 2)
        return true;

    if(n%2 == 0)
        return false;

    int nroot = (int)Math.sqrt(n);
    for(int t = 3;  t <= nroot;  t += 2)
        if(n%t == 0)
            return false;

    return true;
}
```

18.2   Probabilistischer Primzahltest

In der Kryptografie benötigt man große Primzahlen mit vielen Hundert Ziffern. Diese sind schwer zu finden. Deshalb begnügt man sich mit »Pseudoprimzahlen«, die mit sehr hoher Wahrscheinlichkeit prim sind. Eine große Zufallszahl wird hinreichend oft einem Test unterzogen, an dem zusammengesetzte Zahlen meist scheitern. Ein solcher Test geht zurück auf einen Satz von Fermat:

Für eine Primzahl n gilt: $a^{n-1} \mod n = 1$ für alle $0 < a < n$.

Schreiben Sie eine Klasse `Fermat` mit den folgenden statischen Methoden:

`boolean fermatTest(int n, int a)`
> Führt einen einzelnen Fermat-Test durch: Ist $a^{n-1} \mod n = 1$? Verwenden Sie zum Potenzieren modulo n die Funktion `pow` aus Aufgabe 13 (»Potenzieren«, Seite 46).[1] Für das willkürlich gewählte $a = 17$ ergibt sich zum Beispiel:
>
> ```
> System.out.println(fermatTest(999983, 17)); // true
> System.out.println(fermatTest(999984, 17)); // false
> ```
>
> 999983 ist tatsächlich eine Primzahl.

`boolean isPrime(int n)`
> Führt mit 100 zufällig gewählten a den Fermat-Test durch. Die Methode `nextInt(int n)` der Klasse `java.util.Random` liefert eine Zufallszahl a im Bereich $0 \le a < n$. Die beiden Zahlen aus dem vorhergehenden Beispiel werden auch hier richtig klassifiziert:
>
> ```
> System.out.println(isPrime(999983)); // true
> System.out.println(isPrime(999984)); // false
> ```

`int randomPrime()`
> Generiert eine Pseudoprimzahl vom Typ `int`. Erzeugen Sie dazu so lange Zufallszahlen, bis eine den 100-fachen Fermat-Test übersteht.

---

[1]Besser ist der »Lehmann-Test«: $a^{\frac{n-1}{2}} \equiv \pm 1 \mod n$? Für ihn gilt: Die Wahrscheinlichkeit, dass eine zusammengesetzte Zahl n den Test für ein zufällig ausgewähltes a mit $0 < a < n$ übersteht, ist kleiner als $\frac{1}{2}$. Diese Aussage gilt nicht für den Fermat-Test, wie die »Carmichael-Zahlen« zeigen, z.B. $n = 561 = 3 * 11 * 17$. Sie überstehen den Fermat-Test für jede zu n teilerfremde Zahl a.

Lösung

Die Methode fermatTest lässt sich mithilfe der Lösung von Aufgabe 13 in einer einzigen Zeile implementieren:

```
static boolean fermatTest(int n, int a) {
    return pow(a, n - 1, n) == 1;
}
```

Für die beiden weiteren Methoden wird ein Zufallszahlengenerator gebraucht. Dazu wird ein Objekt der Klasse Random erzeugt und in einer Instanzvariablen rng gespeichert.

```
final static Random rng = new Random();
```

Ein Aufruf von nextInt(int n) von Random liefert eine Zufallszahl a im Bereich $0 \leq a < n$.

Die Methode isPrime führt in einer Schleife 100 Tests mit zufällig gewählten a durch. Die von nextInt gelieferten Zufallszahlen werden dazu in den gewünschten Bereich $1 \leq a < n$ verschoben. Wenn einer der Tests scheitert, kehrt die Methode sofort mit dem Ergebnis false zurück. Falls n alle hundert Tests übersteht, wird n als Pseudoprimzahl ausgewiesen.

```
public static boolean isPrime(int n) {
    for(int i = 0;  i < 100;  i++)
        if(!fermatTest(n, rng.nextInt(n - 1) + 1))
            return false;
    return true;
}
```

Der Pseudoprimzahlengenerator randomPrime erzeugt so lange Zufallszahlen $n \geq 2$, bis eine davon als Primzahl klassifiziert wird. In dieser Methode bietet sich eine do/while-Schleife an, weil zuerst eine Zahl generiert werden muss, bevor der Test möglich ist.

```
public static int randomPrime() {
    int n;  // >= 2
    do
        n = rng.nextInt(Integer.MAX_VALUE - 1) + 2;
    while(!isPrime(n));
    return n;
}
```

18.3   Primzahlen-Iterator

Die Klassen des *Collection-Frameworks* modellieren endliche Containertypen. Zur Repräsentation der unendlichen Menge der Primzahlen sind sie daher ungeeignet. Eine wichtige Eigenschaft jeder Collection ist die Möglichkeit, über ihre Elemente zu iterieren, beispielsweise in einer *foreach*-Schleife. Diese Eigenschaft soll auch eine »Primzahlen-Collection« besitzen. Dazu muss sie von einer Iterator-Klasse unterstützt werden.

Entwickeln Sie eine Klasse Primes, die das Interface Iterable<Integer> implementiert. Dieses Interface verlangt eine Methode iterator, die ein Objekt zurückliefert, das das Interface Iterator<Integer> implementiert.

Definieren Sie dazu in Primes eine geschachtelte Klasse PrimeIterator. Die next-Methode sucht, beginnend bei 2, die nächste Primzahl. Dazu verwendet sie den Primzahltest Fermat.isPrime aus Aufgabe 18.2. Da es unendlich viele Primzahlen gibt, liefert hasNext immer das Ergebnis true.

Ein Hauptprogramm soll alle Primzahlen bis zu einer bestimmten Obergrenze ausgeben, die auf der Kommandozeile angegeben wird.

Lösung

Das Hauptprogramm legt ein Primes-Objekt an und holt sich über ein PrimeIterator-Objekt Primzahlen. Eine *foreach*-Schleife verwendet implizit ein derartiges Objekt:

```java
public static void main(String[] args) {
    int max = Integer.parseInt(args[0]);
    for(int p: new Primes())
        if(p < max)
            System.out.println(p);
        else
            break;
}
```

Die Klasse Primes implementiert das Interface Iterable<Integer> und definiert dazu die Methode iterator(). Der Rückgabewert von iterator ist ein neues Objekt der noch zu definierenden Klasse PrimeIterator, die das Interface Iterator<Integer> implementiert:

```java
public class Primes implements Iterable<Integer> {
    public Iterator<Integer> iterator() {
        return new PrimeIterator();
    }
    ...
```

Der konkrete Typ PrimeIterator ist für den Aufrufer unerheblich. Deshalb kann dieser Typ als geschachtelte Klasse mit Zugriffsschutz private definiert werden.

```
private static class PrimeIterator implements Iterator<Integer> {
    ...
```

Die eigentliche Programmlogik steckt in der geschachtelten Klasse PrimeIterator. Das Interface Iterator<Integer> verlangt drei Methoden: hasNext, next und remove.

Ein PrimeIterator merkt sich die nächste Primzahl in der Instanzvariablen nextPrime. Die next-Methode liefert diese zurück und berechnet sofort die nächste Primzahl. Beim ersten Aufruf von next wird 2 zurückgegeben. Bei den nachfolgenden Aufrufen wird nextPrime so lange erhöht, bis der Primzahltest bestätigt, dass nextPrime eine Primzahl ist. Da 2 die einzige gerade Primzahl ist, kann ab 3 mit Schrittweite 2 gesucht werden.

```
private int nextPrime = 2;

public Integer next() {
    int result = nextPrime;
    if(nextPrime == 2)
        nextPrime = 3;
    else
        do
            nextPrime += 2;
        while(!Fermat.isPrime(nextPrime));
    return result;
}
...
```

Die Methode hasNext liefert immer true.

```
public boolean hasNext() {
    return true;
}
...
```

Das ist zwar aus mathematischer Sicht korrekt, aber in der Praxis sind die Primzahlen, die diese Klasse liefern kann, durch den Wertebereich von int begrenzt. Deshalb müsste die Methode aus technischer Sicht false liefern, sobald die Berechnung in next übergelaufen ist.[2] Diese neue Definition von hasNext lautet:

---

[2]Die größte int-Zahl Integer.MAX_VALUE ist eine Primzahl. Daher hätte man auf die Vorausberechnung der nächsten Primzahl nextPrime verzichten können und sich stattdessen die letzte erzeugte Primzahl merken können. hasNext müsste false liefern, sobald Integer.MAX_VALUE erreicht wäre. Die Implementierung von PrimeIterator würde sich dadurch etwas vereinfachen. Diese Vorgehensweise kann aber nicht auf andere unendliche Folgen verallgemeinert werden.

```
        public boolean hasNext() {
            return nextPrime > 0;
        }
        ...
```

Außerdem muss auch in der Methode next ein möglicher Überlauf berücksichtigt werden:

```
        ...
        do
            nextPrime += 2;
        while(nextPrime > 0  && !Fermat.isPrime(nextPrime));
```

Die remove-Methode wird nicht unterstützt, da man keine Primzahlen löschen kann. Sie wirft eine UnsupportedOperationException.

```
        public void remove() {
            throw new UnsupportedOperationException("primes are immutable");
        }
    }
}
```

18.4 Goldbach-Vermutung

Die unbewiesene *Goldbach'sche Vermutung* lautet:

Jede gerade Zahl größer als 2 kann als Summe zweier Primzahlen geschrieben werden.

Entwickeln Sie eine statische Methode

```
boolean testGoldbach(int n)
```

die die Goldbach'sche Vermutung für alle geraden natürlichen Zahlen bis n überprüft. Verwenden Sie dabei den in den vorangegangenen Aufgaben entwickelten Primzahlen-Iterator.

Lösung

In einer Schleife werden alle geraden Zahlen $4 \leq i \leq n$ durchlaufen und in einer statischen Methode decomposable zerlegt. decomposable liefert true, wenn die Goldbach'sche Vermutung für das Argument gilt, ansonsten false.

```
public static boolean testGoldbach(int n) {
    for(int i = 4; i <= n; i += 2)
        if(!decomposable(i))
            return false;
    return true;
}
```

decomposable durchläuft alle Primzahlen $p \leq \frac{n}{2}$ und prüft, ob auch $n - p$ eine Primzahl ist. Dafür werden ein PrimeIterator und die statische Methode Fermat.isPrime aus Aufgabe 18.2 verwendet. Die Schleife kann nur mit einer der return-Anweisungen verlassen werden. Allerdings durchschaut der Compiler das nicht und verlangt eine return-Anweisung am Ende des Methodenrumpfes, die aber tatsächlich nie erreicht wird.[3]

```
public static boolean decomposable(int n) {
    for(int p: new Primes()) {
        if(Fermat.isPrime(n - p))
            return true;
        if(p > n/2)
            return false;
    }
    return false;   // nicht erreichbar
}
```

18.5   Generator zu einer Primzahl

Ein mathematischer Satz besagt, dass es zu jeder Primzahl p eine natürliche Zahl $g < p$ gibt mit der Eigenschaft, dass die Potenzen $g^n \bmod p$ alle Zahlen zwischen 1 und $p - 1$ durchlaufen:

$$\{g^n \bmod p \mid n = 1, \ldots, p - 1\} = \{1, \ldots, p - 1\}$$

g wird als »primitives Element« oder »Generator« zu p bezeichnet.[4] Beispielsweise ist $g = 3$ ein Generator zu $p = 7$:

$$3^1 \bmod 7 = 3$$
$$3^2 \bmod 7 = 9 \bmod 7 = 2$$
$$3^3 \bmod 7 = 27 \bmod 7 = 6$$
$$3^4 \bmod 7 = 4$$
$$3^5 \bmod 7 = 5$$
$$3^6 \bmod 7 = 1$$

---

[3] An diesem Punkt wäre eine assert-Anweisung zu erwägen, die das Programm abbricht, wenn diese Annahme nicht zutreffen sollte.

[4] Mathematisch: g ist ein erzeugendes Element der multiplikativen Gruppe $\mathbf{Z}_p^*$.

Leider gibt es kein effizientes Verfahren, um einen Generator g zu einer Primzahl p zu bestimmen. Er kann allerdings durch Ausprobieren gefunden werden. Es reicht dabei nachzuprüfen, ob irgendeine Potenz g^1, g^2, ..., $g^{\frac{p-1}{2}}$ den Rest 1 bei Division durch p liefert. Wenn das *nicht* der Fall ist, dann ist g ein Generator zu p. Im obigen Beispiel sind die Potenzen 3^1, 3^2 und 3^3 mod 7 alle verschieden von 1. Deshalb ist 3 ein Generator zur Primzahl 7.

Entwickeln Sie eine Klasse Generator mit folgenden statischen Methoden:

```
boolean isGenerator(int g, int p)
```
> Stellt fest, ob g ein Generator zu p ist (Ergebnis true) oder nicht (false).
```
int generator(int p)
```
> Liefert einen Generator zu p.

Ein kurzes Hauptprogramm berechnet einen Generator zu einer Primzahl, die auf der Kommandozeile angegeben wird:

```java
public static void main(String[] args) {
    int p = Integer.parseInt(args[0]);
    System.out.println(generator(p));
}
```

Dieses Programm liefert beispielsweise folgende Ergebnisse:

```
$ java Generator 7
3
$ java Generator 191
19
```

Lösung

Die Methode isGenerator überprüft zunächst, ob g mod $p = 0$ ist. Dann ist g kein Generator.

```java
public static boolean isGenerator(int g, int p) {
    if(g%p == 0)
        return false;
    ...
```

Anschließend werden so lange die Potenzen g^k mod p gebildet, bis das Ergebnis 1 ist oder $k > \frac{p-1}{2}$ gilt. Im ersten Fall ist g kein Generator, andernfalls schon:

```java
int x = g;
int k = 1;
while(k <= (p - 1)/2 && x != 1) {
    k++;
```

```
        x = x*g%p;
    }
    return k > (p - 1)/2;
}
```

Die Methode generator testet nacheinander alle natürlichen Zahlen, bis ein Generator gefunden wird:[5]

```
public static int generator(int p) {
    int g = 1;
    while(!isGenerator(g, p))
        g++;
    return g;
}
```

18.6   Zufallszahlengenerator

Wenn g ein Generator zur Primzahl p ist, dann ist die Abfolge der Werte $g^n \bmod p$ für aufeinanderfolgende n sehr unsystematisch und kann praktisch als »zufällig« bezeichnet werden. Auf der Grundlage dieser Beobachtung kann ein Pseudozufallszahlengenerator realisiert werden.

Schreiben Sie eine Klasse RandomGenerator, die das Iterator-Interface implementiert. Der Konstruktor erhält eine Primzahl p und erzeugt einen Generator g zu p. Die next-Methode des Iterators berechnet bei jedem Aufruf das nächste $g^n \bmod p$. Dazu wird die letzte Zufallszahl mit g multipliziert und das Produkt modulo p reduziert.

Der Zufallszahlengenerator durchläuft in einer festen, aber eben kaum vorhersagbaren Reihenfolge alle Zahlen zwischen 1 und $p - 1$ und beginnt dann wieder von vorne. Mit einer willkürlichen Initialisierungszahl kann ein beliebiger Startpunkt in diesem Zyklus »ausgelost« werden. Diese Initialisierungszahl wird als *seed* bezeichnet und dem Konstruktor als zweiter Parameter mitgegeben.

Geben Sie in einer main-Methode eine Reihe von Zufallszahlen aus.

---

[5]Da mathematisch gesichert ist, dass zu jeder Primzahl p ein Generator $g < p$ existiert, braucht diese Bedingung nicht in der while-Schleife überprüft zu werden.

Lösung

Die Instanzvariablen prime und generator speichern die Primzahl p und einen Generator g zu p, der im Konstruktor berechnet wird. In seed wird der Startwert festgehalten, der im Konstruktor sicherheitshalber auf das Intervall $[1, p-1]$ normiert wird.

```java
public class RandomGenerator implements Iterable<Integer> {
    private final int prime;
    private final int generator;
    private final int seed;

    public RandomGenerator(int p, int s) {
        prime = p;
        generator = generator(p);
        seed = Math.abs(s)%(p - 1) + 1;
    }
    ...
```

Die eigentliche Berechnung der Zufallszahlen wird in einem Iterator ausgeführt, den die Methode iterator liefert. Die konkrete Klasse des Iterators ist für den Anwender belanglos. Deshalb wird ein Objekt einer anonymen, inneren Klasse erzeugt und sofort zurückgegeben. Diese namenlose Klasse definiert die vom Interface Iterator verlangten Methoden:

```java
public Iterator<Integer> iterator() {
    return new Iterator<Integer>() {
        ...
```

Die Instanzvariable random startet mit seed und wird bei jedem Aufruf von next durch den nächsten Wert $g^n \bmod p$ ersetzt.

```java
private int random = seed;

public Integer next() {
    return random = generator*random%prime;
}
...
```

Die Folge der Pseudozufallszahlen bricht niemals ab, deshalb liefert hasNext immer true. remove wirft eine UnsupportedOperationException, weil ein Löschen von Elementen nicht sinnvoll ist.

```java
        public boolean hasNext() {
            return true;
        }

        public void remove() {
            throw new UnsupportedOperationException();
        }
    };
}

public static void main(String[] args) {
    int prime = Integer.parseInt(args[0]);
    int seed = Integer.parseInt(args[1]);
    Iterator<Integer> rng =
        new RandomGenerator(prime, seed).iterator();
    for(int i = 1;  i < prime;  i++)
        System.out.print(rng.next() + " ");
}
}
```

19 Permutationen

Permutationen, »Umsortierungen einer geordneten Menge«, kommen nicht nur in der Mathematik vor, wie Rätselfreunde wissen. Sie werden hier genutzt, um damit *Sudoku*s zu lösen. Zunächst werden Funktionen entwickelt, die prüfen, ob Arrays Permutationen darstellen oder zu solchen ergänzt werden können. Diese Funktionen werden dann eingesetzt, um unvollständig ausgefüllte Sudokus mithilfe eines *Backtracking*-Algorithmus zu lösen. Neben dem Umgang mit Vektoren und Matrizen ist Rekursion ein wesentlicher Gegenstand dieser Aufgabe.

19.1 Permutationsvektoren

Ein Array `int[n]` enthält eine »Permutation«, wenn alle Zahlen $1,\ldots,n$ genau einmal als Elemente vorkommen. Schreiben Sie eine statische boolesche Methode `isPermutation`, die prüft, ob ein übergebenes Array zu einer Permutation ergänzt werden kann. Eine 0 spielt dabei die Rolle eines Jokers, der beliebige Werte $1,\ldots,n$ annehmen kann.

Beispiele:

- (2,1,4,3) ist eine Permutation der Zahlen $1,\ldots,4$.
- (1,2,2,3) ist keine Permutation.
- (2,0,0,3) kann zur Permutation (2,1,4,3) ergänzt werden.
- (2,0,0,2) kann nicht zu einer Permutation ergänzt werden.

Lösung

Sei n die Länge des übergebenen Arrays a. Es muss überprüft werden, ob

1. alle Elemente von a gültig sind, also zwischen 1 und n liegen, oder ein Joker, also 0 sind,
2. kein Element von a doppelt vorkommt.

Die Bedingungen werden in einer Schleife überprüft, die alle Elemente des Arrays a durchläuft. Die erste Bedingung hängt nur vom aktuellen Element ab:

a[i] == JOKER oder a[i] >= 1 && a[i] <= n. Zur Überprüfung der zweiten Bedingung wird in einem boolean-Array found festgehalten, welche Zahlen schon angetroffen wurden: found[x] ist true, wenn x schon in a vorkam. Sobald ein x ein zweites Mal in a vorkommt, ist a keine Permutation und das Ergebnis sofort false.

```java
public class Permutation {
    public final static int JOKER = 0;

    public static boolean isPermutation(int[] a) {
        int n = a.length;
        boolean[] found = new boolean[n + 1];   // alle Elemente false
        for(int i = 0;  i < n;  i++) {
            int element = a[i];
            if(element == JOKER)
                continue;                        // zum nächsten Element
            if(element < 1  ||  element > n)
                return false;
            if(found[element])
                return false;                    // Zahl kam schon vor
            found[element] = true;
        }
        return true;
    }
}
```

19.2 Permutationsmatrizen

Ein quadratisches Array int[n][n] heißt Permutationsmatrix, wenn jede Zeile und jede Spalte alle Zahlen $1,\dots,n$ enthält. Der Wert 0 dient wieder als Joker, der durch eine beliebige Zahl ersetzt werden kann, um die Matrix zu einer Permutationsmatrix zu ergänzen.

Zwei Beispiele:

▪ Permutationsmatrix:

1	2	3	4	5	6
2	3	4	5	6	1
3	4	5	6	1	2
4	5	6	1	2	3
5	6	1	2	3	4
6	1	2	3	4	5

■ Nicht ergänzbar zu einer Permutationsmatrix:

1	2	3
2	1	0
0	0	1

Definieren Sie in der Klasse Permutation statische boolesche Methoden, denen ein quadratisches Array a als Argument übergeben wird. Die Methoden prüfen, ob eine bestimmte Zeile, Spalte oder Teilmatrix von a zu einer Permutation ergänzt werden kann, beziehungsweise ob die ganze Matrix a zu einer Permutationsmatrix ergänzt werden kann.

boolean isPermutationRow(int[][] a, int row)
> Liefert true, wenn die Zeile mit Index row in der Matrix a ergänzt werden kann.

boolean isPermutationCol(int[][] a, int col)
> Entsprechend zu isPermutationRow für die Spalte mit Index col.

boolean isPermutationBlock(int[][]a, int bottom, int top, int left, int right)
> Liefert true, wenn die Elemente der Teilmatrix von a mit den Zeilen von einschließlich bottom bis ausschließlich top[1] und den Spalten von left (einschließlich) bis right (ausschließlich) eine Permutation der Zahlen $1, ..., n$ bilden.

boolean isPermutation(int[][] a)
> Kann die ganze Matrix a ergänzt werden?

Verwenden Sie dazu die in Aufgabe 19.1 entwickelte Methode isPermutation.

Lösung

Matrizen in Java sind Arrays mit Arrays als Elementen. Die i-te Zeile eines Arrays ist sein i-tes Element. Darauf kann sofort die Methode isPermutation für Vektoren angewendet werden:

```
static boolean isPermutationRow(int[][] a, int row) {
    return isPermutation(a[row]);
}
```

Um die Methode isPermutation auf die i-te Spalte von a anwenden zu können, wird diese in ein Hilfsarray kopiert.[2]

---

[1]Die Begriffe top und bottom beziehen sich auf die Indexwerte der Zeilen. bottom speichert den kleineren Zeilenindex, top den größeren. Nachdem die Zeilen des Arrays in der Skizze von oben nach unten gezählt werden, liegt die Zeile bottom in dieser Darstellung weiter oben als die Zeile top.

[2]Dies ist eine einfache, aber auch ineffiziente Lösung.

```
static boolean isPermutationCol(int[][] a, int col) {
    int n = a.length;
    int[] temp = new int[n];
    for(int i = 0;  i < n;  i++)
        temp[i] = a[i][col];
    return isPermutation(temp);
}
```

Die Teilmatrix wird wieder in ein Hilfsarray kopiert, das dann mit isPermutation überprüft wird.

```
public static boolean isPermutationBlock(int[][] a,
        int bottom, int top, int left, int right) {
    int n = (top - bottom)*(right - left);
    int i = 0;
    int[] temp = new int[n];
    for(int r = bottom;  r < top;  r++)
        for(int c = left;  c < right;  c++)
            temp[i++] = a[r][c];
    return isPermutation(temp);
}
```

Für die Überprüfung der gesamten Matrix müssen alle Zeilen und Spalten überprüft werden.

```
static boolean isPermutation(int[][] a) {
    int n = a.length;
    for(int i = 0;  i < n;  i++)
        if(!isPermutationRow(a, i)  ||  !isPermutationCol(a, i))
            return false;
    return true;
}
```

19.3   Sudoku

Sudoku ist ein japanisches Zahlenpuzzle, bei dem eine 9x9-Permutationsmatrix erstellt wird: Jede Zeile und jede Spalte ist eine Permutation der Zahlen 1 bis 9. Zusätzlich ist die Matrix in 3×3-Untermatrizen (Blöcke) aufgeteilt, die selbst wieder Permutationen der Zahlen 1 bis 9 darstellen.

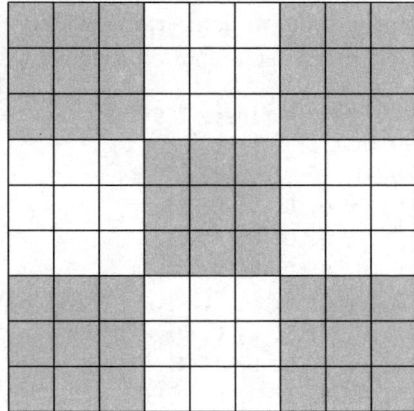

Die Matrix ist teilweise gefüllt. Die freien Felder müssen so ergänzt werden, dass die Permutationseigenschaften erfüllt werden.

Schreiben Sie eine Klasse Sudoku mit einer rekursiven Methode solve zur Lösung eines Sudoku-Puzzles. Verwenden Sie dazu die Permutationsmethoden aus Aufgabe 19.2.

Diese Aufgabe wird typischerweise durch einen *Backtracking*-Algorithmus gelöst. Rekursiv werden nacheinander alle offenen Felder mit allen zulässigen Werten belegt, bis das Array voll ist oder keine weitere gültige Belegung mehr möglich ist. In diesem Fall muss die letzte Belegung rückgängig gemacht werden (*Backtracking*) und durch eine andere ersetzt werden.

Das folgende Struktogramm zeigt die Idee eines rekursiven *Backtracking*-Algorithmus[3].

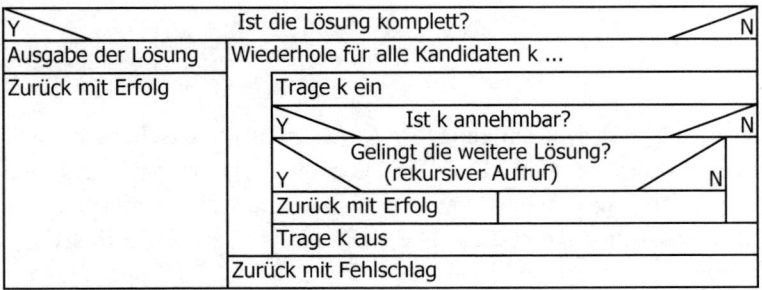

---

[3]Dieser Algorithmus bricht bei der ersten gefundenen Lösung ab. Mit einer leichten Modifikation sucht er *alle* Lösungen. In der vorliegenden Aufgabe reicht allerdings eine Lösung aus.

Das folgende Hauptprogramm initialisiert die Matrix mit einer Vorbelegung und startet die Suche nach einer Lösung dann mit dem Aufruf von solve:

```
public static void main(String[] args) {
    matrix = new int[][] {
        {1, 0, 8, 0, 9, 0, 0, 4, 6},
        {0, 6, 5, 0, 0, 0, 0, 0, 2},
        {9, 0, 7, 1, 0, 0, 0, 3, 0},
        {0, 0, 0, 0, 0, 0, 4, 0, 0},
        {0, 0, 2, 0, 0, 6, 0, 0, 1},
        {0, 4, 0, 0, 0, 7, 0, 0, 0},
        {0, 0, 3, 0, 2, 5, 0, 1, 4},
        {5, 0, 4, 0, 0, 1, 0, 0, 0},
        {0, 0, 0, 0, 7, 9, 3, 6, 5}};
    solve();
}
```

Die berechnete Lösung lautet in diesem Beispiel:

```
1 3 8 5 9 2 7 4 6
4 6 5 7 8 3 1 9 2
9 2 7 1 6 4 5 3 8
7 1 6 3 5 8 4 2 9
3 5 2 9 4 6 8 7 1
8 4 9 2 1 7 6 5 3
6 7 3 8 2 5 9 1 4
5 9 4 6 3 1 2 8 7
2 8 1 4 7 9 3 6 5
```

Lösung

In der Klasse Sudoku werden zunächst Konstanten für das Jokerzeichen und die Größe des Puzzles definiert. Der Wert von CELL legt fest, wie groß eine Untermatrix ist. Dieser Wert fixiert gleichzeitig, aus wie vielen Untermatrizen die Gesamtmatrix zusammengesetzt ist. Die Kantenlänge der Gesamtmatrix ist in SIZE festgehalten.

```
public class Sudoku {
    public final static int JOKER = 0;
    public final static int CELL = 3;
    public final static int SIZE = CELL*CELL;
    ...
```

Bei rekursiven Funktionen sollte man sparsam mit Parametern und lokalen Variablen umgehen, da diese für jeden rekursiven Aufruf auf dem Laufzeitstack gestapelt werden. Die rekursive Methode solve erhält überhaupt keine Parameter und arbeitet alleine mit den »globalen« Klassenvariablen. Der boolean-Rückgabewert signalisiert, ob solve eine Lösung gefunden hat oder nicht.

```
private static int[][] matrix;

public static boolean solve() {
    ...
```

solve sucht zunächst nach einem Jokerfeld. Hier wird die Matrix mit einer geschachtelten Schleife zeilenweise von oben nach unten abgesucht bis zum ersten Joker. Im Grunde spielt es aber keine Rolle, welches Jokerfeld gefunden wird.

Wenn es überhaupt kein Jokerfeld mehr gibt, endet die doppelte Schleife. In diesem Fall sind alle Felder besetzt, das Puzzle ist gelöst. Die Matrix wird ausgegeben und das Ergebnis true zurückgeliefert.

Wenn es noch irgendein Jokerfeld gibt, wird die Schleife abgebrochen. Die Methode kehrt dann aus dem Schleifenrumpf direkt mit true oder false zurück. Die nachfolgenden Anweisungen werden nicht mehr ausgeführt.

```
    for(int r = 0;  r < SIZE;  r++)
        for(int c = 0;  c < SIZE;  c++)
            if(matrix[r][c] == JOKER) {
                // Alle Belegungen von Feld(r, c) testen
                ...
            }
    print();
    return true;
}
```

Ein Jokerfeld wird versuchsweise nacheinander mit den Zahlen 1 bis 9 belegt. Sollte sich das Puzzle mit keiner Belegung lösen lassen, dann wird der Joker wieder eingetragen und die Methode mit false verlassen.

```
    // Alle Belegungen von Feld(r, c) testen
    for(int num = 1;  num <= SIZE;  num++) {
        matrix[r][c] = num;
        // Diese Belegung testen
        ...
    }
    matrix[r][c] = JOKER;
    return false;
```

Wenn die Methode isValid anzeigt, dass die Belegung bisher widerspruchsfrei ist, wird mit einem rekursiven Aufruf von solve versucht, auch die übrigen Felder zu belegen. Sollte das gelingen, so liefert der rekursive Aufruf das Ergebnis true. Die Suche wird in diesem Fall abgebrochen und sofort zurückgekehrt.

```
// Diese Belegung testen
if(isValid())
    if(solve())
        return true;
```

Die Methode isValid überprüft, ob matrix eine Permutationsmatrix ist und ob alle Untermatrizen Permutationen sind.

```
public static boolean isValid() {
    for(int r = 0;  r < SIZE;  r += CELL)
        for(int c = 0;  c < SIZE;  c += CELL)
            if(!Permutation.isPermutationBlock(matrix,
                    r, r + CELL, c, c + CELL))
                return false;
    return Permutation.isPermutation(matrix);
}
```

print gibt die Matrix in lesbarer Form aus:

```
public static void print() {
    for(int r = 0;  r < SIZE;  r++) {
        for(int c = 0;  c < SIZE;  c++)
            System.out.printf("%d ", matrix[r][c]);
        System.out.println();
    }
}
```

20 Kommentar-Zapper

In dieser Aufgabe verarbeitet ein Programm den Quelltext von Java-Programmen, wenn auch unter vereinfachenden Annahmen. Dazu wird ein deterministischer endlicher Automat implementiert. Solche Automaten sind in der Informatik ein sehr nützliches Hilfsmittel und werden häufig gebraucht. Die Lösung weist eine regelmäßige Codestruktur auf, die sich am besten mit geschachtelten switch-Anweisungen umsetzen lässt.

Ein zweiter Lösungsansatz geht einen vollkommen anderen Weg. Der Automat wird komplett in Datenstrukturen gegossen, das Hauptprogramm ist unabhängig vom konkreten Automaten. Allerdings erfordert dieser Ansatz objektorientierte Sprachmittel, nutzt das *Collection-Framework* und definiert generische Klassen.

Schreiben Sie ein Programm, das den Java-Quelltext von der Standardeingabe liest, daraus Kommentare entfernt und den Rest wieder ausgibt. Zur Vereinfachung können Sie davon ausgehen, dass im Quelltext keine Zeilenkommentare, keine Stringliterale, keine Zeichenkonstanten und keine Unicode-Ersatzdarstellungen (siehe Seite 205) vorkommen. Beachten Sie, dass Kommentare nicht ersatzlos gelöscht werden dürfen. Sie haben im Quelltext die Funktion von Zwischenraum.

20.1 Blockkommentare

Entfernen Sie mit einem ersten Programm CommentX zunächst nur Blockkommentare. Für eine korrekte und robuste Lösung implementieren Sie einen Automaten, den die folgende Skizze darstellt:

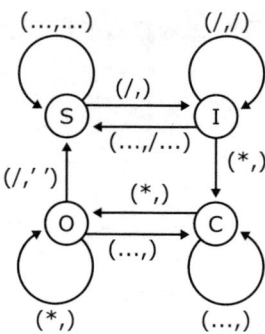

Die vier Zustände sind:

S	Laufender Quelltext, außerhalb eines Blockkommentars (*source*). Zu Beginn ist der Automat in diesem Zustand.
I	Möglicherweise Anfang eines Kommentars (*into*)
C	Innerhalb eines Kommentars (*comment*)
O	Möglicherweise Ende des Kommentars (*outof*)

Die Übergänge sind mit (*eingabezeichen, ausgabezeichen*) beschriftet. In jedem Schritt liest der Automat ein Eingabezeichen und folgt dabei der entsprechend beschrifteten Kante zu einem Folgezustand, der auch der gleiche wie vorher sein kann. Dabei wird das angegebene Ausgabezeichen, sofern erforderlich, ausgegeben. »...« steht für alle Zeichen, für die es keine andere, genau passend beschriftete Kante gibt. Bei der Ausgabe steht »...« für das zuletzt gelesene Eingabezeichen.

Die Rolle von Kommentaren als Zwischenraum lässt sich leicht aufrechterhalten, indem am Ende jedes Kommentars ein Leerzeichen ausgegeben wird.

Testen Sie Ihr Programm mit eigenen Quelltexten oder mit dem folgenden Beispielquelltext:[1]

```
public class CommentXTest {
    public/* comment */static/**/void main(String[] args) {
        System.out.println(5/5);
        System.out.println(5/* comment ***//5);
        System.out.println(1/*/* //** comment */*1);
        System.out.println(5/* comment *
*/-4);
        System.out.println(5/* comment *
/*/-4);
    }
}
```

Nachdem Ihr Programm alle Blockkommentare entfernt hat, sollte sich der Rest immer noch fehlerfrei übersetzen lassen und fünfmal 1 ausgeben.

---

[1]Diesen Quelltext finden Sie auch auf der Webseite zum Buch.

Lösung

Der Automatengraph ist zwar anschaulich, lässt sich aber nicht sehr gut in ein Programm umsetzen. Besser eignet sich dafür eine Automatentabelle, die jeden Zustand (Zeile) mit einem Eingabezeichen (Spalte) verknüpft. Die Zellen in der Tabelle repräsentieren die Kanten des Graphen. Jede Zelle nennt den Zielzustand und das Ausgabezeichen der betreffenden Kante.

Aus dem obigen Graphen ergibt sich die folgende Tabelle:

	/	*	alle anderen
S	I	S, ...	S, ...
I	I, /	C	S, /...
C	C	O	C
O	S, ' '	O	C

Die Zustände bestehen aus einer Sammlung von verhältnismäßig wenigen Alternativen, die alle bekannt sind und sich nicht ändern. Dieses Kriterium spricht für eine Repräsentation durch einen Aufzählungstyp:

```
enum State {Source, Into, Comment, Outof}
```

Der Interpreter des Automaten liest die Eingabe Zeichen für Zeichen. In einer Variablen vom Typ State wird der aktuelle Automatenzustand gespeichert.[2]

```
public class CommentX {
    public static void main(String[] args) {
        State state = Source;
        for(int c = System.in.read(); c >= 0; c = System.in.read()) {
            char chr = (char)c;
            ...
```

Im Rumpf der Schleife wird die Tabelle in Kontrollstrukturen abgebildet. In einer if-Kaskade werden die verschiedenen Zustände differenziert. Noch besser eignet sich hier eine switch-Anweisung.[3]

---

[2]Die Elemente des Aufzählungstyps State werden im Weiteren ohne Klassenangabe verwendet. Das ist zulässig, wenn die statische Importklausel import static *package*.State.*; eingefügt wird.

[3]Der sonst in switch-Anweisungen obligatorische default-Zweig kann weggelassen werden, weil alle möglichen Werte des Aufzählungstyps erfasst sind. Auch der Wert null könnte im default-Zweig nicht behandelt werden, weil er zu einer NullPointerException führt.

```
switch(state) {
    case Source: ...  break;
    case Into: ...    break;
    case Comment: ... break;
    case Outof: ...   break;
        }
    }
  }
}
```

Diese Anweisung entspricht einer Selektion der Tabellenzeilen. In jeder Zeile wird nun die passende Spalte selektiert. Auch dafür können if-Kaskaden oder switch-Anweisungen eingesetzt werden. In der folgenden Codeskizze ist der Kürze wegen nur eine der geschachtelten switch-Anweisungen ausgeführt.

```
switch(state) {
    case Source:
        switch(chr) {
            case '/': ... break;
            case '*': ... break;
            default: ...  break;
        }
        break;
    case Into: ...    break;
    case Comment: ... break;
    case Outof: ...   break;
        }
    }
  }
}
```

Die Aktionen sind weitgehend regelmäßig aufgebaut: Zuerst werden (sofern nötig) Zeichen ausgegeben, dann wird der Folgezustand an die Variable state zugewiesen:

```
switch(state) {
    case Source:
        switch(chr) {
            case '/':
                // keine Ausgabe
                state = Into;
                break;
            case '*':
                System.out.print(chr);
                // Zustand bleibt unverändert
                break;
```

```
                        default:
                            System.out.print(chr);
                            // Zustand bleibt unverändert
                            break;
                    }
                    break;
                case Into: ...    break;
                case Comment: ... break;
                case Outof: ...   break;
            }
        }
    }
}
```

In einigen Fällen führen verschiedene cases zu gleichen Aktionen, wie im vorhergehenden Codefragment die letzten beiden Fälle, '*' und default. Man ist versucht, hier zu kürzen. Zum Beispiel könnte man die Anweisungen nach »case '*'« weglassen:[4]

```
case '*':      // die gleichen Anweisungen wie bei default
default:
    System.out.print(chr);
    // Zustand bleibt unverändert
    break;
```

oder gleich den ganzen Zweig einsparen, weil default auch '*' mit erfasst:

```
default:   // einschließlich '*'
    System.out.print(chr);
    // Zustand bleibt unverändert
    break;
```

Solche Optimierungen »von Hand« bei ansonsten sehr regelmäßigem Code sind nicht unbedingt vorteilhaft. Einerseits ist eine regelmäßige Programmstruktur leicht zu durchschauen; andererseits können Korrekturen oder Erweiterungen dazu führen, dass vorher angebrachte Abkürzungen wieder zurückgenommen werden müssen. Die Einsparung an Codevolumen oder Laufzeit ist in dieser Größenordnung oft nicht rentabel.

---

[4]Diese Konstruktion wird als *fall-through* bezeichnet und entsteht manchmal unbeabsichtigt durch ein vergessenes break. Der Fehler ist oft schwer zu finden, weil aus der Sicht des Compilers kein Problem zu erkennen ist.

20.2   Zeilenkommentare

Zeilenkommentare beginnen mit // und enden mit der Zeile. Sie wurden bisher nicht berücksichtigt. Entwickeln Sie ein Programm CommentXDeluxe, das sowohl Block- wie auch Zeilenkommentare entfernt.

Zeilenwechsel werden mit Kontrollzeichen codiert, die sich von System zu System unterscheiden.[5] Als einfache Lösung reicht es aus, die beiden Zeichen '\n' und '\r' gleichermaßen als Zeilenwechsel zu behandeln.

Oft soll die Zeilenstruktur des Quelltextes beibehalten werden.[6] Sorgen Sie dafür, dass Zeilenwechsel auch innerhalb von Blockkommentaren erhalten bleiben. Das bedeutet, dass Blockkommentare durch die entsprechende Anzahl Leerzeilen ersetzt werden.

Lösung

Der Automat der einfacheren Programmversion wird um den Zustand L (*line comment*, ganz rechts) erweitert:

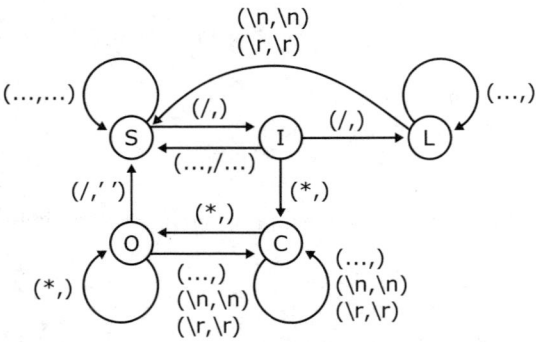

Näher an einer Implementierung liegt wieder die entsprechende Automatentabelle, die um eine neue Zeile (für L = *line comment*) und eine neue Spalte (für die *Newline*-Zeichen) erweitert ist:

	/	*	*Newline*	alle anderen
S	I	$S, \dots$	$S, \dots$	$S, \dots$
I	L	C	$S, /\dots$	$S, /\dots$
C	C	O	$C, \dots$	C
O	$S, '\,'$	O	$C, \dots$	C
L	L	L	$S, \dots$	L

---

[5]Den plattformspezifischen String, der den Zeilenwechsel codiert, definiert die *System property* mit dem Namen line.separator.

[6]In typischen Compilern werden Kommentare sehr früh entfernt. Zur Formulierung von Fehlermeldungen ist es aber sinnvoll, dass Quelltextfragmente in den ursprünglichen Zeilen bleiben.

Der Code zur Umsetzung dieser Tabelle folgt dem gleichen Muster wie die vorhergehende Lösung und wird hier nicht mehr ausgeführt. Die komplette Lösung finden Sie auf der Webseite zum Buch.

Alternative Lösung

Eine andere Implementierung verlagert die Repräsentation des Automaten von Kontrollstrukturen in Datenstrukturen. Das eigentliche Hauptprogramm, das den Automaten »ausführt«, ist dann neutral bezüglich eines konkreten Automaten. Diese Lösung ist flexibler und einfacher zu warten, aber schwieriger zu entwickeln als der vorhergehende Ansatz.

Die Automatentabelle legt eine Art zweidimensionales Array nahe, dessen Elemente jeweils einem Übergang (*transition*) im Automaten entsprechen. Dabei gilt es, zwei Probleme zu lösen.

Zum einen gibt es verschiedene Arten von Übergängen. Gemeinsame Eigenschaften aller Übergänge sind jeweils ein Folgezustand sowie eine Anzahl (einschließlich keine) Ausgabezeichen. Diese Informationen lassen sich in Objekten einer unveränderlichen Klasse Transition speichern:

```
public class Transition {
    ...
```

Den Folgezustand des Übergangs merkt sich die Instanzvariable next vom Typ State. Eine Liste von Ausgabezeichen wird in einem Array output von Zeichen gespeichert:[7]

```
    private final State next;
    private final char[] output;
    ...
```

Zur Initialisierung eines Transition-Objektes wird ein Konstruktor aufgerufen, der einen Folgezustand sowie eine Anzahl Ausgabezeichen erwartet, die an einen *Vararg*-Parameter übergeben werden:

```
    public Transition(State next, char... output) {
        this.next = next;
        this.output = output;
    }
    ...
```

---

[7]Statt eines char-Arrays hätte man auch einen String verwenden können. Die Auswirkungen sind marginal.

Zwei Getter liefern die Informationen aus einem Transition-Objekt zurück:[8]

```
public State next() {
    return next;
}

public char[] output() {
    return output;
}
```
}

Der Übergang aus dem Zustand Outof mit Eingabezeichen '/' in der letzten Automatentabelle wird demnach von folgendem Objekt repräsentiert.

```
new Transition(Source, ' ');
```

Das zweite Problem ergibt sich aus dem Aufbau der Tabelle. Normale Java-Arrays arbeiten mit ganzzahligen Indexwerten. Hier wird ein Tabellenelement aber durch einen Zustand und ein Zeichen adressiert, nicht durch int-Indexwerte.

Natürlich kann man zwischen Zuständen, Zeichen und ganzzahligen Indexwerten umrechnen: Die Methode ordinal() von Aufzählungstypen liefert die Position in der Liste der Aufzählungswerte. Zeichen können von ihrem Code vertreten werden. Java bietet allerdings die Ausdrucksmittel, um diesen etwas hölzernen Ansatz zu vermeiden. Eine generische Klasse Field[9] bildet ein Paar von Werten zweier Typen U und V auf einen Wert eines dritten Typs W ab.[10]

```
public class Field<U, V, W> {
    ...
```

Die interne Arbeitsweise von Field ist nach außen nicht sichtbar und kann frei gewählt werden. Zur Vereinfachung wird das *Collection-Framework* genutzt.[11] Ein Field-Objekt speichert eine HashMap, die Objekte vom Typ U auf Paare von Objekten der Typen V und W abbildet. Diese Menge von Paaren ist selbst eine

---

[8]Im Allgemeinen ist es keine gute Idee, eine Referenz auf eine Array-Instanzvariable mit einem Getter auszuliefern. Der Aufrufer könnte den Inhalt des Arrays manipulieren und so den Zustand des Objektes stören. In dieser Aufgabe wird dieses Problem ignoriert.

[9]Der Name Field soll die Nähe zu Arrays andeuten, die in manchen älteren Programmiersprachen als »Felder« bezeichnet werden.

[10]Statt der generische Klasse könnte auch eine konkrete Klasse definiert werden, die auf die hier vorliegenden Typen fixiert ist. Das Ergebnis wäre allerdings nur minimal kürzer und einfacher, dafür wesentlich starrer. Die Klasse Field ist in dieser Fassung auch für andere Zwecke von Nutzen als nur für die Implementierung von Automaten.

[11]Im Grunde implementiert Field selbst eine Art Map und könnte an das entsprechende Interface des *Collection-Frameworks* angelehnt werden. Der dazu nötige Aufwand lohnt sich an dieser Stelle allerdings nicht, deshalb wird Field ohne Bezug zu Maps definiert.

`HashMap`. Bildhaft gesprochen entspricht die äußere Map den Zeilen der Tabelle, jede innere Map entspricht den Spalten in einer Zeile.

```
private final Map<U, Map<V, W>> map = new HashMap<U, Map<V, W>>();
...
```

Die Methode put speichert ein Objekt w unter der Adresse (u, v) ab. Dabei ist zu berücksichtigen, dass zwar die äußere »Zeilen-Map« existiert, deren Elemente aber möglicherweise nicht. Falls eine Zeile zum ersten Mal angesprochen wird, ist die »Spalten-Map« noch `null` und muss initialisiert werden.

```
void put(U u, V v, W w) {
    Map<V, W> tmp = map.get(u);
    if(tmp == null) {
        tmp = new HashMap<V, W>();
        map.put(u, tmp);
    }
    tmp.put(v, w);
}
...
```

Entsprechend arbeitet die Methode get. Falls ein Eintrag nicht existiert, wird der Wert `null` zurückgegeben.[12]

```
W get(U u, V v) {
    Map<V, W> tmp = map.get(u);
    if(tmp == null)
        return null;
    return tmp.get(v);
}
}
```

Mit diesen Hilfsmitteln kann die Automatentabelle von Seite 103 in eine Datenstruktur übertragen werden. Dabei sind zwei Sonderfälle zu berücksichtigen.

Bei einigen Übergängen wird das letzte Eingabezeichen wieder ausgegeben. Ein `Transition`-Objekt kennt das wechselnde »letzte Eingabezeichen« nicht. Für diesen Fall wird vereinbart, dass das Ausgabezeichen mit Code 0 als Platzhalter für das jeweils letzte Eingabezeichen gilt. Dieser Platzhalter wird mehrfach gebraucht, deshalb lohnt sich die Definition einer Konstanten:

```
public class CommentXDeluxe {
    public static void main(String[] args) {
        final char LAST = '\0';
        ...
```

---

[12]`null` kann auch ein früher explizit eingetragener Wert sein. Dieses Problem wird hier nicht gelöst: Es ist Sache des Anwenders, das Ergebnis `null` passend zu interpretieren.

Die zweite Hürde sind die Übergänge zu »allen anderen« Zeichen in der Automatentabelle. Wieder wird dem Zeichen mit Code 0 die Rolle eines Jokers zugewiesen, diesmal als Stellvertreter für besagte »andere« Eingabezeichen. Ein weitere Konstantendefinition verbessert die Lesbarkeit des nachfolgenden Codes:

```
final char OTHER  = '\0';
...
```

Die Automatentabelle kann direkt in Code gegossen werden:[13]

```
Field<State, Character, Transition> auto =
    new Field<State, Character, Transition>();
auto.put(Source, '/', new Transition(Into));
auto.put(Source, '*', new Transition(Source, LAST));
auto.put(Source, OTHER, new Transition(Source, LAST));
auto.put(Into, '/', new Transition(Into, '/'));
auto.put(Into, '*', new Transition(Comment));
auto.put(Into, OTHER, new Transition(Source, '/', LAST));
auto.put(Comment, '/', new Transition(Comment));
auto.put(Comment, '*', new Transition(Outof));
auto.put(Comment, '\n', new Transition(Comment, LAST));
auto.put(Comment, '\r', new Transition(Comment, LAST));
auto.put(Comment, OTHER, new Transition(Comment));
auto.put(Outof, '/', new Transition(Source, ' '));
auto.put(Outof, '*', new Transition(Outof));
auto.put(Outof, '\n', new Transition(Comment, LAST));
auto.put(Outof, '\r', new Transition(Comment, LAST));
auto.put(Outof, OTHER, new Transition(Comment));
...
```

Der Ablauf des Automaten ist jetzt vollkommen unabhängig vom konkreten Automaten. In einer Schleife werden alle Eingabezeichen gelesen und verarbeitet. Dieses Programmfragment entspricht dem ersten Ansatz auf Seite 103:

```
State state = Source;
for(int c = System.in.read();  c >= 0;  c = System.in.read()) {
    char chr = (char)c;
    ...
```

Aus der Automatentabelle wird der Übergang zum Zustand state und dem Eingabezeichen chr geholt:

```
Transition transition = auto.get(state, chr);
...
```

---

[13]Abweichend von der ursprünglichen Automatentabelle werden die beiden Zeichen '\n' und '\r' auch innerhalb von Kommentaren wieder ausgegeben, um die Zeilenstruktur des Quelltextes zu erhalten.

Wenn kein expliziter Übergang für das Zeichen chr gespeichert ist, wird der Übergang OTHER verwendet:

```
if(transition == null)
    transition = auto.get(state, OTHER);
...
```

Alle Zeichen des Übergangs werden ausgegeben, wieder unter Berücksichtigung des Sonderzeichens LAST, das hier für das letzte Eingabezeichen steht:

```
for(char x: transition.output())
    System.out.print(x == LAST? chr: x);
...
```

Schließlich geht der Automat in den Folgezustand über:

```
            state = transition.next();
        }
    }
}
```

Definiert man andere Übergänge, dann führt das gleiche Programm einen anderen Automaten aus. Hier zur Illustration der Automat für Block- und Zeilenkommentare entsprechend der Tabelle auf Seite 106:

```
auto.put(Source, '/', new Transition(Into));
auto.put(Source, OTHER, new Transition(Source, LAST));
auto.put(Into, '/', new Transition(Line));
auto.put(Into, '*', new Transition(Comment));
auto.put(Into, OTHER, new Transition(Source, '/', LAST));
auto.put(Comment, '*', new Transition(Outof));
auto.put(Comment, '\n', new Transition(Comment, LAST));
auto.put(Comment, '\r', new Transition(Comment, LAST));
auto.put(Comment, OTHER, new Transition(Comment));
auto.put(Outof, '/', new Transition(Source, ' '));
auto.put(Outof, '*', new Transition(Outof));
auto.put(Outof, '\n', new Transition(Comment, LAST));
auto.put(Outof, '\r', new Transition(Comment, LAST));
auto.put(Outof, OTHER, new Transition(Comment));
auto.put(Line, '\n', new Transition(Source, LAST));
auto.put(Line, '\r', new Transition(Source, LAST));
auto.put(Line, OTHER, new Transition(Line));
```

21 Mustervergleich

Mustervergleiche von Strings werden bei fast jeder Suche von Dateien oder Texten gebraucht. Haben die zu vergleichenden Strings unterschiedliche Länge, so bieten sich rekursive Algorithmen an.

In dieser Aufgabe werden Strings mit einer Maske verglichen, die auch *Jokerzeichen* enthalten kann.

21.1 Jokerzeichen

»Masken« sind Strings, bei denen das Zeichen ? die Bedeutung eines *Joker*s beim Vergleich mit einem anderen String hat. Jeder Joker in der Maske steht für genau ein beliebiges Zeichen im String. Zum Beispiel passt die Maske 1?3? auf den String 1234, dagegen nicht auf 1324 oder 123.

Schreiben Sie eine rekursive Methode match, die als Argumente eine Maske und einen String erhält und beide vergleicht. match liefert genau dann true, wenn die Maske zum String passt, ansonsten false.[1]

Lösung

Zunächst wird eine Konstante für das Jokerzeichen definiert:

```
public class StringMatch {
    public final static char JOKER = '?';
    ...
```

Die Abbruchbedingung der Rekursion geht aus der Definition hervor: Eine leere Maske passt nur zu einem leeren String, ein leerer String zu nichts anderem als einer leeren Maske:

---

[1]Die Java-Bibliothek hält im Package java.util.regex eine leistungsfähige und umfassende Implementierung regulärer Ausdrücke bereit, siehe etwa [Tutorial]. In dieser Aufgabe sollen allerdings die grundlegenden Algorithmen selbst entwickelt werden.

```
public static boolean match(String p, String s) {
    if(p.isEmpty())
        return s.isEmpty();
    if(s.isEmpty())
        return false;
    ...
```

Im nichtleeren Fall wird das erste Zeichen von Muster und String verglichen. Ein Jokerzeichen passt zu jedem Zeichen. Ein anderes Zeichen im Muster passt nur zu genau dem gleichen Zeichen im String. Wenn die beiden ersten Zeichen zusammenpassen, wird der Rest von Muster und String rekursiv verglichen:

```
    if(p.charAt(0) == JOKER  ||  p.charAt(0) == s.charAt(0))
        return match(p.substring(1), s.substring(1));
    else
        return false;
}
...
```

21.2 Super-Joker

Das Zeichen * in einer »Super-Maske« spielt die Rolle eines *Super-Jokers*. Es passt auf einen beliebig langen, eventuell auch leeren Teil eines Strings. Zum Beispiel passt die Super-Maske *3*2* auf 311245 oder 32, dagegen nicht auf 1234 oder 3. Entwickeln Sie entsprechend zu match eine rekursive Methode superMatch, mit der auch Super-Joker verarbeitet werden können.

Lösung

Auch für den Super-Joker wird eine Konstante definiert:

```
public final static char SUPER_JOKER = '*';
...
```

Das Abbruchkriterium der Rekursion ergibt sich aus der Beobachtung, dass eine leere Super-Maske nur zu einem leeren String passt:

```
public static boolean superMatch(String p, String s) {
    if(p.isEmpty())
        return s.isEmpty();
    ...
```

Wie bei einfachen Masken wird die Super-Maske in ihr erstes Zeichen und den Rest zerlegt. Wenn das erste Zeichen der Maske ein Super-Joker ist, sind mehrere Möglichkeiten in Betracht zu ziehen:

1. Der Super-Joker könnte auf *überhaupt kein* Zeichen des Strings passen. In diesem Fall muss der Rest der Maske, ohne den Super-Joker, zum gesamten String passen:

```
if(p.charAt(0) == SUPER_JOKER) {
    if(superMatch(p.substring(1), s))
        return true;
    ...
```

2. Wenn der Super-Joker nicht auf einen Leerstring passt, muss wenigstens ein Zeichen im String übrig sein:

```
if(s.isEmpty())
    return false;
    ...
```

3. Schließlich bleibt nur noch die Möglichkeit, dass das erste Zeichen des Strings durch den Super-Joker konsumiert wird und die Maske, samt Super-Joker, auch noch zum Rest des Strings passt:

```
    return superMatch(p, s.substring(1));
}
    ...
```

Ist das erste Zeichen der Super-Maske kein Super-Joker, so kann man wie bei einer einfachen Maske vorgehen:

```
    if(s.isEmpty())
        return false;
    if(p.charAt(0) == JOKER || p.charAt(0) == s.charAt(0))
        return superMatch(p.substring(1), s.substring(1));
    return false;
    }
}
```

Teil IV

Klassen

22 Punkte und Dreiecke

Diese Aufgabe bietet einen sanften Einstieg in die Definition von einfachen Klassen. Punkte und Dreiecke sind geläufige Gebilde, die eine recht geradlinige Modellierung mit Java-Klassen erlauben.

Beide Klassen sind unveränderlich. Daraus ergibt sich, dass Kopieren von Objekten überflüssig ist. Kopierkonstruktoren können deshalb ohne Schaden weggelassen werden.

Der auf den ersten Blick triviale Vergleich von Punkten gerät etwas umständlicher wegen der inhärenten Gefahr von Rundungsfehlern der Floatingpoint-Arithmetik.

Objekte unveränderlicher Klassen können nicht modifiziert werden. Methoden, die Objekte eigentlich ändern, liefern deshalb neue Objekte zurück, die das Ergebnis enthalten.

22.1 Punkte

Schreiben Sie eine unveränderliche Klasse Point, die Punkte in der kartesischen Koordinatenebene repräsentiert. Point definiert die folgenden Methoden:

Point(double x, double y)
>   Konstruktor für den Punkt (x, y).

double x()
>   Liefert die horizontale Koordinate dieses Punktes.[1]

double y()
>   Liefert die vertikale Koordinate dieses Punktes.

double distance(Point p)
>   Liefert den Abstand zwischen p und diesem Punkt. p ist nicht null.

boolean isSame(Point p, double within)
>   Gibt Auskunft, ob dieser Punkt und der Punkt p zusammenfallen. Der Abstand der beiden Punkte darf dazu maximal within betragen.[2] p ist nicht null.

---

[1]Zur Benennung der Getter siehe Seite 375.

[2]isSame ist eine vereinfachte Version von equals (siehe Anhang D, Seite 383), die Rundungsfehler berücksichtigt.

```
Point moved(double x, double y)
```
> Liefert einen neuen Punkt, der gegenüber diesem Punkt horizontal um den Abstand x und vertikal um den Abstand y verschoben ist.

Das folgende Codefragment benutzt diese Methoden:

```
Point p1 = new Point(1, 2);
System.out.printf("p1(%f,%f)%n", p1.x(), p1.y());
Point p2 = p1.moved(-2, -3);
System.out.printf("distance: %f%n", p1.distance(p2));
System.out.printf("isSame: %b%n", p1.isSame(p2.moved(2, 3), 1e-6));
```

Die Ausgabe sollte lauten:

```
p1(1.000000,2.000000)
distance: 3.605551
isSame: true
```

Lösung

Ein Point-Objekt speichert seine Koordinaten in zwei Instanzvariablen x und y.[3] Die Objekte sind unveränderlich, deshalb werden die Instanzvariablen als final definiert.

```
public class Point {
    private final double x;
    private final double y;
    ...
```

Die Instanzvariablen werden im einzigen Konstruktor initialisiert. Die gleich benannten Parameter überdecken die Instanzvariablen. Mit der expliziten Angabe des Zielobjektes this kann dennoch differenziert werden:

```
public Point(double x, double y) {
    this.x = x;
    this.y = y;
}
...
```

---

[3]Namen wie x und y sind gemäß der üblichen Konventionen eigentlich zu kurz. Im Zusammenhang dieser geometrischen Aufgabenstellung liegt ihre Bedeutung aber nahe, weil »x-Achse« und »y-Achse« Begriffe mit einer allgemein bekannten Auslegung sind. Aus diesem Grund sind die Variablennamen akzeptabel.

Zwei Getter liefern die Koordinaten zurück:[4]

```
public double x() {
    return x;
}

public double y() {
    return y;
}
...
```

Der Abstand zwischen zwei Punkten kann mit der Bibliotheksmethode `Math.hypot` berechnet werden. Wo immer möglich, wird der direkte Zugriff auf Instanzvariablen vermieden, selbst wenn das andere Objekt, wie in diesem Fall, denselben Typ hat und der Compiler deshalb den Zugriff auf die privaten Instanzvariablen zulassen würde. Deshalb werden die Koordinaten des als Parameter übergebenen anderen Punktes mit dessen Gettern abgefragt:

```
public double distance(Point p) {
    return Math.hypot(x - p.x(), y - p.y());
}
...
```

Zum Vergleich von zwei Punkten wird ein gewisser Abstand als Toleranz gestattet. Eine pauschale Vorgabe eines derartigen Schwellwertes ist kaum möglich, deshalb liefert der Aufrufer die entsprechende Information im zweiten Parameter. Den Abstand zwischen den beiden Punkten liefert die vorher definierte Methode `distance`, die hier aufgerufen wird:

```
public boolean isSame(Point p, double within) {
    return distance(p) < within;
}
...
```

Die Methode `moved` liefert einen verschobenen Punkt. Das Zielobjekt des Methodenaufrufs ist unveränderlich, deshalb wird mit einem Konstruktoraufruf ein zweites Objekt der eigenen Klasse erzeugt und mit den Koordinaten des verschobenen Punktes initialisiert. Es wird als Methodenergebnis an den Aufrufer zurückgeliefert, der damit wie mit jedem anderen Objekt dieser Klasse verfahren kann.

```
public Point moved(double dx, double dy) {
    return new Point(x + dx, y + dy);
}
}
```

---

[4]Zur Benennung siehe Seite 375.

22.2   Dreiecke

Entwickeln Sie eine unveränderliche Klasse `Triangle`, die Dreiecke in der kartesischen Koordinatenebene repräsentiert. `Triangle` definiert die folgenden Methoden:

`Triangle(Point a, Point b, Point c)`

 Konstruktor für ein Dreieck mit den Eckpunkten a, b und c (alle drei sind nicht `null`).

Getter für die Eckpunkte

`double perimeter()`

 Liefert den Umfang dieses Dreiecks.

`double area()`

 Liefert die Fläche dieses Dreiecks, wie in Aufgabe 1 (»Dreiecksfläche«, Seite 2) berechnet.

`Point lowerLeft()`

 Liefert die linke untere Ecke des umschreibenden Rechtecks dieses Dreiecks. Das »umschreibende Rechteck« ist das kleinste achsenparallele Rechteck, das dieses Dreieck vollständig enthält.

`Point upperRight()`

 Liefert die rechte obere Ecke des umschreibenden Rechtecks dieses Dreiecks.

`boolean isSame(Triangle t, double within)`

 Gibt Auskunft, ob dieses Dreieck und das Dreieck t zusammenfallen. Der Abstand der drei entsprechenden Eckpunkte darf dabei horizontal und vertikal um jeweils maximal `within` abweichen. t ist nicht `null`.

`Triangle moved(double dx, double dy)`

 Erzeugt ein horizontal um dx und vertikal um dy verschobenes Dreieck. Die Methode lässt dieses Dreieck unverändert und liefert das verschobene Dreieck als neues Objekt.

`Triangle zoomed(double f)`

 Erzeugt ein um den Faktor f gestrecktes Dreieck. Zentrum der Streckung ist der Koordinatenursprung. Die Methode lässt dieses Dreieck unverändert und liefert das gestreckte Dreieck als neues Objekt.

`Triangle zoomed(Point p, double f)`

 Erzeugt ein um den Faktor f gestrecktes Dreieck. Zentrum der Streckung ist der Punkt p. Die Methode lässt dieses Dreieck unverändert und liefert das gestreckte Dreieck als neues Objekt.

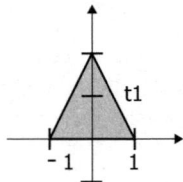

Das folgende Programmstück erzeugt das Dreieck t1 und gibt dessen Umfang und Fläche aus:

```
Triangle t1 = new Triangle(new Point(-1, 0),
                           new Point(0, 2),
                           new Point(1, 0));
System.out.println(t1.perimeter());        // 6.47...
System.out.println(t1.area());             // 2.0
```

Das nächste Programmstück erzeugt ein zweites Dreieck t2 aus t1, dreht t2 um 180 Grad und verschiebt den Mittelpunkt dann in den Ursprung.

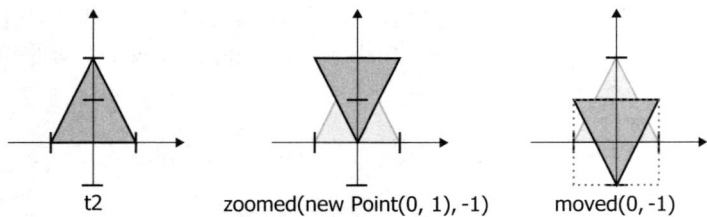

t2   zoomed(new Point(0, 1), -1)   moved(0, -1)

Anschließend werden die Ecken des umschreibenden Rechtecks ausgegeben:

```
Triangle t2 = t1;
t2 = t2.zoomed(new Point(0, 1), -1);
t2 = t2.moved(0, -1);
System.out.println(t2.lowerLeft().x());   // -1
System.out.println(t2.lowerLeft().y());   // -1
System.out.println(t2.upperRight().x());  // 1
System.out.println(t2.upperRight().y());  // 1
```

Lösung

Die Klasse Triangle definiert drei Instanzvariablen vom Typ Point für die drei Eckpunkte des Dreiecks. Unter den Eckpunkten gibt es keine bestimmte Reihenfolge.[5] Der Konstruktor erwartet drei Punkte als Argumente und speichert diese in den entsprechenden Instanzvariablen ab.

---

[5]Die Eckpunkte können zum Beispiel im oder gegen den Uhrzeigersinn abgespeichert sein.

```
public class Triangle {
    private final Point p0;
    private final Point p1;
    private final Point p2;

    public Triangle(Point p0, Point p1, Point p2) {
        this.p0 = p0;
        this.p1 = p1;
        this.p2 = p2;
    }
    ...
```

Die Getter für p0, p1 und p2 liefern nur die entsprechenden Instanzvariablen zurück und sind deshalb hier nicht abgedruckt. Zur Berechnung des Umfangs werden die Längen der drei Seiten addiert, die sich aus den paarweisen Abständen der Eckpunkte ergeben.

```
public double perimeter() {
    return p0.distance(p1)
        + p1.distance(p2)
        + p2.distance(p0);
}
    ...
```

Die Fläche des Dreiecks kann mit der *Heronischen Formel* (siehe Aufgabe 1, Dreiecksfläche, Seite 2) berechnet werden:

```
public double area() {
    double a = p0.distance(p1);
    double b = p1.distance(p2);
    double c = p2.distance(p0);
    double s = (a + b + c) / 2;
    return Math.sqrt(s*(s - a)*(s - b)*(s - c));
}
    ...
```

Die Eckpunkte des umschreibenden Rechtecks ergeben sich aus den minimalen beziehungsweise maximalen Koordinatenwerten der Eckpunkte. Mit geschachtelten Aufrufen der Bibliotheksmethoden Math.min und Math.max können jeweils drei Werte verglichen werden:

```
public Point lowerLeft() {
    return new Point(Math.min(p0.x(),
                     Math.min(p1.x(), p2.x())),
                     Math.min(p0.y(),
                     Math.min(p1.y(), p2.y())));
}
```

```
public Point upperRight() {
    return new Point(Math.max(p0.x(),
                     Math.max(p1.x(), p2.x())),
                     Math.max(p0.y(),
                     Math.max(p1.y(), p2.y()))));
}
...
```

Der Test auf Gleichheit dieses Dreiecks mit einem beliebigen anderen Dreieck
gerät komplizierter als vielleicht auf den ersten Blick vermutet. Der paarweise
Vergleich der Instanzvariablen der beiden Triangle-Objekte reicht nicht aus, weil
die Eckpunkte in beliebiger Reihenfolge genannt sein können. So fallen die beiden folgenden Dreiecke zusammen und sollten als »gleich« klassifiziert werden,
obwohl die korrespondierenden Instanzvariablen unterschiedliche Werte haben:

```
new Triangle(p0, p1, p2)
new Triangle(p1, p2, p0)
```

Eine korrekte Lösung muss die drei Eckpunkte eines Dreiecks mit allen sechs
möglichen Reihenfolgen der Eckpunkte des anderen Dreiecks vergleichen.

Eine private Hilfsmethode match3Points vergleicht die drei Eckpunkte dieses
Dreiecks der Reihe nach mit drei beliebigen anderen Punkten q0, q1 und q2, die als
Parameter übergeben werden. Dazu wird die Methode isSame der Klasse Point benutzt. Mithilfe des logischen Operators && von Java erfolgt die teilweise Auswertung. Das bedeutet, dass die Aufrufe an Point.isSame der Reihe nach abgewickelt
werden, bis der erste false liefert oder schließlich alle drei true:

```
private boolean match3Points(Point q0, Point q1, Point q2,
        double within) {
    return p0.isSame(q0, within)
        && p1.isSame(q1, within)
        && p2.isSame(q2, within);
}
...
```

match3Points wird kurzerhand sechsmal nacheinander mit allen möglichen Anordnungen der Eckpunkte des anderen Dreiecks aufgerufen. Ebenso wie && wird
auch || eventuell nur teilweise ausgewertet. Sobald ein Operand true liefert, wer-
den die restlichen übersprungen:

```
public boolean isSame(Triangle t, double within) {
    return match3Points(t.p0(), t.p1(), t.p2(), within)
        || match3Points(t.p0(), t.p2(), t.p1(), within)
        || match3Points(t.p1(), t.p0(), t.p2(), within)
        || match3Points(t.p1(), t.p2(), t.p0(), within)
```

```
                || match3Points(t.p2(), t.p0(), t.p1(), within)
                || match3Points(t.p2(), t.p1(), t.p0(), within);
    }
    ...
```

Die Methode moved liefert ein neues Dreieck, dessen Eckpunkte alle durch Verschiebung aus den Eckpunkten dieses Dreiecks berechnet werden:

```
    public Triangle moved(double dx, double dy) {
        return new Triangle(p0.moved(dx, dy),
                            p1.moved(dx, dy),
                            p2.moved(dx, dy));
    }
    ...
```

Für zoomed steht keine passende Point-Methode zur Verfügung. Die Berechnung der Koordinaten der neuen Eckpunkte muss deshalb von der Methode selbst erledigt werden:

```
    public Triangle zoomed(double f) {
        return new Triangle(new Point(p0.x()*f, p0.y()*f),
                            new Point(p1.x()*f, p1.y()*f),
                            new Point(p2.x()*f, p2.y()*f));
    }
    ...
```

Streckung an einem beliebigen Zentrum lässt sich durch zwei Verschiebungen und eine Streckung am Ursprung zusammenfügen. Die überladene Methode zoomed kombiniert daher die entsprechenden Aufrufe an die vorher definierten Methoden. Jeder der anderen Methoden liefert ein neues Dreieck als Ergebnis. Dieses kann direkt als Zielobjekt des nachfolgenden Methodenaufrufs verwendet werden. Speichern in einer temporären Variablen ist nicht nötig:

```
    public Triangle zoomed(Point p, double f) {
        return moved(-p.x(), -p.y())
                .zoomed(f)
                .moved(p.x(), p.y());
    }
}
```

Die Klasse Triangle ist unveränderlich, deshalb liefern parameterlose Getter, wie zum Beispiel perimeter und area, immer das gleiche Ergebnis. Man könnte diese Ergebnisse bereits im Konstruktor berechnen und abspeichern.

Dazu wird aus `Triangle` die neue Klasse `TriangleCached` abgeleitet.
`TriangleCached` definiert zusätzliche private Instanzvariablen[6] und initialisiert sie mit den unveränderlichen Werten, die die Basisklassen-Getter liefern:

```
public class TriangleCached extends Triangle {
    private final double perimeter;
    private final double area;
    private final Point lowerLeft;
    private final Point upperRight;

    public TriangleCached(Point p0, Point p1, Point p2) {
        super(p0, p1, p2);
        perimeter = super.perimeter();
        area = super.area();
        lowerLeft = super.lowerLeft();
        upperRight = super.upperRight();
    }
    ...
```

Die Getter der Basisklasse werden redefiniert und liefern nur noch die im Konstruktor fixierten Werte zurück:

```
public double perimeter() {
    return perimeter;
}
...
```

Dieses Verfahren lässt sich weiter verfeinern, wie bei der Lösung der Aufgabe 37.1 (»Buchstabensammlungen«, Seite 237) gezeigt wird.

Der Preis für den Effizienzgewinn ist komplexerer Code. Ob die Maßnahme rentabel ist, hängt von der Anwendung der Methoden ab und kann wahrscheinlich nur in wenigen Fällen unzweifelhaft vorhergesagt werden.

---

[6]Diese Instanzvariablen erfüllen einen vergleichbaren Zweck wie sogenannte *Caches* moderner CPUs oder Massenspeicher: Eine Auswahl häufig benötigter Daten wird in Zwischenspeichern vorgehalten, um bei Anfragen schneller zur Verfügung zu stehen.

23 Intervalle

In dieser Aufgabe wird eine unveränderliche Klasse definiert, die beschränkte und abgeschlossene Intervalle ganzer Zahlen repräsentiert. Für typische Operationen mit Intervallen werden entsprechende Methoden angeboten. Das leere Intervall verlangt an einigen Stellen besondere Berücksichtigung. Des Weiteren werden »Standardmethoden«, wie toString, equals und hashCode, definiert.

Ein Intervall $[a, b]$ enthält alle ganzen Zahlen x mit $a \leq x \leq b$, falls $a \leq b$.[1] Die beiden Grenzen zählen mit zum Intervall. Für $a > b$ ist das Intervall leer und enthält keine Zahlen. Das Intervall $[a, a]$ enthält nur eine Zahl, nämlich a.

Definieren Sie eine Klasse Interval mit den folgenden Methoden:

Interval(int a, int b)
> Erzeugt ein neues Intervall mit den beiden Grenzen a und b. Für $b < a$ ist das Intervall leer.

Interval()
> Erzeugt ein neues, leeres Intervall.

boolean isEmpty()
> Stellt fest, ob dieses Intervall leer ist (true) oder nicht (false).

int lowerBound()
> Gibt Auskunft über die Untergrenze des Intervalls. Bei einem leeren Intervall ist das Ergebnis undefiniert.

int upperBound()
> Entsprechend zu lowerBound.

String toString()
> Liefert eine Textdarstellung dieses Intervalls in der Form $[a,b]$. Das leere Intervall wird als [] dargestellt.

boolean equals(Object x)
> Liefert true, wenn x das gleiche Intervall wie dieses Intervall ist, andernfalls false.

int hashCode()
> Liefert einen Hashcode dieses Intervalls.

---

[1]Um Probleme mit Rundungsfehlern der double-Arithmetik zu vermeiden, werden hier nur Intervalle mit ganzzahligen Grenzen betrachtet.

```
boolean contains(int i)
```
> Gibt Auskunft, ob die Zahl i in diesem Intervall enthalten ist (true) oder nicht (false).

```
boolean contains(Interval i)
```
> Gibt Auskunft, ob alle Zahlen von i auch in diesem Intervall enthalten sind (true) oder nicht (false). Das leere Intervall ist in jedem anderen enthalten, auch in einem leeren Intervall. Im leeren Intervall ist dagegen kein nichtleeres enthalten.

```
boolean disjoint(Interval i)
```
> Liefert genau dann true, wenn es keine Zahl gibt, die sowohl in diesem Intervall wie auch in i enthalten ist. Bei einem leeren Intervall ist das immer der Fall.

```
Interval hull(Interval i)
```
> Liefert die »Hülle« um dieses Intervall und das Intervall i. Die Hülle ist ein neues Intervall mit allen Zahlen zwischen der kleineren der beiden Untergrenzen und der größeren der beiden Obergrenzen. Die Hülle eines beliebigen Intervalls mit einem leeren Intervall ist wieder das gleiche Intervall. Das gilt auch für zwei leere Intervalle.

```
Interval intersection(Interval i)
```
> Liefert ein neues Intervall mit allen Zahlen, die in beiden Intervallen enthalten sind. Der Durchschnitt ist leer, wenn es keine gemeinsamen Zahlen gibt.

Die folgende Skizze zeigt die Intervalle $a = [2, 5]$, $b = [4, 6]$ und $c = [6, 9]$. Ein weiteres leeres Intervall $d = []$ ist nicht dargestellt.

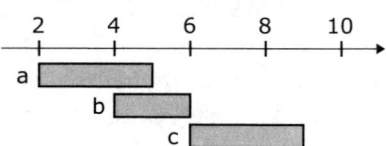

Mithilfe der Intervallklasse lassen sich einige Operationen ausführen, wie zum Beispiel:

```
Interval a = new Interval(2, 5);
Interval b = new Interval(4, 6);
Interval c = new Interval(6, 9);
Interval d = new Interval();
System.out.println(a.contains(d));              // true
System.out.println(d.contains(a));              // false
System.out.println(d.contains(d));              // true
System.out.println(a.hull(c).contains(b));      // true
System.out.println(a.intersection(c).isEmpty()); // true
System.out.println(a.intersection(b).contains(b)); // false
```

Lösung

Diese Klasse lässt sich direkt implementieren. Es liegt nahe, Instanzvariablen für die Intervallgrenzen zu definieren, die im Konstruktor initialisiert werden.

Die Repräsentation des leeren Intervalls liegt nicht ganz so direkt auf der Hand. Der Fluchtwert null für das leere Intervall scheidet aus, denn null ist überhaupt kein Objekt. Das leere Intervall existiert dagegen sehr wohl und kann bei Methodenaufrufen als Zielobjekt auftreten. Man könnte die Regelung treffen, dass Intervalle $[a, b]$ mit $b < a$ als leere Intervalle interpretiert werden. Obwohl das technisch funktioniert, ist es doch kein guter Entwurf: Den Instanzvariablen für die Intervallgrenzen würde eine zusätzliche Bedeutung unterlegt, die mit ihrer eigentlichen Rolle nichts zu tun hat und voraussichtlich einiger Kommentare bedarf[2], um einem Leser diese Auslegung deutlich zu machen. Klarer ist die Definition einer getrennten boolean-Instanzvariablen isEmpty, deren Wert ein Intervall als leer (true) oder nichtleer (false) ausweist. Im Fall isEmpty == true sind die Werte der Intervallgrenzen bedeutungslos und werden ignoriert.

Daraus ergibt sich folgender Ansatz der Klassendefinition. Ein zusätzlicher, privater Konstruktor mit Parametern für alle drei Instanzvariablen erlaubt die Konstruktion beliebiger Interval-Objekte in nachfolgenden Methoden:

```java
public class Interval {
    private final int lowerBound;
    private final int upperBound;
    private final boolean isEmpty;

    public Interval(int l, int u) {
        this(l, u, u < l);
    }

    public Interval() {
        this(0, 0, true);
    }

    public Interval(Interval i) {
        this(i.lowerBound(), i.upperBound(), i.isEmpty());
    }

    private Interval(int l, int u, boolean e) {
        lowerBound = l;
        upperBound = u;
        isEmpty = e;
    }
}
```

---

[2]Allein dieser Umstand weist darauf hin, dass der Code vielleicht verbessert werden könnte.

Die Getter lowerBound(), upperBound() und isEmpty() reduzieren sich auf die Rückgabe der entsprechenden Instanzvariablen. Auch toString ist recht einfach:

```
public String toString() {
    if(isEmpty())
        return "[]";
    return String.format("[%d,%d]", lowerBound(), upperBound());
}
```

Die Definition von equals folgt dem Schema von Anhang D (Seite 383):

```
public boolean equals(Object x) {
    if(x == null)
        return false;
    if(x.getClass() != getClass())
        return false;
    Interval i = (Interval)x;
    if(isEmpty())
        return i.isEmpty();
    if(lowerBound() != i.lowerBound())
        return false;
    if(upperBound() != i.upperBound())
        return false;
    return true;
}
```

Zusammen mit equals muss auch hashCode redefiniert werden (siehe Anhang D, Seite 384):

```
public int hashCode() {
    if(isEmpty())
        return 0;
    int hash = 17;
    hash = 47*hash + lowerBound;
    hash = 47*hash + upperBound;
    return hash;
}
```

Die beiden contains-Methoden testen, ob die als Parameter übergebenen Werte in diesem Intervall liegen. Dabei ist jeweils der Sonderfall des leeren Intervalls zu berücksichtigen:

```
public boolean contains(int i) {
    if(isEmpty())
        return false;
    return i >= lowerBound()  &&  i <= upperBound();
}
```

```
public boolean contains(Interval i) {
    if(i.isEmpty())
        return true;
    if(isEmpty())
        return false;
    return contains(i.lowerBound()) && contains(i.upperBound());
}
```

Durch Vergleich der Grenzen lassen sich disjunkte Intervalle erkennen. Nachdem ein leeres Intervall keine Zahlen enthält, ist es disjunkt zu jedem anderen Intervall.

```
public boolean disjoint(Interval i) {
    return isEmpty()
        || i.isEmpty()
        || (lowerBound() > i.upperBound())
        || (upperBound() < i.lowerBound());
}
```

Die Methode hull behandelt zunächst leere Intervalle. Wegen der Wertesemantik dieser Klasse ist es nicht nötig, in diesen beiden Fällen unveränderte Kopien von Objekten zu erzeugen. Der Aufrufer könnte weder das Original noch die Kopie in irgendeiner Weise verändern, sodass beide vollkommen gleichwertig sind.[3] Ansonsten wird aus den Intervallgrenzen ein neues Intervall berechnet.

```
public Interval hull(Interval i) {
    if(isEmpty())
        return i;
    if(i.isEmpty())
        return this;
    return new Interval(Math.min(lowerBound(), i.lowerBound()),
                        Math.max(upperBound(), i.upperBound()));
}
```

Zur Berechnung des Durchschnitts wird zuerst überprüft, ob ein beteiligtes Intervall leer ist. In diesem Fall ist das Ergebnis ebenfalls ein leeres Intervall. Andernfalls werden erneut min und max verwendet. Die eingangs getroffene Regelung (der Konstruktor erzeugt ein leeres Intervall, falls *Obergrenze* < *Untergrenze*) erübrigt weitere Tests:

---

[3]Lediglich der Wert der Referenz selbst, das heißt die Identität der Objekte, wäre unterscheidbar. Für Anwendungen ist das aber irrelevant, denn sie sind am *Inhalt* der Objekte interessiert, nicht an ihrer Lage im Speicher.

```java
public Interval intersection(Interval i) {
    if(isEmpty())
        return this;
    if(i.isEmpty())
        return i;
    return new Interval(Math.max(lowerBound(), i.lowerBound()),
                        Math.min(upperBound(), i.upperBound()));
}
```

24 Uhrzeit

Diese Aufgabe, eine Zeitangabe zu definieren, lässt sich leichter lösen, wenn die nach außen präsentierten Attribute der Objekte (Stunde, Minuten und Sekunden) intern nicht direkt auf Instanzvariablen abgebildet werden. Besonders die Arithmetik mit Zeitenangaben fällt wesentlich einfacher aus, wenn nur mit absoluten Sekundenzahlen gearbeitet wird.

Die Klasse ist veränderlich, deshalb ist zum Beispiel ein Kopierkonstruktor sinnvoll.

Eine Zeitangabe besteht aus Stunden (0-23), Minuten (0-59) und Sekunden (0-59). Definieren Sie eine Klasse Clocktime, die eine Zeitangabe mit diesen Komponenten repräsentiert. Die Klasse bietet die folgenden Methoden an:

Clocktime()
> Der Defaultkonstruktor initialisiert die Zeit mit 00:00:00.

Clocktime(int h)

Clocktime(int h, int m)

Clocktime(int h, int m, int s)
> Die Custom-Konstruktoren mit ein, zwei und drei int-Parametern geben jeweils Stunden, Stunden und Minuten sowie alle drei Elemente vor. Die Wertebereiche der Parameter sind nicht eingeschränkt. Sie können beliebig groß und auch negativ sein. Das heißt, dass Sekunden in Minuten und Minuten in Stunden überlaufen können und dass nach 23:59:59 wieder 00:00:00 folgt.

Clocktime(Clocktime ct)
> Der Kopierkonstruktor initialisiert das neue Objekt mit der gleichen Zeit wie ct.

public String toString()
> Produziert eine lesbare Darstellung in der Form *hh:mm:ss*.

public boolean equals(Object x)
> Akzeptiert als Argument ein anderes Clocktime-Objekt und stellt fest, ob beide Zeiten gleich sind (Ergebnis true) oder nicht (Ergebnis false).

public int hashCode()
> Bestimmt einen Hashcode für dieses Objekt.

```
Clocktime add(int s)
```
> Akzeptiert eine Anzahl Sekunden s und addiert sie zur Zeit. Zeiten laufen von 23:59:59 nach 00:00:00 über. Die Sekundenzahl kann auch negativ sein; in diesem Fall wird der Sekundenbetrag subtrahiert. Die Methode liefert das eigene Objekt zurück.

```
int diff(Clocktime ct)
```
> Akzeptiert ein anderes Clocktime-Objekt ct als Argument und liefert den Zeitunterschied zwischen dem Zielobjekt und ct zurück. Der Zeitunterschied wird in Sekunden gemessen und ist immer positiv. Zwei Beispiele:

> - Der Zeitunterschied zwischen 00:00:00 und 00:00:01 ist 1 Sekunde.
> - Der Zeitunterschied zwischen 00:00:01 und 00:00:00 ist 86399 Sekunden (1 Tag abzüglich einer Sekunde).

```
int seconds()
```
> Liefert die Anzahl Sekunden (0-59).

```
int minutes()
```
> Liefert die Anzahl Minuten (0-59).

```
int hours()
```
> Liefert die Anzahl Stunden (0-23).

Das folgende Beispielprogramm zeigt die Arbeitsweise:

```
Clocktime c1 = new Clocktime().add(5);          // 00:00:05
System.out.println(c1);
Clocktime c2 = new Clocktime(1, 72, -101).add(-8000);  // 23:56:59
System.out.println(c2);
System.out.println(c1.diff(c2));                // 86214
System.out.println(c2.diff(c1));                // 186
```

Lösung

Auf den ersten Blick wäre man vielleicht versucht, die Komponenten einer Zeitangabe (Stunden, Minuten, Sekunden) in entsprechenden Instanzvariablen abzuspeichern. Obwohl das technisch möglich wäre, geraten dadurch die Methoden add und diff recht umständlich. Einfacher fallen diese Methoden aus, wenn in den Objekten nur eine *absolute Sekundenzahl* gespeichert wird.

Gemäß der Aufgabenstellung müssen die Argumente der Konstruktoren nicht im »normalisierten« Bereich liegen, wie zum Beispiel (0, 23) für Stunden und (0, 59) für Sekunden. Die Getter liefern dagegen Zeitkomponenten nur im normalisierten Bereich zurück. Es bleibt der Implementierung überlassen, diese Diskrepanz auszugleichen. Grundsätzlich bieten sich zwei Vorgehensweisen an:

1. Die Argumente werden in den Konstruktoren »normalisiert«; die Werte in den Instanzvariablen liegen immer im normalisierten Bereich.
2. Die Argumente der Konstruktoren werden unmodifiziert in den Objekten verstaut und erst dann normalisiert, wenn sie abgerufen werden.

Beides hat Vorteile. Im ersten Fall können scharfe Bedingungen formuliert werden, die unzulässige Objektzustände leicht erkennbar machen. Im zweiten Fall wird möglicherweise unnötige Rechenarbeit vermieden, zum Beispiel, wenn einzelne Informationen nicht abgerufen werden.

In dieser Lösung soll der erste Weg verfolgt werden: Die Stunden, Minuten und Sekunden werden in den Konstruktoren sofort in eine absolute Sekundenzahl umgerechnet, die im Bereich 0-86399 liegt (ein Tag hat 86400 Sekunden). Diese Normalisierung fällt in jedem Konstruktor an, abgesehen vom Defaultkonstruktor. Es ist zweckmäßig, die jedes Mal ähnliche Arbeit in einem einzigen Konstruktor zu verrichten, mit dem die anderen Konstruktoren verkettet werden.

Der Ansatz der Klassendefinition ergibt sich damit etwa folgendermaßen:

```
public class Clocktime {
    private final int totalSeconds;

    private final static int SECONDS_A_DAY = 60*60*24;

    public Clocktime() {this(0, 0, 0);}

    public Clocktime(int h) {this(h, 0, 0);}

    public Clocktime(int h, int m) {this(h, m, 0);}

    public Clocktime(int h, int m, int s) {
        int t = 60*(60*h + m) + s;
        t %= SECONDS_A_DAY;
        if(t < 0)
            t += SECONDS_A_DAY;
        totalSeconds = t;
    }
    ...
```

Es wäre naheliegend, im Kopierkonstruktor die Instanzvariable totalSeconds des Parameterobjektes in die entsprechende eigene Instanzvariable zu kopieren. Der Zugriff auf Instanzvariablen anderer Objekte sollte allerdings im Sinne einer wirksamen Datenkapselung vermieden werden. Stattdessen kann ein privater Getter definiert werden, der den gleichen Zweck erfüllt:

```
    private int totalSeconds() {
        return totalSeconds;
    }
```

```
public Clocktime(Clocktime ct) {
    totalSeconds = ct.totalSeconds();
}
...
```

Die Darstellung in Textform lässt sich am leichtesten mit einem formatierten String erzeugen, der mit den eigenen Gettern bestückt wird:

```
public String toString() {
    return String.format("%02d:%02d:%02d",
        hours(), minutes(), seconds());
}
...
```

Zwei Zeitangaben lassen sich leicht über die absoluten Sekundenzahlen vergleichen (siehe auch Anhang D, Seite 383). Als Hashcode einer Zeitangabe kann die absolute Sekundenzahl verwendet werden:

```
public boolean equals(Object x) {
    if(x == null)
        return false;
    if(x.getClass() != getClass())
        return false;
    Clocktime c = (Clocktime)x;
    return c.totalSeconds() == totalSeconds;
}

public int hashCode() {
    return totalSeconds;
}
...
```

Bei der Addition einer Sekundenzahl auf die absolute Sekundenzahl kann die Instanzvariable den zulässigen Bereich verlassen und muss wieder normalisiert werden. Das war schon einmal im Zusammenhang mit den Konstruktoren nötig. Diese Funktionalität kann in eine private Hilfsmethode ausgelagert werden, die zudem keinen Bezug zum Objekt braucht und deshalb statisch definiert werden kann. Der Konstruktor wird entsprechend angepasst. Des Weiteren muss der Modifier final der Instanzvariablen totalSeconds aufgegeben werden.

```
private static int normalizeTotalSeconds(int t) {
    t %= SECONDS_A_DAY;
    if(t < 0)
        t += SECONDS_A_DAY;
    return t;
}
```

```
public Clocktime(int h, int m, int s) {
    totalSeconds = normalizeTotalSeconds(60*(60*h + m) + s);
}

public Clocktime add(int s) {
    totalSeconds = normalizeTotalSeconds(totalSeconds + s);
    return this;
}
...
```

Die Unterschied zwischen zwei Zeitangaben ergibt sich aus der Differenz der absoluten Sekundenbeträge. Die Forderung nach einem immer positiven Ergebnis kann durch Inkrement einer negativen Differenz um die Anzahl Sekunden eines Tages erfüllt werden:

```
public int diff(Clocktime ct) {
    int d = ct.totalSeconds() - totalSeconds;
    return d < 0?  d + SECONDS_A_DAY:  d;
}
...
```

Die drei Getter für Stunden, Minuten und Sekunden werden durch ganzzahlige Arithmetik implementiert:

```
public int seconds() {
    return totalSeconds%60;
}

public int minutes() {
    return totalSeconds/60%60;
}

public int hours() {
    return totalSeconds/60/60;
}
}
```

Damit ist die Klassendefinition abgeschlossen.

25 Große Ganzzahlen

In dieser Aufgabe werden ganze Zahlen in ihrer Zifferndarstellung repräsentiert. Dazu ist der Umgang mit Strings und Textzeichen notwendig. Zwei Operationen, Vergleich und Addition, werden durch Verarbeitung der einzelnen Dezimalziffern implementiert.

Eine einfache Anwendung der Klasse liefert Ergebnisse, die mit den primitiven ganzzahligen Typen von Java nicht zu erzielen wären.

Entwickeln Sie eine Klasse `BigInt`, die ganze Zahlen ≥ 0 repräsentiert.[1] Negative Zahlen werden zur Vereinfachung nicht berücksichtigt. Die Klasse ist nicht durch den Wertebereich primitiver Typen begrenzt, sondern speichert einen String mit den Dezimalziffern einer Zahl.

Definieren Sie die folgenden Methoden:

`BigInt(String d)`
> Erzeugt eine Zahl, deren Dezimaldarstellung in `d` gegeben ist. `d` besteht ausschließlich aus Dezimalziffern.

`BigInt(int i)`
> Erzeugt eine Zahl mit dem Wert von `i`.

`String toString()`
> Gibt die Zahl zurück.

`boolean less(BigInt b)`
> Liefert `true`, wenn diese Zahl echt kleiner als `b` ist.

`BigInt add(BigInt b)`
> Liefert eine neue Zahl mit der Summe dieser Zahl und `b`.

Die Reihe der »Fibonacci-Zahlen« ist folgendermaßen definiert:

$$f_0 = 1$$
$$f_1 = 1$$
$$f_n = f_{n-1} + f_{n-2} \text{ für } n \geq 2$$

Die Folge beginnt mit den Werten $1, 1, 2, 3, 5, 8, 13, \ldots$. Zum Beispiel ist $f_{10} = 89$. f_{46} liegt außerhalb des `int`-Wertebereichs, f_{92} außerhalb des `long`-Wertebereichs.

---

[1]In der Java-Bibliothek ist die Klasse `java.math.BigInteger` definiert, die denselben Zweck hat. Diese Bibliotheksklasse soll hier nicht benutzt werden.

Schreiben Sie ein Programm, das f_{10000} berechnet. Ihr Programm arbeitet ausschließlich mit BigInts und benutzt keine primitiven Typen.

Lösung

Man kann die Textdarstellung einer Zahl direkt in einer String-Instanzvariablen der Klasse BigInt speichern. Die höchstwertige Ziffer der Zahl steht links im String, die niederwertigste rechts, wie im folgenden Beispiel (H = Hunderter, Z = Zehner, E = Einer):

```
HZE
```

Der String-Konstruktor speichert nur den übergebenen String in der Instanzvariablen digits:

```
public class BigInt {
    private final String digits;

    public BigInt(String s) {
        digits = s;
    }
    ...
```

Etwas aufwendiger ist der int-Konstruktor. Der Parameter wird wieder mit ganzzahliger Arithmetik zerlegt, wie in Aufgabe 15.3 (»Quersumme«, Seite 61). Die Ziffernwerte fallen der Reihe nach vom niederwertigsten bis zum höchstwertigen an und müssen jeweils links an den Teilstring angefügt werden. Ein Sonderfall ist die null: Dabei würde ein leerer String entstehen, der explizit durch die Darstellung 0 ersetzt wird:

```
public BigInt(int n) {
    if(n == 0)
        digits = "0";
    else {
        String tmp = "";
        while(n > 0) {
            tmp = n % 10 + tmp;
            n /= 10;
        }
        digits = tmp;
    }
}
...
```

Unter der Annahme, dass beide Strings gleich lang sind, also gleich viele Ziffern enthalten, ist der Vergleich von zwei BigInts mit less einfach: In fallender Wertigkeit werden die Ziffern paarweise verglichen bis zum ersten Unterschied. Sollten alle Ziffern gleich sein, so ist das Ergebnis false.

Bleibt das Problem, dass die Strings unterschiedlich lang sein können. Die Stringlänge alleine sagt wenig aus, weil auch führende Nullen erlaubt sind. Einfacher wird die wahre Stringlänge hinter einem privaten Getter versteckt, der den Wert einer Ziffer an einer beliebigen Position liefert. Der Parameter ist dabei der Zehnerexponent der gewünschten Ziffer, wie zum Beispiel 2 für die Hunderterziffer. Wenn eine Ziffer verlangt wird, die jenseits des tatsächlich gespeicherten Strings liegt, ist das Ergebnis 0; andernfalls wird der Wert der entsprechenden Ziffer im String bestimmt[2]:

```
private int digit(int p) {
    if(p >= digits.length())
        return 0;
    return digits.charAt(digits.length() - p - 1) - '0';
}
...
```

Mit dieser Hilfsmethode kann der Vergleich einfacher implementiert werden: Als Startpunkt wird die höchstwertige Ziffer der beiden beteiligten BigInts verwendet. Der Rest läuft ab, wie oben skizziert:

```
public boolean less(BigInt b) {
    int p = Math.max(digits.length(), b.toString().length()) - 1;
    while(p >= 0)
        if(digit(p) > b.digit(p))
            return false;
        else if(digit(p) < b.digit(p))
            return true;
        else
            p--;
    return false;
}
...
```

Ähnlich geht die Addition vor: In der Variablen max wird die Länge der größeren Zahl festgehalten. Dann werden in der Reihenfolge steigender Wertigkeit die Ziffernwerte der beteiligten Strings paarweise addiert und an den Ergebnisstring tmp angefügt. Dabei ist Übertrag zu berücksichtigen, der in der Variablen carry gespeichert wird. Wenn am Ende der Additionsschleife noch ein Übertrag bleibt, wird dieser ebenfalls einbezogen.

---

[2]Die Subtraktion von '0' wird mit den Zeichencodes ausgeführt und liefert den Zahlenwert des Ziffernzeichens, also zum Beispiel 4 für das Textzeichen '4'.

```
    public BigInt add(BigInt b) {
        int max = Math.max(digits.length(), b.toString().length());
        String tmp = "";
        int p = 0;
        int carry = 0;
        while(p < max) {
            int n = digit(p) + b.digit(p) + carry;
            tmp = n % 10 + tmp;
            carry = n / 10;
            p++;
        }
        if(carry > 0)
            tmp = carry + tmp;
        return new BigInt(tmp);
    }
}
```

Das folgende Programm berechnet die n-te Fibonacci-Zahl in einer Schleife:

```
int n = 10;                  // Index der gesuchten Fibonacci-Zahl
int last = 1;                // letzte Fibonacci-Zahl startet mit 1
int butlast = 1;             // vorletzte Fibonacci-Zahl
int i = 1;                   // Index der letzten Fibonacci-Zahl
while(i < n) {
    int tmp = last + butlast;  // parallele Wertzuweisungen
    butlast = last;            //   last = last + butlast
    last = tmp;                //   butlast = last
    i = i + 1;
}
System.out.println(last);
```

Dieses Programm berechnet korrekt $f_{10} = 89$.

Konsequente Umstellung auf BigInt ergibt folgendes Programm:

```
BigInt n = new BigInt(10000);
BigInt one = new BigInt(1);
BigInt last = one;
BigInt butlast = one;
BigInt i = one;
while(i.less(n)) {
    BigInt tmp = last.add(butlast);
    butlast = last;
    last = tmp;
    i = i.add(one);
}
System.out.println(last);
```

Dieses liefert nach ein paar Sekunden (alle Ziffern in einer Zeile):[3]
$$f_{10000} =$$

```
544383731135652813387342609937503801353891845546959670262477158412085
828656223490170830515479389605411738226759780263173843595847511162414
391747026429591699255863341179060630480809793531476108466259072759367 8
991506779600883065979666419658249377218003814411588410424809979846964
873753371800281637633177819279411013692627509795098007135967180238147
106699126442147752544785876745689638080029622651331113599297627266794
414001015758000435107774659358053625024617079180592264146790056907523
218958681423678495938807564234837543863426396359707337562600989624626
687461120417398194048750624437098686543156268471861956201461266422327
118150403670188252053148458758171935335298278378003519025292395178366
894676619179538847124410284639354494846144507787625295209618875972728
892207685373964758695431591724345371936112637439263373130058961672480
517379863063681150030883967495871026195246313524474995052041983051871
683216232838598794627245919771454628218399695789223798912199431775469 7
052161310810965599506382972612538482420078971090547540284381496119304
650618661701229832889643527337507927860694447618535251444210779280459
799045612981294238091560550330323389196091622366987599227829231918966
880177185755555209946533201284465023711537151417492909131048972034555
775071966454252328620220195060914835852238827110167084330511699421157
751512555102516559318881640483441295570388254775211115773957801158683
970726025656148249564605387002803313118614853998053970315557275296933
995860798503815814462764338588285295358034248508454264464716815310015
331804795674363968156533261525095711274804119281960221488491482843891
241785201745073055389287178579235094177433833315068982393544219888054
293324403711948672155435765485654991345192710989198026651845649278278
272129576494240235507595558205647569365394873317659000206373126570643 5
097094826497100387335174777134033190281055756679317894700241188030946
040343629534719974613922747915497303564126330742308240519999961015497
846673404583268529603883011207656292459981362516523470939630497340464
451063653041636308236692422577614682884617918432247934344060799178833
6067684671118559750 1
```

---

[3] Je nach Ausstattung des Systems schwankt die Laufzeit.

26 Polynom

In dieser Aufgabe werden Polynome

$p(x) = a_0 + a_1x + a_2x^2 + \cdots + a_nx^n = \sum_{i=0}^{n} a_ix^i$

mit reellen Koeffizienten a_i modelliert und als Klasse implementiert. Sie werden sowohl als algebraische Strukturen (Addition, Multiplikation etc.) als auch als reelle Funktionen betrachtet.

Polynome dürfen einen beliebigen Grad n haben. Zwei Polynome können addiert, subtrahiert und multipliziert werden. Ein Polynom kann außerdem mit einer reellen Zahl multipliziert werden. Addition, Subtraktion und Multiplikation mit einer Zahl erfolgen koeffizientenweise:

$$(\sum_{i=0}^{n} a_ix^i) \pm (\sum_{i=0}^{m} b_ix^i) = \sum_{i=0}^{\max\{n,m\}} (a_i \pm b_i)x^i,$$

wobei $a_i = 0$ für $i > n$.[1]

$$d \cdot (\sum_{i=0}^{n} a_ix^i) = \sum_{i=0}^{n} (d \cdot a_i)x^i$$

Das Produkt zweier Polynome wird folgendermaßen berechnet:

$$(\sum_{i=0}^{n} a_ix^i) \cdot (\sum_{i=0}^{m} b_ix^i) = \sum_{i=0}^{n+m} \sum_{k=0}^{i} (a_kb_{i-k})x^i,$$

wobei $a_i = 0$ für $i > n$ und $b_j = 0$ für $j > m$.

Das neutrale Element bezüglich Addition und Subtraktion ist das sogenannte »Nullpolynom« ZERO. Entsprechend gibt es ein neutrales Element bezüglich der Multiplikation, das »Einspolynom« ONE.

26.1 Polynomklasse

Schreiben Sie eine unveränderliche Klasse Polynomial, die ein Polynom

$$p(x) = a_0 + a_1x + a_2x^2 + \cdots + a_nx^n = \sum_{i=0}^{n} a_ix^i$$

mit reellen Koeffizienten a_i repräsentiert.

---

[1]Beachten Sie, dass sich der Grad bei Addition und Subtraktion verkleinern kann.

Stellen Sie einen Konstruktor, eine Auskunftsmethode `degree` für den Grad (höchste Potenz mit von null verschiedenem Koeffizienten), die arithmetischen Operationen `add`, `sub`, `mult` und die booleschen Methoden `isNull` und `isOne` bereit. `mult` ist überladen für die Multiplikation mit einem Skalar und mit einem anderen Polynom. Redefinieren Sie die `equals`-Methode und die `hashCode`-Methode. Die `toString`-Methode soll eine lesbare Darstellung liefern.

Polynome p können auch als Funktionen aufgefasst werden. Definieren Sie eine Methode `value`, die den Wert $y = p(x)$ an der Stelle x mithilfe des *Horner-Schema*s berechnet:

$$p(x) = a_0 + x \cdot (a_1 + x \cdot (a_2 + \cdots + x \cdot (a_{n-1} + x \cdot a_n) \cdots))$$

Das folgende Programmfragment definiert die beiden Polynome

$$p(x) = 3x^2 - x + 2 \text{ und}$$
$$q(x) = -x^3 + 5x$$

und führt einige Operationen mit p und q aus:

```
Polynomial p = new Polynomial(2, -1, 3);
Polynomial q = new Polynomial(0, 5, 0, -1, 0);
System.out.println(q.degree());          // 3
System.out.println(p.add(q));            // -1.0x^3 +3.0x^2 +4.0x^1 +2.0
// -3.0x^5 +1.0x^4 +13.0x^3 -5.0x^2 +10.0x^1 +0.0
System.out.println(p.mult(q));
System.out.println(p.sub(p).isZero());   // true
System.out.println(p.value(2));          // 12.0
```

Lösung

Die Koeffizienten eines Polynoms vom Grad n werden in einem Array `a`

```
public class Polynomial {
    private final double[] a;
    ...
```

mit $n + 1$ Elementen gespeichert. Das erste Element im Array ist der Koeffizient des absoluten Gliedes, das letzte Element der Koeffizient des höchsten Gliedes. Ein leeres Array (mit null Elementen) repräsentiert das Nullpolynom `ZERO`.

Der Konstruktor verwendet einen *Vararg*-Parameter für die Liste der Koeffizienten. Das erste Argument ist der Koeffizient des absoluten Gliedes, das nächste Argument der Koeffizient des linearen Gliedes und so weiter. Führende Nullkoeffizienten sollen nicht gespeichert werden, deshalb kann das als Parameter übergebene Array nicht einfach unbesehen an `a` zugewiesen werden. Stattdessen wird

mit der unten definierten Hilfsmethode length der Index des letzten von null verschiedenen Elementes in c bestimmt. Nur diese Anzahl Elemente wird in ein möglicherweise kürzeres Array übertragen und der Instanzvariablen a zugewiesen.

```
public Polynomial(double... c) {
    a = Arrays.copyOf(c, length(c));
}
...
```

length durchläuft ein Array von hinten nach vorne und stoppt beim ersten Element, das nicht null ist. Dabei werden Werte, die betragsmäßig unter einer
Schranke $\varepsilon = 10^{-12}$ liegen, als null interpetiert, um Rundungsfehler zu kom-
pensieren. Wenn das Array nur 0-Elemente enthält, wird als Ergebnis 0 geliefert.

```
public static final double EPS = 1E-12;        // Rechengenauigkeit

private static int length(double[] a) {
    int d = a.length - 1;
    while (d >= 0 && Math.abs(a[d]) < EPS)
        d--;
    return d + 1;
}
...
```

Die Polynome ZERO und ONE werden an entsprechende unveränderliche Klassenvariablen zugewiesen.

```
public static final Polynomial ZERO = new Polynomial();
public static final Polynomial ONE = new Polynomial(1);
...
```

Die Auskunftsmethode degree prüft die Länge des Arrays a. Dabei ist der Sonderfall des Nullpolynoms zu berücksichtigen, dessen Grad 0 ist:

```
public int degree() {
    return Math.max(0, a.length - 1);
}
...
```

Die Methode equals folgt dem Schema, das in Anhang D (Seite 383) erklärt
ist. Die Koeffizienten werden paarweise mit der statischen Bibliotheksmethode
Arrays.equals verglichen:[2]

---

[2]Besser sollte auch hier überprüft werden, ob die Differenz korrespondierender Koeffizienten kleiner als ε ist.

```
public boolean equals(Object x) {
    if(x == null)
        return false;
    if(getClass() != x.getClass())
        return false;
    Polynomial p = (Polynomial)x;
    return Arrays.equals(a, p.a);
}
...
```

Die beiden Prädikate isZero und isOne stützen sich auf equals:

```
public boolean isZero() {
    return equals(ZERO);
}

public boolean isOne() {
    return equals(ONE);
}
...
```

Der hashCode eines Polynoms ist der hashCode seiner Koeffizienten, der wiederum am einfachsten mit einer statischen Bibliotheksmethode berechnet werden kann:

```
public int hashCode() {
    return Arrays.hashCode(a);
}
...
```

Da Polynomial eine unveränderliche Klasse ist, müssen die arithmetischen Methoden add, sub und mult neue Polynome zurückgeben. Falls das Ergebnis 0 ist, kann das statische Element ZERO verwendet werden.

Einfach lässt sich die Multiplikation mit einer Zahl implementieren:

```
public Polynomial mult(double r) {
    if(isZero() || r == 0)
        return ZERO;
    double[] b = new double[degree() + 1];
    for(int i = 0; i <= degree(); i++)
        b[i] = a[i]*r;
    return new Polynomial(b);
}
...
```

Das Produkt zweier Polynome ist das Nullpolynom, wenn einer der Faktoren das Nullpolynom ist:

```
public Polynomial mult(Polynomial p) {
    if(isZero()  ||  p.isZero())
        return ZERO;
    ...
```

Ist einer der Faktoren 1, so wird der andere zurückgegeben. Eine Kopie muss nicht angelegt werden, da Polynome unveränderlich sind.

```
    if(isOne())
        return p;
    if(p.isOne())
        return this;
    ...
```

Bei der Multiplikation kann man sich entweder an der oben genannten Formel orientieren, oder jedes Glied $a_i x^i$ des ersten Polynoms mit jedem Glied $b_j x^j$ des zweiten multiplizieren zu $a_i b_j x^{i+j}$:

```
    double[] c = new double[degree() + p.degree() + 1];
    for(int i = 0;  i <= degree();  i++)
        for(int j = 0;  j <= p.degree();  j++)
            c[i + j] += a[i]*p.a[j];
    return new Polynomial(c);
}
...
```

Die Summe zweier Polynome kann einen kleineren Grad haben als die Summanden, z.B. in $p(x) = x+1$, $q(x) = -x+2$, $p(x)+q(x) = 3$. Die Koeffizienten-Arrays können trotzdem elementweise addiert werden, da der Grad des Summenpolynoms vom Konstruktor neu bestimmt wird.

```
public Polynomial add(Polynomial p) {
    if(isZero())
        return p;
    if(p.isZero())
        return this;
    double[] c = new double[Math.max(degree(), p.degree()) + 1];
    for(int i=0;  i < c.length;  i++)
        c[i] = get(i) + p.get(i);
    return new Polynomial(c);
}
...
```

Um Array-Indexgrenzen nicht zu überschreiten, erfolgt der Zugriff auf die Koeffizienten der Polynome dabei über folgende Methode:

```
public double get(int i) {
    if(i < 0)
        throw new IndexOutOfBoundsException();
    return isZero() || i > degree() ? 0 : a[i];
}
...
```

Diese gibt für das Nullpolynom und zu große Indizes i den Wert 0 zurück.

Die Subtraktion kann (etwas ineffizient) auf Addition und Skalarmultiplikation zurückgeführt werden.

```
public Polynomial sub(Polynomial p) {
    return add(p.mult(-1));
}
...
```

Die toString-Methode reiht die Glieder in fallendem Grad aneinander:

```
public String toString() {
    if(isZero())
        return "0";
    String s = String.format("%+g", a[0]);
    for(int i = 1;  i < a.length;  i++)
        s = String.format("%+gx^%d", a[i], i) + s;
    return s;
}
...
```

Um den Wert eines Polynoms an einer Stelle x zu bestimmen, wird mit dem höchsten Koeffizienten beginnend iterativ die Formel $b_{i-1} = a_i + x \cdot b_i$ angewendet.

```
public double value(double x) {
    double y = 0;
    for(int i = degree();  i >= 0;  i--)
        y = a[i] + x*y;
    return y;
}
}
```

26.2   Division von Polynomen

Die Division von Polynomen ist nicht unbeschränkt möglich. Zum Beispiel ist der Quotient der Polynome $x^2 + 1$ und x kein Polynom mehr. Allerdings können zwei Polynome mit Restpolynom $r(x)$ dividiert werden, sodass $r(x)$ das Nullpolynom oder der Grad von $r(x)$ kleiner als der Grad des Divisors ist. Zum Beispiel ergibt:

$(x^2 + 1) : x = x$ mit Rest 1.

Die Division liefert als Ergebnis zwei Polynome, den Quotienten und den Rest. Die Division von zwei Polynomen läuft ab, wie man die Division von zwei Zahlen in der Schule lernt: Man dividiert die Terme von Zähler und Nenner mit den höchsten Potenzen durcheinander und zieht vom Zähler das Produkt aus Nennerterm und Quotient ab. Der Vorgang wird wiederholt, bis die Differenz einen kleineren Grad als der Nenner hat.

Schreiben Sie eine Methode

```java
public Polynomial[] div(Polynomial p),
```

die ein Array mit dem Quotienten $q(x)$ und dem Rest $r(x)$ bei der Division durch $p(x)$ liefert.

Der euklidische Algorithmus zur Bestimmung des größten gemeinsamen Teilers zweier ganzer Zahlen kann unverändert auf reelle Polynome angewendet werden, da er nur den Divisionsrest benötigt, der für ganze Zahlen mit dem Modulo-Operator % bestimmt wird.

Schreiben Sie eine Methode

```java
public static Polynomial gcd(Polynomial g, Polynomial q),
```

zur Bestimmung des größten gemeinsamen Teilers der Polynome $g(x)$ und $q(x)$. Die Anweisung

```java
System.out.println(gcd(new Polynomial(1, 2, 1),
    new Polynomial(-1, 0, 1)));
```

liefert das Ergebnis +1.0x^1+1.0,[3] denn $1 + 2x + x^2 = (1 + x)^2$ und $-1 + x^2 = (-1 + x) \cdot (1 + x)$ und daher $\gcd(1 + 2x + x^2, -1 + x^2) = 1 + x$.

Lösung

Division durch null ist nicht erlaubt. Der Divisor wird zuerst überprüft und der Methodenaufruf gegebenenfalls abgebrochen:

```java
public Polynomial[] div(Polynomial p) {
    if(p.isZero())
        throw new ArithmeticException("division by zero");
    ...
```

Der Grad des Quotienten ist die Differenz von Zähler- und Nennergrad. Ist der Zählergrad kleiner als der Nennergrad, so ist der Quotient null und der Zähler bleibt als Rest.

---

[3]Der größte gemeinsame Teiler ist nur bis auf einen Zahlfaktor eindeutig. Deshalb ist auch +2.0x^1+2.0 ein richtiges Ergebnis.

```
        int dq = degree() - p.degree() + 1;
        if(dq <= 0)
            return new Polynomial[] {ZERO, this};
        ...
```

Um das Zählerpolynom nicht zu verändern, wird mit einer Kopie $r(x)$ gearbeitet. Zusätzlich wird ein Array für den Quotienten angelegt.

```
        double[] rest = Arrays.copyOf(a, length(a));
        double[] quotient = new double[dq];
        ...
```

Der Rest $r(x)$ wird sukzessive bestimmt: $r(x) = r(x) - q \cdot p(x)$, wobei q der Quotient aus den höchsten Koeffizienten von $r(x)$ und dem Nenner $p(x)$ ist.

```
        int dr = p.degree();
        double c = p.a[dr];      // höchster Divisorkoeffizient
        for(int i = dq - 1;  i >= 0;  i--) {
            double q = rest[dr + i]/c;
            quotient[i] = q;
            for(int j = 0;  j <= dr;  j++)
                rest[i + j] -= q*p.a[j];
        }
        return new Polynomial[]{new Polynomial(quotient), new Polynomial(rest)};
    }
```

Der euklidische Algorithmus zur Berechnung des größten gemeinsamen Teilers von zwei Polynomen wird genauso implementiert wie für ganze Zahlen:

```
    public static Polynomial gcd(Polynomial g, Polynomial q) {
        Polynomial r;
        while(!q.isZero()) {
            r = g.div(q)[1];
            g = q;
            q = r;
        }
        return g;
    }
```

27 Josephusring

In dieser Aufgabe wird aus mehreren Objekten eine ringförmige Struktur aufgebaut, in der jedes Objekt das nachfolgende Objekte der gleichen Klasse referenziert. Anschließend wird dieser Ring schrittweise abgebaut, bis er nur noch aus einem Objekt besteht. Hier ist ein sorgfältiger Umgang mit den Referenzen erforderlich.

Die Ringstruktur ist eine Abwandlung einfach verketteter Listen, die in der Informatik oft gebraucht werden und als Bibliotheksklasse im *Collection-Framework* als doppelt verkettete Listen vordefiniert sind.

Im Zuge der Lösung erweist sich eine Klassenvariable als hilfreich, um die Objekte mit eindeutigen Seriennummern zu versehen.

Der Josephusring ist eine von zahllosen verschiedenen Verpackungen, in der ein (im umgangssprachlichen Sinne) »unberechenbarer« Auswahlmechanismus auftaucht, den wohl schon jeder als Kind praktiziert hat:

> Vor langer Zeit, als die Sitten noch rau waren, wurden Josephus und eine Anzahl weiterer Gefangener zu einer schlimmen Strafe verurteilt. Nachdem aber an diesem Tag der König Geburtstag hatte, sollte einer der Verurteilten zum Ruhme des Herrschers freigesprochen werden.
>
> Um eine zufällige Auswahl zu treffen, mussten sich die Gefangenen im Kreis aufstellen. Nun wurde, beginnend mit dem ersten Gefangenen, reihum von 1 bis zu einer vorher festgelegten »fatalen Zahl« abgezählt.
>
> Wen die fatale Zahl traf, an dem wurde das Urteil sofort vollstreckt und das Abzählen mit dem nächsten Delinquenten neu begonnen.
>
> Der Letzte, der übrig blieb, wurde schließlich begnadigt.

An welcher Position im Kreis muss sich Josephus aufstellen, um begnadigt zu werden? Entwickeln Sie ein Programm Josephus, das die Gesamtzahl der Verurteilten (prisoners) und die fatale Zahl, bis zu der abgezählt wird (fatalNumber), von der Kommandozeile akzeptiert und die Gnadenposition ausgibt. Die Positionen sind, beginnend mit dem ersten Gefangenen an Position 0, in Zählrichtung bis zur Position (prisoners - 1) fortlaufend durchnummeriert.

Ein Beispiel: Es nehmen 4 Gefangene (Positionen 0-3) teil. Die fatale Zahl ist 3. Der Ablauf im Einzelnen:

Gefangener 0	Gefangener 1	Gefangener 2	Gefangener 3
»eins«	»zwei«	»DREI!«	»eins«
»zwei«	»DREI!«	-	»eins«
»zwei«	-	-	»DREI!«

Die »Gnadenposition« ist in diesem Beispiel 0:

```
$ java Josephus 4 3
0
```

Das Problem lässt sich auf verschiedenen Wegen lösen. Modellieren Sie hier die Gefangenen als Objekte einer Klasse Prisoner. Jeder Gefangene kennt seinen direkten Nachfolger, aber niemanden sonst.

Lösung

Die Lösung besteht aus zwei Teilen: Im ersten Teil wird der Ring der Gefangenen konstruiert. Im zweiten Teil wird der Ring beim Abzählen so lange abgebaut, bis nur noch ein Gefangener übrig bleibt.

Das Hauptprogramm setzt eine passend gestaltete Klasse Prisoner voraus, die einen einzelnen Gefangenen repräsentiert. Die Instanzvariable next von Prisoner weist auf den nächsten Gefangenen, das heißt, sie speichert eine Referenz auf ein Objekt des eigenen Typs. Dazu kommt eine unveränderliche Variable position mit der Position jedes Gefangenen. Die folgende Skizze zeigt einen Ring mit vier Gefangenen:

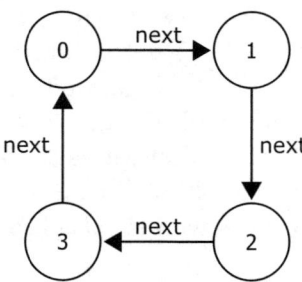

```
public class Prisoner {
    private Prisoner next;
    private final int position;
    ...
```

Im Konstruktor wird die Position festgelegt, die mit jedem neuen Objekt fortlaufend hochgezählt wird. In einer privaten Klassenvariablen wird die jeweils nächste

freie Position `nextPosition` verzeichnet, die in jedem Konstruktoraufruf inkrementiert wird, nachdem die aktuelle Position zugewiesen und damit vergeben wurde:

```
private static int nextPosition = 0;

public Prisoner() {
    position = nextPosition;
    nextPosition++;
    ...
```

Ein neuer Gefangener bildet zunächst einen »Ring« mit sich selbst als einzigem
Mitglied. Der Variablen `next` wird dazu `this` zugewiesen, das eigene Objekt:

```
    next = this;
}
...
```

Um einen neuen Gefangenen in einen Ring aufzunehmen, wird die Methode
`insertNext` definiert. Sie erhält ein anderes `Prisoner`-Objekt als Parameter und
fügt dieses *hinter* dem Zielobjekt in den Ring ein. Dazu wird der Nachfolger des
neuen Gefangenen mit dem bisher eigenen Nachfolger überschrieben. Außerdem
wird der neue Gefangene zum eigenen Nachfolger. Die Reihenfolge der Wertzuweisungen ist hier kritisch. Es erweist sich als nützlich, wenn die Methode das
Zielobjekt als Ergebnis zurückliefert:

```
public Prisoner insertNext(Prisoner p) {
    p.next = next;
    next = p;
    return this;
}
...
```

Eine weitere Methode `removeNext` entfernt den Nachfolger des Zielobjektes aus
dem Ring. `removeNext` macht den Nachfolger in »zweiter Generation« zum direkten Nachfolger. Ebenso wie `insertNext` gibt die Methode das Zielobjekt zurück:

```
public Prisoner removeNext() {
    next = next.next;
    return this;
}
...
```

Ein Getter für den Nachfolger und die Methode `toString` vervollständigen die
Klasse `Prisoner`:

```
    public Prisoner next() {
        return next;
    }

    public String toString() {
        return Integer.toString(position);
    }
}
```

Im Hauptprogramm werden zunächst die Kommandozeilenargumente ausgewertet.

```
public class Josephus {
    public static void main(String[] args) {
        int numPrisoners = Integer.parseInt(args[0]);
        int fatalNumber = Integer.parseInt(args[1]);
        ...
```

Dann wird der Ring der Gefangenen aufgebaut. Den Start macht der erste Gefangene, der einen Ring mit sich selbst bildet. In einer Schleife werden die restlichen Gefangenen nacheinander in den Ring eingefügt. Die Variable prisoner weist jeweils auf den letzten Neuzugang:

```
Prisoner prisoner = new Prisoner();
for(int n = 1;  n < numPrisoners;  n++)
    prisoner = prisoner.insertNext(new Prisoner()).next();
```

Im zweiten Teil des Programms wird der Ring abgebaut. Die Variable theNumber speichert dabei die Zahl, die der Gefangene prisoner ausspricht. Nachdem prisoner im Moment noch den zuletzt eingefügten Gefangenen referenziert, dessen Nachfolger, der erste Gefangene, mit der »1« beginnen muss, wird theNumber mit 0 initialisiert.

```
int theNumber = 0;
...
```

Der Ring wird so lange umlaufen, bis er nur noch aus einem einzigen Gefangenen besteht. Das wird mit dem Test überprüft, ob der aktuelle Gefangene identisch mit seinem Nachfolger ist:

```
while(prisoner.next() != prisoner) {
    ...
```

Mit der oben konstruierten Klasse Prisoner kann der jeweils *nächste* Gefangene mühelos aus dem Ring entfernt werden, aber nur viel umständlicher der *aktuelle* Gefangene. Deshalb wird in jedem Schritt geprüft, ob der nächste Gefangene die fatale Zahl nennen wird. Das trifft dann zu, wenn prisoner die Zahl

fatalNumber - 1 ausspricht. In diesem Fall wird das Urteil am nächsten Gefangenen vollstreckt und das Objekt aus dem Ring entfernt. Eine Ausgabeanweisung
protokolliert das. Das Abzählen beginnt mit dem neuen Nachfolger von vorne.
Deshalb wird theNumber auf 0 zurückgesetzt:

```
if(theNumber == fatalNumber - 1) {
    System.out.printf("%s: \"%d\"!%n",
        prisoner.next(), fatalNumber);
    prisoner = prisoner.removeNext();
    theNumber = 0;
}
...
```

Andernfalls wird die Schleife mit dem nächsten Gefangenen fortgesetzt, der die
nächste Zahl nennt. Zur Kontrolle wird auch dieser Schritt ausgegeben:

```
else {
    prisoner = prisoner.next();
    theNumber++;
    System.out.printf("%s: \"%d\"%n", prisoner, theNumber);
}
}
...
```

Nach der Schleife wird die Position des begnadigten Gefangenen ausgegeben. Damit endet das Programm.

```
    System.out.println(prisoner);
}
}
```

28 E-Camel

Diese Aufgabe beruht auf einer Implementierung von einfach verketteten Listen. Bei strukturellen Modifikationen der Liste, wie beim Einfügen und Entfernen von Elementen, wird die Arbeitsweise einer verketteten Liste deutlich sichtbar.

Im zweiten Teil der Aufgabe werden konzeptionelle Fragen aufgegriffen. Auf »verbotene« Aufrufe wird mit Exceptions reagiert. Bestimmte andere Operationen dürfen nicht öffentlich zugänglich sein, um die innere Konsistenz der Datenstruktur zu gewährleisten. Dieses Problem lässt sich mit geschachtelten Klassen lösen.

Sie kommen in die engere Wahl für die Ausschreibung um das äußerst lukrative Projekt »E-Camel 2010«, mit dem führende nordafrikanische Karawansereien in Zukunft ihre Karawanen elektronisch kontrollieren möchten. Entwickeln Sie als *proof of concept* die nachfolgend beschriebenen Klassen.

28.1 Kamele und Karawanen

Eine Karawane besteht aus einer Anzahl Kamele. Ein Kamel hat folgende Eigenschaften:

int maxpace
> Die Anzahl Meilen, die das Kamel unbeladen pro Stunde zurücklegt. Diese Größe ist unveränderlich.

int load
> Die Anzahl Ballen, die das Kamel im Moment trägt. Mit jedem Ballen Ladung nimmt die tatsächliche Reisegeschwindigkeit gegenüber der maximalen Marschgeschwindigkeit um eine

Meile/Stunde ab. Für `load` $\geq$ `maxpace` lässt sich das Kamel nieder und steht nicht mehr auf.

`Camel next`

Die Kamele einer Karawane sind in einer Reihe aneinandergebunden. An jedem einzelnen Kamel hängt genau ein nachfolgendes Kamel. Nur am letzten Kamel der Karawane hängt kein weiteres mehr.

Definieren Sie eine Klasse `Camel` mit den folgenden Methoden:

`Camel(int mp)`

Erzeugt ein neues Kamel mit der unveränderlichen maximalen Marschgeschwindigkeit `mp > 0`.

`int maxPace()`

Liefert die maximale Marschgeschwindigkeit dieses Kamels.

`int pace()`

Liefert die tatsächliche Geschwindigkeit des Kamels. Dabei wird die aktuelle Ladung berücksichtigt.

`void setLoad(int l)`

Belädt dieses Kamel mit l Ballen (l $\geq$ 0). Diese Ladung ersetzt eine eventuell vorher vorhandene Ladung.

`int getLoad()`

Liefert die aktuelle Ladung dieses Kamels als Anzahl Ballen.

`void setNext(Camel c)`

Hängt das Kamel c hinten an dieses Kamel an. Mit `c = null` wird dieses Kamel zum letzten der Karawane.

`Camel getNext()`

Liefert das nachfolgende Kamel oder `null`, wenn dieses Kamel das letzte in der Karawane ist.

Eine Karawane besteht aus einer Anzahl Kamele, möglicherweise auch gar keinen. Definieren Sie die Klasse `Caravan` mit den folgenden Methoden:

`Caravan()`

Erzeugt eine neue Karawane. Die Karawane hat zunächst noch keine Kamele.

`int pace()`

Liefert die Reisegeschwindigkeit dieser Karawane, die vom langsamsten Kamel bestimmt wird. Dabei wird die Ladung der Kamele berücksichtigt.

`void addCamel(Camel c)`

Fügt das Kamel c in diese Karawane ein.

`void removeCamel(Camel c)`

Nimmt das Kamel c aus dieser Karawane heraus.

```
void unload()
        Entlädt alle Kamele dieser Karawane.
void addLoad(int l)
        Verteilt zusätzliche l Ballen Ladung so auf die Kamele dieser
        Karawane, dass die Reisegeschwindigkeit möglichst hoch bleibt.
```

Das folgende Programm zeigt, wie sich die Karawanserei den Einsatz der Klassen vorstellt.

```java
public class ECamel2010 {
    public static void main(String[] args) {
        Camel ataAllah = new Camel(8);
        Camel desertWind = new Camel(7);

        Caravan saharaExpress = new Caravan();
        saharaExpress.addCamel(ataAllah);
        saharaExpress.addCamel(desertWind);
        System.out.println(saharaExpress.pace());      // 7
        saharaExpress.addLoad(5);
        System.out.println(saharaExpress.pace());      // 5
    }
}
```

Lösung

Die Klasse Camel definiert Instanzvariablen für die Attribute eines Kamels. Unveränderlich ist lediglich die maximale Marschgeschwindigkeit. Die Startwerte von load und next liegen fest und können sofort zugewiesen werden.

```java
public class Camel {
    private final int maxPace;
    private int load = 0;
    private Camel next = null;
    ...
```

Der Konstruktor initialisiert die maximale Marschgeschwindigkeit:

```java
public Camel(int mp) {
    maxPace = mp;
}
...
```

Der Getter pace berücksichtigt die Ladung. Das Ergebnis wird nach unten mit 0 begrenzt:

```
    public int pace() {
        return Math.max(0, maxPace - load);
    }
    ...
```

Die übrigen Getter und Setter sind geradlinig definiert.

Die Klasse `Caravan` braucht lediglich eine Referenz auf das erste Kamel der Karawane.

```
public class Caravan {
    private Camel first = null;
    ...
```

Die Methode pace speichert in der Variablen pace die niedrigste bisher gefundene Reisegeschwindigkeit eines Kamels. Immer wenn ein langsameres Kamel erreicht wird, wird pace verringert.

```
    public int pace() {
        int pace = Integer.MAX_VALUE;
        for(Camel c = first; c != null; c = c.getNext())
            pace = Math.min(pace, c.pace());
        return pace;
    }
    ...
```

Die Methoden `addCamel` und `removeCamel` modifizieren die Struktur der Karawane. Die Beschreibung von `addCamel` lässt offen, *wo* in die Karawane das neue Kamel eingebunden wird. Am leichtesten gelingt das am Anfang:

```
    public void addCamel(Camel c) {
        c.setNext(first);
        first = c;
    }
    ...
```

Nicht ganz so einfach lässt sich `removeCamel` schreiben. Die Schwierigkeit liegt im Vorgänger des zu entfernenden Kamels x, dessen Nachfolger-Referenz angepasst werden muss. Bei einem einfachen Durchlauf steht der Vorgänger nicht mehr zur Verfügung. Für das Problem gibt es verschiedene Lösungen. Hier wird jeweils der *Nachfolger* des aktuellen Kamels mit x verglichen und bei einem Treffer modifiziert:

```
        Camel c = first;
        while(c.getNext() != x)
            c = c.getNext();
        c.setNext(x.getNext());
```

Wenn x das erste Kamel der Karawane ist scheitert der Algorithmus. Dieser Fall wird getrennt behandelt:

```
public void removeCamel(Camel x) {
    if(x == first)
        first = x.getNext();
    else {
        ... wie oben ...
    }
}
...
```

Die Methode addLoad verteilt eine gegebene Ladung von l Ballen so, dass die Geschwindigkeit der gesamten Karawane möglichst wenig sinkt. Dazu wird l in einzelnen Ballen auf das jeweils schnellste Kamel der Karawane geladen. Um addLoad zu vereinfachen, wird die Suche nach dem schnellsten Kamel in eine eigene, private Methode findFastestCamel verschoben.

```
private Camel findFastestCamel() {
    Camel fastest = first;
    for(Camel c = first; c != null; c = c.getNext())
        if(c.pace() > fastest.pace())
            fastest = c;
    return fastest;
}

public void addLoad(int l) {
    int remaining = l;
    while(remaining > 0) {
        Camel fastest = findFastestCamel();
        fastest.setLoad(fastest.getLoad() + 1);
        remaining--;
    }
}
}
```

28.2   Robuste Implementierung

Die oben skizzierte Lösung lässt verschiedene Probleme offen:

1. Methoden schützen sich nicht gegen unzulässige Argumente, wie zum Beispiel Caravan.addLoad(-5) oder Caravan.addCamel(null).
2. Einige Methoden scheitern an einer Karawane, die keine Kamele enthält.
3. Ein und dasselbe Kamel kann mit Caravan.addCamel zweimal in dieselbe Karawane oder in verschiedene Karawanen eingefügt werden.

4. `Camel.setNext` kann die Struktur von Karawanen zerstören. Zum Beispiel könnte ein Kamel zu *seinem eigenen* Nachfolger erklärt werden.

Lösung

Aufrufe mit unzulässigen Argumenten sollten mit Exceptions abgefangen werden. Alle Methoden mit Parametern stellen am Beginn des Rumpfes sicher, dass die übergebenen Argumente den Erfordernissen genügen, das heißt *preconditions* erfüllen.[1]

Als Beispiel sei hier `removeCamel` betrachtet: Das Kamel x darf nicht `null` und muss außerdem tatsächlich Mitglied der Karawane sein:[2]

```
public void removeCamel(Camel x) {
    if(x == null)
        throw new NullPointerException("cannot remove null camel");

    Camel c;
    for(c = first; c != null  && x != c; c = c.getNext());
    if(c == null)
        throw new IllegalArgumentException("camel not in caravan");

    ... regulärer Ablauf ...
```

Einige Methoden sind bei leeren Karawanen nicht sinnvoll anwendbar. Man könnte diese Situation überprüfen und dann ohne weitere Maßnahmen übergehen. Um dem Anwender eine angemessene Reaktion zu ermöglichen, sollten aber besser Exceptions geworfen werden.

Als Beispiel seien hier `addLoad` oder `pace` genannt. Wenn es keine Kamele gibt, kann nichts aufgeladen werden. Ebenso ist die Geschwindigkeit ohne ein Kamel schlicht nicht definiert. Beide Methoden werfen also eine Exception:

```
public int pace() {
    if(first == null)
        throw new RuntimeException("no camels");
    ...
}
```

---

[1]Um nicht vom Gegenstand der Aufgabe abzulenken, werden hier vordefinierte *unchecked* Exception-Klassen verwendet, die keinen Eintrag in der Exception-Signatur erfordern.

[2]`removeCamel` würde auch ohne den zweiten Test funktionieren. Wenn ein Kamel entfernt wird, das überhaupt nicht in der Karawane ist, geschieht einfach nichts. Das ist aber eher Zufall und aus Sicht des Anwenders fragwürdig: Wenn eine Methode ihren Zweck nicht erfüllen kann, sollte das erkennbar sein.

Ein Kamel kann frei laufen oder Mitglied einer Karawane sein. Es kann aber nicht gleichzeitig in *zwei* Karawanen eingebunden sein. Weil sich verschiedene Karawanen untereinander nicht kennen, müssen die Kamele selbst wissen, in welcher Karawane sie momentan stecken. Diese Buchführung kann mit einem weiteren Attribut caravan in der Klasse Camel erledigt werden, für das Getter und Setter definiert werden. Die Methoden addCamel und removeCamel werten dieses Attribut aus. removeCamel vereinfacht sich dadurch beispielsweise:

```
public void removeCamel(Camel x) {
    if(x == null)
        throw new NullPointerException("cannot remove null camel");

    if(x.getCaravan() != this)
        throw new IllegalArgumentException("camel not in this caravan");

    ... regulärer Ablauf ...

    x.setCaravan(null);              // Kamel freigeben
}
```

Ein zuverlässiger Schutz gegen Manipulation durch fremde Klassen lässt sich mit den Zugriffsschutz-Modifiern von Java alleine nicht ausdrücken. Die vorgeschlagene Lösung des vorhergehenden Problems verschärft dieses Problem noch zusätzlich: Abgesehen von den Methoden Camel.setNext sollte nun auch Camel.setCaravan ausschließlich der Klasse Caravan zur Verfügung stehen, aber niemandem sonst.

Einen Lösungsweg bieten »geschachtelte Klassen« (*nested classes*): Der Gültigkeitsbereich einer privaten Methode m() in einer geschachtelten Klasse N ist die *gesamte* Definition der umgebenden Klasse C (siehe [Simmons 04], Kap. 6):[3]

```
public class C {
    static class N {
        private m() {}
    }
}
```

---

[3]Geschachtelte Klassen sind nicht mit »inneren Klassen« (*inner classes*) zu verwechseln, die formal genauso definiert werden, bis auf den fehlenden Modifier static. Auch bei mehrfach geschachtelten Klassen umfasst der Gültigkeitsbereich von privaten Elementen die gesamte äußerste Klassendefinition.

Definiert man `Camel` als geschachtelte Klasse innerhalb von `Caravan`,[4] dann können die Methoden `setNext` und `setCaravan` mit dem Modifier `private` geschützt, aber dennoch von `Caravan`-Methoden aufgerufen werden. Für andere Klassen als `Caravan` sind diese Methoden dagegen nicht sichtbar. In Anwendungen wird der Typ in der Schreibweise `Caravan.Camel` angesprochen:

```
Caravan.Camel ataAllah = new Caravan.Camel(8);
...
```

---

[4]Eine »innere Klasse« ist dafür nicht geeignet, denn sie impliziert eine verborgene, *unveränderliche* Referenz des inneren Objektes auf ein äußeres Objekt. Kamele können die Karawane dagegen wechseln und sind nicht auf Lebenszeit einer bestimmten Karawane zugeordnet.

Teil V

Interfaces und Vererbung

29 Mobiles

In dieser Aufgabe werden geschachtelte Konstruktionen aus Objekten erzeugt, in denen Einzelteile zu zusammengesetzten Strukturen kombiniert werden, die selbst Teile übergeordneter Strukturen gleicher Art sind, und so weiter. Dieser Aufbau ist häufig in der Informatik anzutreffen und wird als *Composite Pattern* bezeichnet. Die Mobiles dieser Aufgabe zeigen anschaulich die Idee dieses Entwurfsmusters. Aufgabe 30 (»Widerstandsnetzwerke«, Seite 171) greift das Thema noch einmal auf.

Rekursive Algorithmen eignen sich gut zur Verarbeitung derartiger geschachtelter Strukturen. Hier wird ein Mobile durch Verschieben der Anknüpfpunkte auf den Stäbchen rekursiv ausbalanciert.

29.1 Sterne und Stäbchen

Ein Mobile ist ein Zimmerschmuck aus ausbalancierten Stäbchen und Fäden, an die kleine Gegenstände geknüpft sind. Hier ein Beispiel für ein Mobile mit Sternen:

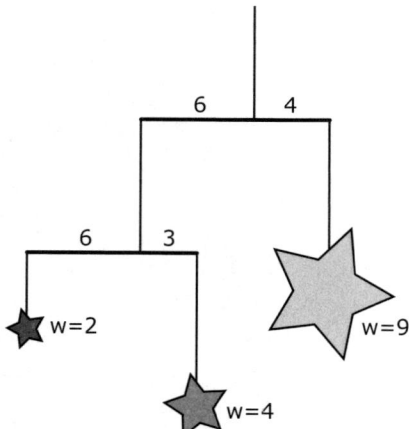

Die Sterne sind unterschiedlich schwer (w = Gewicht). Die Gewichte der Fäden und Stäbchen sind gegenüber den Sternen vernachlässigbar.

Schreiben Sie ein Interface `Mobile` mit den folgenden Methoden:

`double weight()`
>   Liefert das Gewicht des gesamten Mobiles.

`String toString()`
>   Erzeugt eine lesbare Textdarstellung eines Mobiles.

`void balance()`
>   Balanciert ein Mobile aus. Das ist unten genauer ausgeführt.

Die konkrete Klasse `Star` repräsentiert Sterne im Mobile. Ein einzelner Stern wird als Mobile betrachtet (wenn auch als sehr einfaches), deshalb implementiert die Klasse `Star` das Interface `Mobile`. Jeder Stern hat ein Gewicht (Typ `double`), das im Konstruktor übergeben wird. Das Gewicht muss positiv sein, sonst wird eine `IllegalArgumentException` geworfen. Ein einzelner Stern ist immer ausbalanciert. Die Methode `balance` in der Klasse `Star` braucht deshalb nichts zu tun.

Die Klasse `Wire` repräsentiert ein Stäbchen im Mobile. `Wire` implementiert ebenfalls das Interface `Mobile`. Der Konstruktor erwartet zwei andere Mobiles, die an die Enden des Stäbchens geknüpft sind, und die Länge des Stäbchens. Irgendwo zwischen den beiden Enden des Stäbchens ist der Knoten, an dem es selbst hängt. Die Position des Knotens ist zunächst noch unbestimmt. `balance` verändert die Positionen aller Knoten, sodass das Mobile ausbalanciert ist. Ein Mobile ist ausbalanciert, wenn jedes Stäbchen einzeln ausbalanciert ist. Ein Stäbchen ist ausbalanciert, wenn das Produkt aus Gewicht und Armlänge auf beiden Seiten des Knotens gleich ist. Das oben skizzierte Mobile ist ausbalanciert (für das untere Stäbchen: $2 \cdot 6 = 4 \cdot 3$, für das obere Stäbchen $(2 + 4) \cdot 6 = 9 \cdot 4$).

Schreiben Sie die Klassen `Star` und `Wire` und ein Hauptprogramm, das das oben skizzierte Mobile aufbaut, ausbalanciert und dann ausgibt. Dabei sollten sich die in der Skizze angegebenen Knotenpositionen ergeben.

Lösung

In dieser Aufgabe wird das *Composite Pattern* angewendet, mit dem hierarchisch organisierte Objektstrukturen modelliert werden können. Eine größere Struktur (hier `Mobile`) setzt sich zusammen aus atomaren Bausteinen (hier `Star`) und zusammengesetzten Elementen (hier `Wire`). Die zusammengesetzten Elemente enthalten untergeordnete, geschachtelte Komponenten der gleichen Art. Der entscheidende Vorteil des *Composite Patterns* ist, dass eine entsprechend modellierte Struktur beliebiger Komplexität zur Laufzeit konstruiert und manipuliert werden kann. Die Typsicherheit wird dennoch vom Compiler gewährleistet.

Ein anderes Beispiel für die Anwendung des *Composite Patterns* sind arithmetische Ausdrücke (atomare Bausteine sind Numerale, zusammengesetzte Elemente sind Operatoren mit Ausdrücken als Operanden).

Die Definition des Interface `Mobile` legt die Signaturen der verlangten Methoden fest. `weight` ist ein einfacher Getter. Das Ergebnis von `balance` spiegelt sich im möglicherweise modifizierten Zielobjekt wider. Deshalb liefert diese Methode kein Ergebnis.

```java
public interface Mobile {
    public double weight();
    public void balance();
    public String toString();
}
```

Die Klasse `Star` implementiert das Interface `Mobile`.

```java
public class Star implements Mobile {
    ...
```

Die Instanzvariable `weight` ist mit dem Modifier `final` definiert, weil sich das Gewicht eines Sterns nicht ändert.

```java
    private final double weight;
    ...
```

Der Konstruktor erhält das unveränderliche Gewicht als Parameter. Falls es den Anforderungen genügt, wird der Parameter in die Instanzvariable `weight` kopiert. Andernfalls wird der Konstruktor mit einer Exception abgebrochen.

```java
    public Star(double w) {
        if(w <= 0)
            throw new IllegalArgumentException("invalid weight: " + w);
        weight = w;
    }
    ...
```

Der Getter liefert den Wert der Instanzvariablen zurück.

```java
    public double weight() {
        return weight;
    }
    ...
```

`balance` tut in dieser Klasse nichts. Der Rumpf bleibt leer.

```java
    public void balance() {}
    ...
```

toString erzeugt einen String, der den Klassennamen und den Wert der einzigen Instanzvariablen kombiniert.

```java
public String toString() {
    return String.format("Star[%f]", weight);
}
}
```

Die Klasse Wire macht den Kern der Lösung aus. Auch sie implementiert das Interface Mobile.

```java
public class Wire implements Mobile {
    ...
```

Bestandteile eines Objekts sind zwei untergeordnete Mobiles first und second, die zur Vereinfachung beide nicht null sein dürfen, sowie die unveränderliche Länge des Stäbchens. Im Objekt muss außerdem die Position des Knotens gespeichert werden, die später von der Methode balance berechnet wird. Hier werden die Längen der beiden »Arme« des Stäbchens in den Instanzvariablen distanceFirst und distanceSecond festgehalten.[1] Die Aufgabe sieht keine Möglichkeit zur Änderung der Struktur eines Mobiles vor, nachdem es einmal aufgebaut ist. Deshalb werden die Instanzvariablen first und second mit dem Modifier final versehen. Die Armlängen verändern sich beim Ausbalancieren und können nicht final sein.

```java
private final Mobile first;
private final Mobile second;

private double distanceFirst;
private double distanceSecond;
    ...
```

Zunächst wird ein Arm mit der Länge des Stäbchens initialisiert, der andere mit 0. Bildhaft gesprochen wird der Knoten zunächst an das eine Ende des Stäbchens gesetzt.

```java
public Wire(Mobile fst, Mobile snd, double ln) {
    if(fst == null  ||  snd == null)
        throw new NullPointerException("null mobile");
    first = fst;
    second = snd;
    distanceFirst = 0;
    distanceSecond = ln;
}
    ...
```

---

[1]Ebenso könnte die Länge des Stäbchens und der Abstand des Knotens von einem der beiden Enden gespeichert werden. Die Suffixe »-First« und »-Second« sind hier vollkommen willkürlich gewählt und dienen nur zur Unterscheidung.

Das Gewicht des Mobiles ist die Summe der Gewichte des linken und des rechten Teilmobiles.

```java
public double weight() {
    return first.weight() + second.weight();
}
...
```

Zum einen müssen beide Teilmobiles jedes für sich ausbalanciert sein. Das wird mit rekursiven Aufrufen an die entsprechenden Objekte gewährleistet. Schließlich muss der Knoten auf diesem Stäbchen passend verschoben werden. Die Armlängen werden umgekehrt proportional zu den Gewichten der Teilmobiles berechnet.

```java
public void balance() {
    first.balance();
    second.balance();
    double w1 = first.weight();
    double w2 = second.weight();
    double length = distanceFirst + distanceSecond;
    distanceFirst = w2*length/(w1 + w2);
    distanceSecond = w1*length/(w1 + w2);
}
...
```

toString produziert eine Textdarstellung. Dazu werden Textformen der Teilmobiles mit rekursiven Aufrufen an toString erzeugt und in einen größeren String eingebettet.

```java
public String toString() {
    return String.format("Mobile[%g:%s, %g:%s]",
                         distanceFirst,
                         first.toString(),
                         distanceSecond,
                         second.toString());
}
}
```

Die Bestandteile des Beispiel-Mobiles werden in temporären Variablen gespeichert. Kürzer könnte man das Mobile mit einem einzigen, geschachtelten Ausdruck konstruieren, der allerdings schwerer zu lesen (und im Zweifelsfall schwerer zu debuggen) ist.

```
public class Main {
    public static void main(String[] args) {
        Star a = new Star(2);
        Star b = new Star(4);
        Star c = new Star(9);
        Wire ab = new Wire(a, b, 9);
        Wire abc = new Wire(ab, c, 10);

        abc.balance();
        System.out.println(abc);
    }
}
```

Die Ausgabe des Programms lautet:

```
Mobile[6:Mobile[6:Star[2], 3:Star[4]], 4:Star[9]]
```

29.2   Glitzersterne

Neben den normalen Sternen gibt es noch Glitzersterne. Glitzersterne können durch Aufkleben von Goldperlen verschönert werden. Allerdings steigt dabei das Gewicht. Leiten Sie von Star eine neue Klasse GlitterStar ab mit einer Methode decorate, die das Gewicht eines Sterns bei jedem Aufruf um 1 erhöht.

Ersetzen Sie im oben gezeigten Mobile den Stern mit Gewicht 4 durch einen Glitzerstern. Verschönern Sie ihn mit drei Aufrufen von decorate und balancieren Sie das Mobile dann neu aus.

Lösung

Die Klasse GlitterStar wird von Star abgeleitet und implementiert damit implizit das Interface Mobile. Der Konstruktor erhält als Argument das Grundgewicht und reicht dieses an die Basisklasse weiter.

```
public class GlitterStar extends Star {
    public GlitterStar(double w) {
        super(w);
    }
    ...
```

Die Instanzvariable glitterWeight speichert das Gesamtgewicht der bisher ange-brachten Glasperlen. Zu Beginn ist ein Glitzerstern nicht geschmückt, deshalb ist der Startwert 0. Obwohl dieser Wert ohnehin als Defaultwert zugewiesen wird, wird mit dieser expliziten Zuweisung dokumentiert, dass der Startwert so gewollt und nicht belanglos ist.

```
private double glitterWeight = 0;
...
```

decorate inkrementiert diese Instanzvariable. Das Grundgewicht, das in der Basisklasse gespeichert ist, ist davon nicht betroffen.

```
public void decorate() {
    glitterWeight++;
}
...
```

Das Gewicht eines Glitzersterns ergibt sich als Summe des Grundgewichts und des Gewichts der Dekoration.

```
public double weight() {
    return super.weight() + glitterWeight;
}

public String toString() {
    return String.format("GlitterStar[%f+%d]",
        super.weight(), glitterWeight);
}
}
```

30 Widerstandsnetzwerke

Wie in Aufgabe 29 (»Mobiles«, Seite 164) werden hier hierarchische Strukturen modelliert, die beliebig tief geschachtelt werden können. Dieses Entwurfsmuster wird als *Composite Pattern* bezeichnet.

Während in der ersten Teilaufgabe eine einmal aufgebaute Konstruktion später nicht mehr strukturell verändert werden kann, werden in der zweiten Teilaufgabe inhaltliche Modifikationen erlaubt, die einen rekursiven Durchlauf des Objektbaumes erfordern.

30.1 Konstante Widerstände

Widerstände sind elektrische Bauteile mit einem festen Widerstandswert (gemessen in Ohm). Aus Widerständen lassen sich Schaltungen zusammensetzen, deren Gesamtwiderstandswert mit den Kirchhoff'schen Regeln berechnet werden kann. Es gelten die folgenden Konstruktionsregeln:

- Ein einzelner Widerstand ist eine Schaltung, wenn auch eine sehr einfache. Der Widerstandswert ist ein gegebenes R.
- Zwei Schaltungen mit den Widerstandswerten R_1 und R_2 können in Serie, d.h. hintereinander, geschaltet werden. Die Kombination ist eine neue Schaltung mit dem Gesamtwiderstandswert

  $$R = R_1 + R_2$$

- Zwei Schaltungen mit den Widerstandswerten R_1 und R_2 können parallel, d.h. nebeneinander, geschaltet werden. Die Kombination ist eine neue Schaltung mit dem Gesamtwiderstandswert R, der folgendermaßen bestimmt ist:

  $$\tfrac{1}{R} = \tfrac{1}{R_1} + \tfrac{1}{R_2}$$

Ein Interface für Schaltungen ist definiert als:

```
public interface Circuit {
    double getOhm();
    int numberOfResistors();
}
```

Die Methode getOhm liefert den Widerstandswert der Schaltung, numberOfResistors die Anzahl Bauteile in der Schaltung, das heißt die Anzahl der einzelnen Widerstände. Definieren Sie drei Klassen zu diesem Interface für

- einzelne Widerstände (Resistor) sowie
- serielle (Serial) und
- parallele (Parallel) Schaltungen.

Geben Sie ein Programmfragment an, das die folgende Schaltung modelliert und ihren Widerstandswert ausgibt:

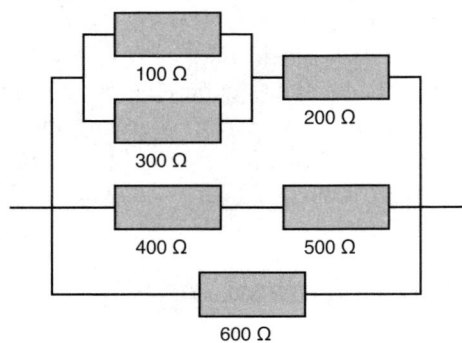

Lösung

Die Klasse Resistor für einfache Widerstände implementiert das Interface Circuit:

```
public class Resistor implements Circuit {
    ...
```

In einer Instanzvariablen wird der Widerstandswert in Ohm gespeichert. Er ändert sich nicht, deshalb kann die Variable final definiert werden:

```
    private final double ohm;
    ...
```

Der Konstruktor initialisiert diese Instanzvariable aus seinem Parameter:

```
public Resistor(double o) {
    ohm = o;
}
...
```

Der Getter getOhm liefert den Wert der Instanzvariablen zurück:

```
public double getOhm() {
    return ohm;
}
...
```

numberOfResistors liefert immer 1, denn dieses »Netzwerk« besteht aus einem einzigen Bauteil:

```
public int numberOfResistors() {
    return 1;
}
}
```

Eine Serien- und eine Parallelschaltung haben einige Gemeinsamkeiten, abgesehen von der Formel zur Berechnung des Widerstandswertes. Beide sind selbst Circuits und bestehen aus zwei Teilnetzwerken, die ihrerseits Circuits sind. Es lohnt sich, diese Gemeinsamkeiten in einer abstrakten Basisklasse zu sammeln, von der nachher sowohl Serial wie auch Parallel abgeleitet werden:

```
public abstract class CompoundCircuit implements Circuit {
    ...
```

Die abstrakte Basisklasse speichert die beiden verschalteten Teilnetzwerke in zwei Instanzvariablen, die im Konstruktor initialisiert und später nicht mehr geändert werden:

```
private final Circuit circuit1;
private final Circuit circuit2;

protected CompoundCircuit(Circuit c1, Circuit c2) {
    circuit1 = c1;
    circuit2 = c2;
}
...
```

Die Berechnung des tatsächlichen Widerstandswertes kann die abstrakte Basisklasse nicht leisten. Die Methode getOhm wird hier überhaupt nicht erwähnt. Das Interface Circuit erfordert ihre Implementierung in abgeleiteten, konkreten Klassen. Allerdings brauchen abgeleitete Klassen Zugriff auf die Teilnetzwerke, die in den privaten Instanzvariablen circuit1 und circuit2 gespeichert sind. Zu diesem Zweck werden zwei protected-Getter angeboten: [1]

---

[1]Obwohl technisch auch die Instanzvariablen selbst mit protected zugänglich gemacht werden könnten, statt Getter zu definieren, widerspräche das der Idee der Datenkapselung. Die abstrakte Basisklasse wäre für alle Zeiten auf die Existenz und Benennung der Instanz-

```
    protected Circuit circuit1() {
        return circuit1;
    }


    // entsprechend circuit2
    ...
```

Die Anzahl der Bauteile kann dagegen schon hier in der abstrakten Basisklasse als Summe der Bauteile in den beiden untergeordneten Teilnetzwerken berechnet werden:

```
    public int numberOfResistors() {
        return circuit1.numberOfResistors() + circuit2.numberOfResistors();
    }
}
```

Auf der Basis dieser abstrakten Basisklasse fällt die Definition der konkreten Klassen Serial und Parallel recht kompakt aus. Der Konstruktor reicht die Argumente an den Basisklassenkonstruktor weiter. In der Methode getOhm werden die Kirchhoff'schen Regeln implementiert:

```
public class Serial extends CompoundCircuit {
    public Serial(Circuit c1, Circuit c2) {
        super(c1, c2);
    }

    public double getOhm() {
        return circuit1().getOhm() + circuit2().getOhm();
    }
}
```

Entsprechend Parallel:

```
public class Parallel extends CompoundCircuit {
    public Parallel(Circuit c1, Circuit c2) {
        super(c1, c2);
    }

    public double getOhm() {
        return 1/(1/circuit1().getOhm() + 1/circuit2().getOhm());
    }
}
```

---

variablen festgelegt. Man hätte ohne Not Spielraum verschenkt, der später vielleicht noch von Nutzen ist.

Das Widerstandsnetzwerk in der obigen Skizze kann mit folgendem Programm-fragment modelliert werden:

```
Circuit c1 = new Resistor(100);
Circuit c2 = new Resistor(200);
Circuit c3 = new Resistor(300);
Circuit c4 = new Resistor(400);
Circuit c5 = new Resistor(500);
Circuit c6 = new Resistor(600);
Circuit c13 = new Parallel(c1, c3);
Circuit c123 = new Serial(c13, c2);
Circuit c45 = new Serial(c4, c5);
Circuit c12345 = new Parallel(c123, c45);
Circuit c = new Parallel(c12345, c6);
System.out.println(c.getOhm());                // 155.905
System.out.println(c.numberOfResistors());     // 6
```

Ohne die temporären Variablen kann das gleiche Ergebnis mit einem einzigen Ausdruck erreicht werden:

```
Circuit d = new Parallel(new Resistor(600),
                new Parallel(new Serial(new Resistor(400),
                                 new Resistor(500)),
                      new Serial(new Resistor(200),
                               new Parallel(new Resistor(100),
                                     new Resistor(300)))));
```

Alternative Lösung

In der vorhergehenden Aufgabe sind die Widerstandsnetzwerke unveränderlich. Unter dieser Voraussetzung werden die Auskunftsmethoden für ein einmal konstruiertes Netzwerk immer dieselben Ergebnisse liefern. Man könnte diese Rückgabewerte auch schon beim Aufbau der Netzwerke ausrechnen, aufzeichnen und später ohne weitere Berechnung zurückliefern.

Die Definition der Klasse Resistor ändert sich nicht. Die abstrakte Basisklasse CompoundCircuit wird von Resistor abgeleitet und überlässt dieser Basisklasse die Verwaltung des Widerstandswertes. Sie redefiniert allerdings die Methode numberOfResistors:

```
public abstract class CompoundCircuit extends Resistor {
    private final int resistors;

    protected CompoundCircuit(double o, int r) {
        super(o);
        resistors = r;
```

```
        }

        public int numberOfResistors() {
            return resistors;
        }
    }
```

Die abgeleiteten Klassen Serial und Parallel berechnen den Widerstandswert sofort im Konstruktor:

```
    public class Serial extends CompoundCircuit {
        public Serial(Circuit c1, Circuit c2) {
            super(c1.getOhm() + c2.getOhm(),
                c1.numberOfResistors() + c2.numberOfResistors());
        }
    }
```

Entsprechend kann die Klasse Parallel definiert werden.

30.2   Potenziometer

Führen Sie als weitere Bauteile »Potenziometer« ein, das heißt regelbare Widerstände. Der Widerstandswert eines Potenziometers kann beliebig zwischen 0 und dem im Konstruktor festgelegten maximalen Wert eingestellt werden.[2]

Die Klasse Potentiometer implementiert das Interface Circuit und definiert zusätzliche die Methode

```
    void setOhm(double ohm)
```

mit der der Widerstandswert des Potenziometers verändert werden kann. Zu kleine und zu große Argumente werden automatisch auf 0 beziehungsweise den maximalen Widerstandswert begrenzt. Hier ein Beispiel für ein Widerstandsnetzwerk mit einem Potenziometer:

---

[2]Die Widerstandsnetzwerke sind damit veränderlich. Die Voraussetzung der vorher skizzierten alternativen Lösung ist nicht mehr erfüllt. Nur der erste Lösungsansatz kommt mit Potenziometern zurecht.

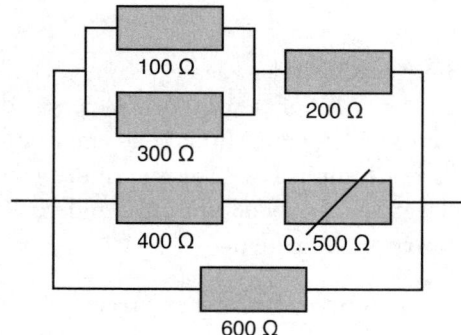

Das folgende Programm baut das obige Netzwerk auf und stellt dann das Potenziometer in Schritten auf Werte zwischen 0 und 500 Ohm ein:

```
Circuit c1 = new Resistor(100);
Circuit c2 = new Resistor(200);
Circuit c3 = new Resistor(300);
Circuit c4 = new Resistor(400);
Potentiometer c5 = new Potentiometer(500);
Circuit c6 = new Resistor(600);
Circuit c13 = new Parallel(c1, c3);
Circuit c123 = new Serial(c13, c2);
Circuit c45 = new Serial(c4, c5);
Circuit c12345 = new Parallel(c123, c45);
Circuit c = new Parallel(c12345, c6);

for(int ohm = 0; ohm <= 500; ohm += 100) {
    c5.setOhm(ohm);
    System.out.println(c.getOhm());
}
```

Die Ausgabe lautet:

```
128.155
136.929
143.478
148.553
152.601
155.905
```

Die Variable c5 muss mit Typ Potentiometer definiert werden und nicht als Circuit-Variable, wie im Beispiel auf Seite 175. Der Compiler würde sonst den Aufruf von setOhm nicht übersetzen, weil der statische Typ von c5 aus Sicht des Compilers Circuit ist und Circuit den Setter nicht kennt.[3]

---

[3]Man könnte vor dem Aufruf von setOhm den Typ von c5 mit einem *Typecast* ändern. Diese eher brachiale Maßnahme wäre allerdings ziemlich kurzsichtig, weil man damit die

Lösung

Die Klasse Potentiometer ähnelt der Klasse Resistor. Die Instanzvariable ohm wird hier allerdings nicht final definiert, weil der Widerstandswert mit dem zusätzlichen Setter verändert werden kann. In diesem Setter wird der Parameter geprüft und gegebenenfalls beschränkt. Die Obergrenze des erlaubten Bereichs wird im Konstruktor festgelegt. Sie ist wiederum unveränderlich und wird in der final-Instanzvariablen maxOhm festgehalten:

```java
public class Potentiometer implements Circuit {
    private double ohm;
    private final double maxOhm;

    public Potentiometer(double o) {
        ohm = o;
        maxOhm = o;
    }

    public double getOhm() {
        return ohm;
    }

    public void setOhm(double o) {
        if(o < 0)
            ohm = 0;
        else if(o > maxOhm)
            ohm = maxOhm;
        else
            ohm = o;
    }

    public int numberOfResistors() {
        return 1;
    }
}
```

statische Typsicherheit aufgeben würde, die Java ansonsten mit viel Aufwand durchsetzt. Das Programm könnte dann zur Laufzeit jederzeit unkontrolliert mit einem Typfehler abstürzen.

31 Stoppuhren

Diese Aufgabe verlangt die Definition von Klassen, deren Funktionalität bei der Vererbung schrittweise erweitert wird. Ziel der Lösung sind Basisklassen, die nicht von abgeleiteten Klassen verändert werden können, deren Funktionalität aber dennoch dort genutzt und nicht dupliziert wird. Dabei stellt sich die Frage nach einem angemessenen Zugriffsschutz, sodass die Konsistenz der beteiligten Objekte gewahrt bleibt. Im Zuge der Implementierung stellt sich heraus, dass gewisse Zugeständnisse in den Basisklassen hingenommen werden müssen, um den Weg für die Definition abgeleiteter Klassen zu ebnen.

In dieser Aufgabe werden abgeleitete Interfaces verwendet sowie Klassen, die Interfaces implementieren und außerdem von anderen Klassen abgeleitet sind.

31.1 Basisklasse

Das Interface BaseStopWatch legt die Schnittstelle von Klassen fest, die Stoppuhren repräsentieren.

```
public interface BaseStopWatch {
    public long read();
    public void syncTo(BaseStopWatch sw);
}
```

Das Interface definiert zwei Methoden: read() liefert die abgelaufene Zeit seit Start der Stoppuhr in Millisekunden. Der Ergebnistyp ist long, um größere Zeitspannen erfassen zu können. syncTo(BaseStopWatch sw) synchronisiert diese Stoppuhr mit der Stoppuhr sw. Diese Stoppuhr liefert ab jetzt die gleiche Zeit wie sw. sw wird dabei nicht verändert.

Definieren Sie eine konkrete Klasse SwissTick, die dieses Interface implementiert. Eine Stoppuhr läuft sofort los, wenn das Objekt erzeugt wird. Die Methode System.currentTimeMillis() liefert eine relative Systemzeit in Millisekunden. Implementieren Sie außerdem die Methode toString.

Das folgende Programm[1] startet eine Stoppuhr a vom Typ SwissTick und nach 100 ms eine weitere Stoppuhr b. Nach 200 ms wird b mit a synchronisiert, sodass beide die gleiche Zeit zeigen. Nach 300 ms werden beide Zeiten abgelesen. Beachten Sie, dass die tatsächlich abgelesenen Zeiten etwas größer sein können.

```java
public static void main(String[] args) throws InterruptedException {
    BaseStopWatch a = new SwissTick();
    Thread.sleep(100);

    System.out.println(a);          // 100
    BaseStopWatch b = new SwissTick();
    Thread.sleep(100);

    System.out.println(a);          // 200
    System.out.println(b);          // 100
    b.syncTo(a);
    Thread.sleep(100);

    System.out.println(a);          // 300
    System.out.println(b);          // 300

}
```

Lösung

Eine einfache Stoppuhr merkt sich den Startzeitpunkt, das heißt den Zeitpunkt ihrer Entstehung. Das könnte in einem Konstruktor geschehen oder mit einer Initialisierung der entsprechenden Instanzvariablen start. Wie weiter unten noch klar wird, kann start allerdings nicht als final definiert sein.

```java
public class SwissTick implements BaseStopWatch {
    private long start = System.currentTimeMillis();
    ...
```

Wenn die Methode read() aufgerufen wird, ergibt sich die abgelaufene Zeit aus der Differenz zwischen dem Aufrufzeitpunkt und dem früher gemerkten Startzeitpunkt:

```java
public long read() {
    return System.currentTimeMillis() - start;
}
...
```

---

[1]Die Exception-Signatur ist nötig, weil Thread.sleep eine InterruptedException werfen kann, die hier aber nicht behandelt wird.

Zum Synchronisieren mit einer anderen Stoppuhr sw wird der eigene Startzeitpunkt dem Startzeitpunkt von sw angepasst. Ob und wie die andere Stoppuhr
den Startzeitpunkt speichert, ist nicht bekannt, denn der Parameter sw hat den
Interface-Typ BaseStopWatch, der von beliebigen konkreten Klassen implementiert
werden kann. Durch Subtraktion lässt sich aber auf den Startzeitpunkt von sw
schließen:

```
public void syncTo(BaseStopWatch sw) {
    start = System.currentTimeMillis() - sw.read();
}
...
```

toString liefert die aktuelle Zeit als String:

```
public String toString() {
    return Long.toString(read());
}
}
```

31.2   Zurücksetzen

Das Interface ResettableStopWatch beschreibt Stoppuhren mit einem virtuellen
»Reset-Knopf«.

```
public interface ResettableStopWatch extends BaseStopWatch {
    public void reset();
}
```

Es ist von BaseStopWatch abgeleitet und definiert die weitere Methode reset(),
die die Stoppuhr wieder bei 0 startet. Definieren Sie eine weitere Klasse, die
ResettableStopWatch implementiert. Nutzen Sie die vorher definierte Klasse für
einfache Stoppuhren.

Das folgende Programm arbeitet wie das vorhergehende Beispielprogramm,
setzt a aber vor der Synchronisation zurück:

```
public static void main(String[] args) throws InterruptedException {
    ResettableStopWatch a = new SwissTickZero();
    Thread.sleep(100);

    System.out.println(a);              // 100
    BaseStopWatch b = new SwissTick();
    Thread.sleep(100);

    System.out.println(a);              // 200
    System.out.println(b);              // 100
```

```
        a.reset();                      // a zurücksetzen
        b.syncTo(a);
        Thread.sleep(100);

        System.out.println(a);          // 100
        System.out.println(b);          // 100
    }
```

Lösung

Die neue Klasse soll SwissTickZero genannt werden. Sie wird von der vorhergehenden Lösung SwissTick abgeleitet und erbt damit die Funktionalität der einfachen Stoppuhren.

Die zusätzliche Methode reset muss den Startzeitpunkt manipulieren, kann aber die private Instanzvariable start in der Basisklasse nicht erreichen. Dort private durch protected zu ersetzen wäre keine gute Idee, denn schreibender Zugriff auf Instanzvariablen fremder Klassen ist grundsätzlich fragwürdig.[2] Ein annehmbarer Kompromiss ist das Nachfügen eines Setters setTo mit Zugriffsschutz protected in der Basisklasse. Dieser Setter verändert die Startzeit so, dass die gewünschte Zielzeit s dargestellt wird:

```
public class SwissTick implements BaseStopWatch {
    ...
    // Erweiterung der vorhergehenden Lösung
    protected void setTo(long s) {
        start = System.currentTimeMillis() - s;
    }
}
```

Die Methode reset in der abgeleiteten Klasse SwissTickZero benutzt den Setter der Basisklasse:

```
public class SwissTickZero
        extends SwissTick implements ResettableStopWatch {
    public void reset() {
        setTo(0);
    }
}
```

---

[2]Eine schreibbare protected-Instanzvariable ist daher kaum besser als eine entsprechende public-Instanzvariable.

31.3   Pauseknopf

Stoppuhren mit Pauseknopf können vorübergehend angehalten werden. Das Interface `SuspendableStopWatch` ist von `ResettableStopWatch` abgeleitet und definiert zwei zusätzliche Methoden.

```
public interface SuspendableStopWatch extends ResettableStopWatch {
    public void suspend();
    public void resume();
}
```

`suspend()` hält die Stoppuhr an. Wenn die Stoppuhr schon steht, geschieht nichts. `resume()` lässt die Stoppuhr weiterlaufen. Wenn die Stoppuhr gerade läuft, bleibt die Methode ohne Wirkung. Definieren Sie eine dritte Klasse, die `SuspendableStopWatch` implementiert. Die anderen Klassen bleiben unverändert.

Das folgende Beispielprogramm verifiziert, dass die neuen Stoppuhren tatsächlich angehalten werden können:

```
public static void main(String[] args) throws InterruptedException {
    SuspendableStopWatch a = new SwissTickDeluxe();
    Thread.sleep(100);

    System.out.println(a);    // 100
    a.suspend();
    Thread.sleep(100);

    System.out.println(a);    // 100
    a.resume();
    Thread.sleep(100);

    System.out.println(a);    // 200
    ...
```

Stellen Sie weiter sicher, dass die neuen Stoppuhren synchronisiert und rückgestellt werden können, während sie angehalten bleiben.

```
    BaseStopWatch b = new SwissTick();
    Thread.sleep(100);

    a.suspend();
    a.syncTo(b);
    Thread.sleep(100);

    System.out.println(a);    // 100
    a.suspend();              // ohne Wirkung
    a.reset();
    System.out.println(a);    // 0
```

```
        a.resume();
        Thread.sleep(100);

        a.resume();              // ohne Wirkung
        System.out.println(a);   // 100
    }
```

Lösung

Diese dritte Art von Stoppuhren kann von der vorhergehenden Lösung
SwissTickZero abgeleitet werden und hat damit Zugriff auf die Grundfunktionalität. Luxus-Stoppuhren sind in einem von zwei Zuständen (angehalten oder
laufend). Dieser Zustand wird in einer boolean-Instanzvariablen suspended gespeichert, deren Wert von den beiden Methoden suspend und resume kontrolliert
wird. Ein vorgeschalteter Test verhindert mehrfaches Anhalten und Fortsetzen.

Eine Luxus-Stoppuhr soll bei dem Zeitpunkt weiterlaufen, an dem sie angehalten wurde (»Haltezeit«). Zusätzlich zum Zustand muss auch die Haltezeit
aufgezeichnet werden, sonst geht diese Information verloren. Dazu dient die Instanzvariable suspendedAt:

```
    public class SwissTickDeluxe extends SwissTickZero
            implements SuspendableStopWatch {
        private boolean suspended = false;

        private long suspendedAt;      // Haltezeit

        public void suspend() {
            if(!suspended) {
                suspendedAt = read();  // Haltezeit merken
                suspended = true;
            }
        }

        public void resume() {
            if(suspended) {
                setTo(suspendedAt);    // Haltezeit restaurieren
                suspended = false;
            }
        }
    }
```

Die drei ererbten Methoden read, syncTo und reset können vom Zustand »angehalten« nichts wissen und müssen redefiniert werden. Die redefinierten Fassungen
benutzen die ererbten Methoden, falls die Stoppuhr läuft, und kümmern sich andernfalls um die Haltezeit in der Instanzvariablen suspendedAt:

```
public long read() {
    if(suspended)
        return suspendedAt;          // Haltezeit liefern
    return super.read();
}

public void syncTo(BaseStopWatch sw) {
    if(suspended)
        suspendedAt = sw.read();    // auch Haltezeit synchronisieren
    super.syncTo(sw);
}

public void reset() {
    if(suspended)
        suspendedAt = 0;             // auch Haltezeit zurücksetzen
    super.reset();
}
```

32 Spielkarten

Diese Aufgabe kann auf recht unterschiedliche Art gelöst werden. Aus algorithmischer Sicht bietet sie keine besonderen Schwierigkeiten. Die eigentliche Herausforderung liegt in einer angemessenen Modellierung, die duplizierten Code vermeidet, Zuständigkeiten trennt und offen ist für Erweiterungen. Die für den Lösungsvorschlag gewählte Implementierung bezieht einige Sprachmittel von Java mit ein, wie zum Beispiel Aufzählungstypen, anonyme Klassen und private geschachtelte Interfaces.

Spielkarten beim Pokern haben zwei wesentliche Eigenschaften: Farbe (*suit*) und Wert (*kind*) mit den folgenden Ausprägungen:

♠ (Spade), ♡ (Heart), ◇ (Diamond), ♣ (Club)
Ace, King, Queen, Jack, 10, 9, 8, 7, 6, 5, 4, 3, 2

Für das Ass gilt eine Sonderregel: Es kann wahlweise wie eine 1 benutzt werden, kann also auch am Ende der Werteliste auftauchen.[1]

Ein Handblatt besteht aus fünf Karten. Der Rang (*rank*) eines Handblatts ergibt sich nach den folgenden Regeln, wobei jeweils die erste passende und damit wertvollste Kombination gilt:

Royal Flush	Fünf Karten der gleichen Farbe mit aufeinanderfolgenden Werten von der 10 bis zum Ass
Straight Flush	Fünf Karten der gleichen Farbe mit aufeinanderfolgenden Werten
Four of a Kind	Vier Karten mit gleichen Werten
Full House	Drei Karten mit gleichen Werten und weitere zwei Karten mit anderen, gleichen Werten
Flush	Fünf Karten der gleichen Farbe
Straight	Fünf Karten mit aufeinanderfolgenden Werten
Three of a Kind	Drei Karten mit gleichen Werten

---

[1] *Beide* Rollen kann ein Ass aber nicht gleichzeitig spielen. Man muss sich gewissermaßen entscheiden, was aufgedruckt sein soll, »Ass« oder »1«.

Two Pairs	Zwei Karten mit gleichen Werten und weitere zwei Karten mit anderen, gleichen Werten
One Pair	Zwei Karten mit gleichen Werten
High Card	Beliebige Karten

Definieren Sie eine unveränderliche Klasse Card, die eine Spielkarte repräsentiert, und eine ebenfalls unveränderliche Klasse Hand für ein Handblatt mit fünf Karten. Dazu kommen Aufzählungstypen Suit und Kind für Farbe und Wert einer Karte sowie Rank für den Rang eines Handblatts.

Die Klasse Hand bietet ferner eine Methode rank, die den Rang des Handblatts als Rank-Objekt zurückliefert. Das folgende Programmfragment gibt zum Beispiel FullHouse aus:

```
Hand h = new Hand(new Card(Suit.Spade, Kind.Q),
                  new Card(Suit.Heart, Kind.N8),
                  new Card(Suit.Heart, Kind.Q),
                  new Card(Suit.Spade, Kind.N8),
                  new Card(Suit.Club, Kind.N8));
System.out.println(h.rank());
```

Lösung

Die Aufzählungstypen Suit und Kind lassen sich vollkommen geradlinig definieren. Für die Elemente von Kind werden hier der Kürze wegen nur die Anfangsbuchstaben benutzt, im Fall der Zahlenwerte aus syntaktischen Gründen mit einem vorangestellten N für *number*:

```
public enum Suit {Spade, Heart, Diamond, Club}
public enum Kind {A, K, Q, J, N10, N9, N8, N7, N6, N5, N4, N3, N2}
```

Die Klasse Card enthält zwei unveränderliche Komponenten der Typen Suit und Kind. Beide werden im Konstruktor initialisiert und können mit Gettern abgefragt werden:

```
public class Card {
    private final Suit suit;
    private final Kind kind;

    public Card(Suit s, Kind k) {
        suit = s;
        kind = k;
    }

    public Kind kind() {
        return kind;
    }
```

```
    public Suit suit() {
        return suit;
    }
}
```

Ein Handblatt wird in der Klasse Hand definiert. Die Konstante HAND_CARDS definiert die Anzahl Karten eines Handblatts. Der einzige Konstruktor der Klasse wird mit der entsprechenden Anzahl Card-Objekten aufgerufen. Jede abweichende Anzahl Argumente löst eine Exception aus. Die drei weiteren Instanzvariablen byKind, bySuit und longestRun werden weiter unten gebraucht und sind hier im Voraus definiert.

```
public class Hand {
    public final static int HAND_CARDS = 5;

    // Erklärung folgt unten
    private final EnumMap<Kind, Integer> byKind =
        new EnumMap<Kind, Integer>(Kind.class);
    private final EnumMap<Suit, Integer> bySuit =
        new EnumMap<Suit, Integer>(Suit.class);
    private int longestRun = 0;
    private Rank rank;

    public Hand(Card... cards) {
        if(cards.length != HAND_CARDS)
            throw new IllegalArgumentException("wrong number of cards");
        ...
```

Das Array cards enthält mehr Information, als zur Bestimmung des Rangs des Handblatts gebraucht wird. Zum Beispiel ist die Reihenfolge der Karten ohne Bedeutung. Diese überschüssige Information stört sogar die weitere Verarbeitung. Deshalb werden aus dem Karten-Array genau die Daten extrahiert, mit denen sich am einfachsten weiterarbeiten lässt. Im Einzelnen sind das

- die Anzahl Karten jedes Wertes (für *Four of a Kind*, *Full House*, *Three of a Kind*, *Two Pairs*, *One Pair*),
- die Anzahl Karten jeder Farbe (für *Royal Flush*, *Straight Flush*, *Flush*),
- die maximale Anzahl Karten mit aufeinanderfolgenden Werten (für *Royal Flush*, *Straight Flush*, *Straight*).

Um die Anzahl Karten jedes Wertes zu ermitteln, wird eine Tabelle aufgebaut, die jedem Kartenwert einen Zähler zuordnet. Dafür eignet sich gut eine EnumMap, die jedes Element eines Aufzählungstyps auf ein Objekt abbildet. Eine derartige Datenstruktur wurde bereits oben definiert und mit einer neuen, noch leeren Map initialisiert.[2] Zunächst werden die Zähler aller Kartenwerte mit 0 vorbesetzt. Anschließend werden in einer Schleife die Zähler der Werte der fünf Handkarten inkrementiert:[3]

```
for(Kind k: Kind.values())
    byKind.put(k, 0);
for(Card c: cards)
    byKind.put(c.kind(), byKind.get(c.kind()) + 1);
...
```

Mit den Farben wird ebenso verfahren:

```
for(Suit s: Suit.values())
    bySuit.put(s, 0);
for(Card c: cards)
    bySuit.put(c.suit(), bySuit.get(c.suit()) + 1);
...
```

Zur Berechnung der längsten lückenlosen Reihe aufeinanderfolgender Kartenwerte lässt sich die oben berechnete Map byKind nutzen: In einer Schleife werden der Reihe nach die Werte der Map durchlaufen, die die Methode values() liefert.[4] Bei jedem Wert größer als 0 wird der Zähler run inkrementiert, und ansonsten wieder auf 0 zurückgesetzt. Der maximale dabei erreichte Zählerstand entspricht der Länge der längsten Reihe aufeinanderfolgender Kartenwerte. Er wird in der Instanzvariablen longestRun festgehalten, die bereits oben definiert wurde:

```
int run = 0;
for(int i: byKind.values()) {
    if(i == 0)
        run = 0;
    else
        run++;
    if(run > longestRun)
        longestRun = run;
}
...
```

[2]Der Konstruktor einer EnumMap verlangt das Typobjekt des Schlüsseltyps als Argument, wie zum Beispiel Kind.class.

[3]Eigentlich naheliegend wäre die Verwendung des Inkrementoperators, wie zum Beispiel in der Anweisung byKind.get(c.kind())++;. Das ist allerdings nicht zulässig, denn Integer-Objekte sind unveränderlich. Der Inhalt des bereits in der EnumMap verstauten Objektes kann also nachträglich nicht modifiziert werden. Stattdessen muss das alte Objekt in der Map durch ein neues Objekt ersetzt werden. Interessanterweise sind die beiden Anweisungen Integer i = 1; i++; durchaus erlaubt. Hier wird allerdings der Variablen i beim Inkrementieren ein neues Objekt zugewiesen.

[4]Eine EnumMap liefert die Werte in genau der gleichen Reihenfolge, wie die Elemente im Aufzählungstyp genannt sind.

An dieser Stelle kann berücksichtigt werden, dass ein Ass wie eine 1 verwendet werden darf. Wenn das Handblatt ein Ass enthält, wird der Zähler run noch einmal inkrementiert und gegebenenfalls longestRun aktualisiert.

```
if(byKind.get(Kind.A) > 0)
    run++;
if(run > longestRun)
    longestRun = run;
...
```

Es erweist sich, dass die einzelnen Karten selbst nicht mehr benötigt werden, zumindest nicht zur Lösung dieser Aufgabe. Das Array cards wird also verworfen.

An dieser Stelle sind alle Vorbereitungen getroffen, um den Rang des Handblatts zu bestimmen. Technisch könnten die entsprechenden Tests hier an Ort und Stelle im Hand-Konstruktor selbst implementiert werden. Das Ergebnis der Tests wäre ein Element eines Aufzählungstyps Rank, der getrennt von dieser Klasse noch zu definieren ist. Das Wissen über Anzahl, Art und Eigenschaften der verschiedenen Ränge wäre dann allerdings auf zwei verschiedene Stellen im Code verteilt. Modifikationen müssten immer an beiden Punkten nachgezogen werden.

Eine bessere Lösung verlangt von jedem Element des noch zu definierenden Aufzählungstyps Rank eine Methode matches, die für ein gegebenes Handblatt entscheidet, ob es den betreffenden Rang hat oder nicht.

Hier werden nur noch in einer Schleife alle Ränge in der Reihenfolge steigenden Wertes durchlaufen. Der letzte Treffer ist gleichzeitig der wertvollste Rang. Insbesondere weiß diese Klasse Hand nichts über die Anzahl und die Eigenschaften der Ränge! Das Ergebnis wird der Instanzvariablen rank zugewiesen, die oben im Voraus definiert wurde.

```
    for(Rank r: Rank.values())
        if(r.matches(this))
            rank = r;
}
...
```

Der im Konstruktor ermittelte Rang des Handblatts wird mit einem Getter zur Verfügung gestellt.

```
public Rank rank() {
    return rank;
}
...
```

Drei weitere Getter erlauben den Elementen des Aufzählungstyps Rank den Zugriff auf die Informationen, die zur Bewertung des Handblatts notwendig sind.

```
    EnumMap<Kind, Integer> byKind() {
        return byKind;
    }

    EnumMap<Suit, Integer> bySuit() {
        return bySuit;
    }

    int longestRun() {
        return longestRun;
    }
}
```

Der Aufzählungstyp Rank enthält ein Element für jeden Rang vom wertlosesten *High Card* bis hinauf zum *Royal Flush*. Die Methode

```
boolean matches(Hand hand)
```

soll Auskunft geben, ob das Handblatt hand passt oder nicht. Allerdings bewertet jedes Rank-Element ein Handblatt nach anderen Kriterien, die schlecht alle in eine einzige Methode gepackt werden können.

In Java lässt sich dieses Problem durch eine Instanzvariable lösen, die bei jedem Rank-Element mit einem anderen Objekt initialisiert wird. Diese Objekte implementieren ein gemeinsames, privates Interface CardMatcher mit einer ebenfalls mit matches bezeichneten Methode gleicher Signatur, an die der matches-Aufruf von Rank delegiert wird:

```
public enum Rank {
    // Elemente des Aufzählungstyps, siehe unten
    ...

    private interface CardMatcher {
        boolean matches(Hand hand);
    }

    private final CardMatcher cardMatcher;

    boolean matches(Hand hand) {
        return cardMatcher.matches(hand);
    }
    ...
```

Im Konstruktor jedes Rank-Elementes wird das eingebettete Objekt initialisiert.

```
    Rank(CardMatcher cm) {
        cardMatcher = cm;
    }
}
```

Der Konstruktor eines Aufzählungstyps wird automatisch im Zuge der Aufzählung der Werte aufgerufen. Eine andere Möglichkeit gibt es nicht. Bei der Aufzählung müssen die passenden Argumente angegeben werden.

Die im Rest der Lösung definierten Aufzählungselemente müssen syntaktisch am Anfang der Definition der enum-Klasse stehen. Sie sind also im oben entwickelten Quelltext an der Stelle des Kommentars

```
// Elemente des Aufzählungstyps
...
```

einzufügen.

Der einfachste Fall ist das erste Aufzählungselement HighCard, weil dessen CardMatcher *jedes* Handblatt akzeptiert. Die matches-Methode ignoriert den Parameter und liefert immer true:

```
HighCard(new CardMatcher() {
    public boolean matches(Hand hand) {
        return true;
    }
}),
...
```

Dabei erzeugt der Ausdruck

```
new CardMatcher() {...}
```

ein einzelnes Objekt einer anonymen, zu CardMatcher kompatiblen Klasse mit der angegebenen Implementierung der Methode matches. Dieses Objekt wird an den Konstruktor des Elements HighCard übergeben und dort in der Instanzvariablen cardMatcher abgespeichert.

Der CardMatcher des Elementes OnePair holt sich vom Handblatt mit der Methode byKind() die Anzahl Vorkommen der verschiedenen Kartenwerte und durchsucht sie. Wenn dabei ein Eintrag mit dem Wert 2 gefunden wird, gibt es (zumindest) ein Pärchen. Diese Methode schließt nicht aus, dass das Handblatt noch mehr wert ist, sondern verlässt sich darauf, dass die CardMatcher der nachfolgenden Ränge das erkennen:

```
OnePair(new CardMatcher() {
    public boolean matches(Hand hand) {
        for(int i: hand.byKind().values())
            if(i == 2)
```

```
            return true;
        return false;
    }
}),
...
```

Entsprechend durchsucht die Methode bei TwoPairs die Anzahl Vorkommen der Werte und zählt alle Einträge 2 in der Variablen pairs. Am Ende wird geprüft, ob genau zwei Pärchen gefunden wurden:

```
TwoPairs(new CardMatcher() {
    public boolean matches(Hand hand) {
        int pairs = 0;
        for(int i: hand.byKind().values())
            if(i >= 2)
                pairs++;
        return pairs == 2;
    }
}),
...
```

ThreeOfAKind sucht nach dem Vorkommen 3 gleicher Werte, entsprechend zu OnePair. Die Definition ist bis auf den Test i == 3 identisch zu OnePair und deshalb nicht abgedruckt.

Straight vergleicht die Länge der längsten lückenlosen Folge verschiedener Werte mit 5:

```
Straight(new CardMatcher() {
    public boolean matches(Hand hand) {
        return hand.longestRun() == 5;
    }
}),
...
```

Flush durchsucht nicht die Anzahl Vorkommen der Kartenwerte, sondern die Anzahl Vorkommen der Farben. Wenn dabei eine 5 gefunden wird, gibt es fünf Karten einer Farbe:

```
Flush(new CardMatcher() {
    public boolean matches(Hand hand) {
        for(int i: hand.bySuit().values())
            if(i == 5)
                return true;
        return false;
    }
}),
...
```

FullHouse benutzt die Matcher von OnePair und ThreeOfAKind. Wenn beide zutreffen, gibt es ein Pärchen und einen Drilling, die Bedingung für ein *Full House*:

```
FullHouse(new CardMatcher() {
    public boolean matches(Hand hand) {
        return OnePair.cardMatcher.matches(hand)
            && ThreeOfAKind.cardMatcher.matches(hand);
    }
}),
...
```

FourOfAKind ist eine weitere Variante von OnePair mit dem Test i == 4 und wird hier nicht wiedergegeben.

StraightFlush ist eine Kombination von Straight und Flush, wie der Name schon ausdrückt. Der Matcher fällt auf die beiden anderen Matcher zurück:

```
StraightFlush(new CardMatcher() {
    public boolean matches(Hand hand) {
        return Straight.cardMatcher.matches(hand)
            && Flush.cardMatcher.matches(hand);
    }
}),
...
```

RoyalFlush entspricht einem StraightFlush, wobei zusätzlich ein Ass im Spiel sein muss:

```
RoyalFlush(new CardMatcher() {
    public boolean matches(Hand hand) {
        return StraightFlush.cardMatcher.matches(hand)
            && hand.byKind().get(Kind.A) > 0;
    }
});
```

Die CardMatcher-Objekte werden in dieser Lösung nur als syntaktische Träger für die matches-Methoden gebraucht. Die anonymen Typen selbst und die daraus erzeugten Objekte[5] sind irrelevant. In einer zukünftigen Java-Version lässt sich diese Art von Problemen vielleicht eleganter mit reinen Funktionswerten, sogenannten *Closures*, lösen, die in anderen Programmiersprachen schon länger zur Verfügung stehen.

---

[5]Dabei handelt es sich um sogenannte *Singletons*, das heißt um Einzelexemplare einer Klasse. Es gibt keine Möglichkeit, ein zweites Objekt derselben anonymen Klasse zu erzeugen, weil die Klasse namenlos ist und deshalb kein Konstruktor formuliert oder aufgerufen werden kann.

33 Zahlenfolgen

In dieser Aufgabe werden Objekte mit potenziell »unendlichem Inhalt« modelliert, der auf Anfrage geliefert wird. Dafür eignet sich das Interface Iterator, das
in Java an vielen Stellen benutzt wird, um Sammlungen von Werten zu verarbeiten.

Im zweiten Schritt werden »Metaklassen« definiert. Hier zeigt sich ein sub-
tiles technisches Problem im Zusammenhang mit der Initialisierung von Basisklassen, dessen Lösung nicht ganz leicht fällt.

Mithilfe der verschiedenen hier implementierten Klassen lässt sich schließlich ein bekannter Primzahlenalgorithmus, das »Sieb des Eratosthenes«, elegant
realisieren.

Die folgende abstrakte Basisklasse modelliert allgemeine Folgen von ganzen Zahlen:

```
public abstract class Sequence implements Iterator<Integer> {
    public final void remove()  {
        throw new UnsupportedOperationException("sequence is immutable");
    }
}
```

Weil Zahlenfolgen nicht verändert werden können, wird der Aufruf von remove
in jedem Fall mit einem Laufzeitfehler beantwortet. Der Modifier final bei der
Definition von remove verhindert Redefinitionen in abgeleiteten Klassen, die von
diesem Verhalten abweichen könnten.

33.1 Konkrete Folgen

Die natürlichen Zahlen (1, 2, 3, ...) sind eine konkrete Zahlenfolge. Leiten Sie die
Klasse Naturals von Sequence ab. Definieren Sie dazu die beiden in der abstrakten Basisklasse fehlenden Methoden hasNext und next. Nachdem es, wenigstens
im Prinzip, unendlich viele natürliche Zahlen gibt, liefert hasNext immer true.
Werfen Sie eine IllegalStateException, sobald die Wertebereichsgrenze von int
überschritten wird.

Die Klasse Range repräsentiert ganze Zahlen in einem gegebenen Intervall.
Der Konstruktor von Range erwartet zwei Argumente, den Anfang und das Ende

des Intervalls. Der erste Parameter nennt die erste Zahl im Intervall, der zweite Parameter die erste Zahl hinter dem Intervall. Zum Beispiel gibt die folgende Schleife die Zahlen von −5 bis 4 aus:

```
Sequence numbers = new Range(-5, 5);
while(numbers.hasNext())
    System.out.println(numbers.next());
```

Erweitern Sie die abstrakte Basisklasse Sequence zu Testzwecken um eine Methode dump, die eine gegebene Anzahl Elemente der Zahlenfolge auf der Konsole ausgibt. Wenn dabei das Ende der Folge erreicht wird, fügt dump nach der letzten Zahl ein Semikolon an, andernfalls drei Punkte. Die Anweisungen

```
new Range(1, 4).dump(5);
new Range(1, 8).dump(5);
```

geben aus:

```
1, 2, 3;
1, 2, 3, 4, 5, ...
```

Lösung

Die Klasse Naturals ist von der abstrakten Basisklasse Sequence abgeleitet und definiert die beiden fehlenden Methoden des Interface Iterator<Integer>, next und hasNext. Letztere fällt sehr einfach aus: Sie liefert immer true.

In der Instanzvariablen next wird die Zahl gespeichert, die als Nächstes von next zurückgegeben wird. Der Startwert ist in jedem Fall 1 und kann deshalb sofort bei der Definition der Instanzvariablen als Initialisierungswert zugewiesen werden.

```
public class Naturals extends Sequence {
    private int next = 1;

    public boolean hasNext() {
        return true;
    }
    ...
```

next prüft zunächst, ob der int-Wertebereich überschritten ist. Wegen des *wrap-around* (siehe Fußnote auf Seite 64) lässt sich das an einem negativen Wert von next erkennen. Andernfalls wird next zurückgeliefert und als Vorbereitung für den nächsten Aufruf inkrementiert:

```
        public Integer next() {
            if(next < 0)
                throw new IllegalStateException("integer overflow");
            return next++;
        }
    }
```

Range braucht, ebenso wie Naturals, eine Instanzvariable next für die nächste Zahl der Folge. Des Weiteren merkt sich Range in der zweiten Instanzvariablen stopper den ersten Wert nach dem Ende der Folge. stopper ändert sich nicht und kann final definiert werden. Beide Instanzvariablen werden im Konstruktor initialisiert:

```
    public class Range extends Sequence {
        private int next;
        private final int stopper;

        public Range(int from, int to) {
            next = from;
            stopper = to;
        }
        ...
```

hasNext vergleicht die nächste Zahl mit dem Endwert, um zu entscheiden, ob noch weitere Elemente geliefert werden könnten. next liefert den nächsten Wert der Folge. Falls die Folge erschöpft ist, bricht die Methode mit einer NoSuchElementException ab.[1]

```
        public boolean hasNext() {
            return next < stopper;
        }

        public Integer next() {
            if(!hasNext())
                throw new NoSuchElementException("no more elements");
            return next++;
        }
    }
```

Die Methode dump kann in der Klasse Sequence definiert werden und steht damit allen abgeleiteten Klassen zur Verfügung. Sie dient in erster Linie Testzwecken.[2]

---

[1]Im Gegensatz dazu wirft die next-Methode von Naturals eine IllegalStateException, weil dort nicht das *logische* Ende der Folge erreicht ist, sondern aus technischen Gründen keine weiteren Werte mehr geliefert werden können.

[2]Die Methode toString wird hier nicht implementiert. Im Gegensatz zu toString modifiziert dump das Zielobjekt.

Die Ausgabeschleife von dump endet, sobald entweder die Folge erschöpft ist oder die geforderte Anzahl Elemente ausgegeben wurde. Beide Bedingungen werden im Schleifenkopf geprüft. Nach jedem Element wird ein Komma ausgegeben, wenn noch weitere Elemente existieren. Zum Abschluss wird das passende Suffix angefügt:

```
public public void dump(int max) {
    for(int i = 0; hasNext() && i < max; i++) {
        System.out.print(next());
        if(hasNext())
            System.out.print(", ");
    }
    System.out.println(hasNext()?  "...":  ";");
}
```

33.2   Filter

Ein »Filter« ist eine Zahlenfolge, die sich von einer anderen Zahlenfolge »ernährt«, deren Elemente entweder durchgelassen oder absorbiert werden. Welche Zahlen passieren dürfen, legen erst konkrete, abgeleitete Filterklassen fest. Definieren Sie Filter als abstrakte Basisklasse mit der abstrakten Methode

```
abstract boolean pass(int number);
```

pass wird in konkreten, abgeleiteten Klassen implementiert und liefert genau dann true, wenn die Zahl number passieren darf. Definieren Sie zum Beispiel den Filter Evens, der gerade Zahlen weitergibt und ungerade Zahlen schluckt. Zum Beispiel geben

```
new Evens(new Naturals()).dump(5);
new Evens(new Range(5, 10)).dump(5);
```

aus

```
2, 4, 6, 8, 10, ...
6, 8;
```

Definieren Sie einen Filter ZapMultiples. Dessen Konstruktor erwartet eine Basiszahl. Der Filter absorbiert alle ganzzahligen Vielfachen der Basiszahl und gibt den Rest weiter. Zum Beispiel gibt

```
new ZapMultiples(new Naturals(), 3).dump(5);
```

aus

```
1, 2, 4, 5, 7, ...
```

Die Vielfachen von 3 fehlen, die übrigen Zahlen können passieren. Die Ausgabe von

```
new ZapMultiples(new Evens(new Naturals()), 2).dump(1);
```

scheitert letztendlich mit einer IllegalStateException.

Das »Sieb des Eratosthenes« ist ein sehr alter Algorithmus zur Berechnung von Primzahlen, der folgendermaßen funktioniert:

1. Die Primzahlenfolge wird zunächst mit den natürlichen Zahlen ab 2 initialisiert.
2. Das erste Element der Folge ist eine Primzahl und wird ausgegeben.
3. Dann werden alle Vielfachen dieser Zahl aus der Folge gestrichen und mit Schritt 2 fortgefahren.

Implementieren Sie das »Sieb des Eratosthenes« mit den vorher definierten Klassen, um die Primzahlen bis 100 zu berechnen und auszugeben.

Lösung

Ein Filter braucht eine beliebige andere Zahlenfolge als Datenquelle. Diese wird im Konstruktor übergeben und in einer entsprechenden, unveränderlichen Instanzvariablen aufgezeichnet:

```
public abstract class Filter extends Sequence {
    private final Sequence source;

    protected Filter(Sequence source) {
        this.source = source;
    }
    ...
```

Filter wird von einer abstrakten Basisklasse abgeleitet und ist selbst eine abstrakte Basisklasse. Zum einen werden die fehlenden Methoden von Sequence definiert, zum anderen wird die neue abstrakte Methode pass eingeführt.

```
    public abstract boolean pass(int number);
    ...
```

Die Definition von hasNext wirft ein Problem auf: Um zu entscheiden, ob der Filter weitere Elemente liefern kann, muss er Elemente von der Datenquelle vorauslesen, bis entweder ein von pass akzeptiertes Element auftaucht oder die Datenquelle selbst erschöpft ist. Ein weiterer Aufruf von hasNext darf diesen Vorgang jedoch *nicht wiederholen*, weil hasNext nur Auskunft geben soll, aber keine Daten konsumieren darf!

Das Problem lässt sich mit einer Variablen lösen, die signalisiert, ob die Datenquelle bereits erforscht ist oder nicht. Im ersten Fall kehrt hasNext sofort mit dem bereits festgestellten Ergebnis zurück; andernfalls ist das oben beschriebene Vorauslesen der Datenquelle notwendig.

Das Vorauslesen der Datenquelle kann zu zwei Ergebnissen führen: Entweder wird ein akzeptables Element gefunden, oder die Datenquelle endet vorher. Auch diese Information muss aufgezeichnet werden.

Insgesamt kann der Filter also in einem von drei Zuständen sein:

- Keine Information über das nächste Element verfügbar,
- passendes Element gefunden,
- Datenquelle erschöpft, es gibt kein passendes Element mehr.

Für die drei Zustände wird ein privater Aufzählungstyp NextState[3] und eine Instanzvariable dieses Typs definiert. In der Instanzvariablen next wird das nächste passende Element aufgezeichnet, falls überhaupt eines gefunden wurde:

```
private enum NextState {Unknown, Found, None};
private NextState state = NextState.Unknown;
private int next;      // gültig nur, falls state == Found
...
```

Das Vorauslesen der Datenquelle wird in der privaten Hilfsmethode lookahead implementiert, die den Wert der Instanzvariablen state zurückliefert. Wie oben beschrieben unternimmt lookahead nichts, wenn das Ergebnis des Vorauslesens bereits bekannt ist. Andernfalls wird die Datenquelle so lange weiter verfolgt, bis sie endet (state = NextState.None) oder ein passendes Element auftaucht (state = NextState.Found):

```
private NextState lookahead() {
    while(state == NextState.Unknown)
        if(source.hasNext()) {
            next = source.next();
            if(pass(next))
                state = NextState.Found;
        }
        else
            state = NextState.None;
    return state;
}
...
```

[3] Gelegentlich wird eine Auswahl von drei Alternativen auf eine Variable des Wrapper-Typs Boolean abgebildet, deren Werte null, Boolean.True und Boolean.False sein können. Auch das wäre hier möglich. null als Repräsentant für »keine Information über das nächste Element« entbehrt nicht einmal einer gewissen Logik. Dennoch ist ein Aufzählungstyp wesentlich aussagekräftiger, obwohl der Schreibaufwand höher ausfällt.

Auf dieser Basis lassen sich die zwei fehlenden Methoden implementieren. Beide rufen lookahead auf, um sich Information über den weiteren Verlauf der Datenquelle zu verschaffen. hasNext liefert true, wenn dabei ein Element gefunden wurde:

```java
public boolean hasNext() {
    return lookahead() == NextState.Found;
}
...
```

next wirft eine NoSuchElementException, falls die Datenquelle erschöpft ist, und gibt ansonsten das gefundene Element zurück. Des Weiteren löscht next das Ergebnis des Vorauslesens mit state = NextState.Unknown, weil das aktuelle Element konsumiert ist und für die nächsten Aufrufe die Datenquelle weiter erforscht werden muss:

```java
public Integer next() {
    if(lookahead() == NextState.None)
        throw new NoSuchElementException("no more elements");
    state = NextState.Unknown;
    return next;
}
}
```

Evens erbt die oben implementierten Methoden und muss nur pass sowie den Konstruktor definieren:

```java
public class Evens extends Filter {
    public Evens(Sequence source) {
        super(source);
    }

    public boolean pass(int number) {
        return number%2 == 0;
    }
}
```

Entsprechend arbeitet ZapMultiples. Der Konstruktor erwartet zusätzlich zur zugrunde liegenden Zahlenfolge source die Basiszahl b, deren Vielfache ausgeblendet werden. Diese wird in der unveränderlichen Instanzvariablen base gespeichert. pass prüft, ob number ein Vielfaches von base ist oder nicht.

```
public class ZapMultiples extends Filter {
    private final int base;

    public ZapMultiples(Sequence source, int b) {
        super(source);
        base = b;
    }

    public boolean pass(int number) {
        return number%base != 0;
    }
}
```

Mithilfe dieser Klassen lässt sich das »Sieb des Eratosthenes« recht geradlinig implementieren: Zuerst wird die Folge aller Zahlen von 2 bis 100 erzeugt und der Variablen primes zugewiesen. In einer Schleife werden so lange Primzahlen ausgegeben, bis primes erschöpft ist. In jedem Schleifendurchlauf wird die Folge durch eine neue Folge ersetzt, in der alle Vielfachen der letzten Primzahl entfernt sind:

```
Sequence primes = new Range(2, 100);
while(primes.hasNext()) {
    int prime = primes.next();
    System.out.println(prime);
    primes = new ZapMultiples(primes, prime);
}
```

Bei genauerer Betrachtung stellt sich die Frage, ob der Zustand »keine Information über das nächste Element« (state == Next.Unknown) in der Klasse Filter eigentlich nötig ist. Im Grunde könnte ja ein Filter-Objekt im Konstruktor und bei jedem next-Aufruf in der Datenquelle vorauslesen und das nächste Element ausloten. Die entsprechend gekürzte Filter-Klasse sieht folgendermaßen aus:

```
public abstract class Filter extends Sequence {
    private final Sequence source;

    protected Filter(Sequence source) {
        this.source = source;
        lookahead();                        // sofort vorauslesen
    }

    public abstract boolean pass(int number);

    private enum NextState {Found, None};   // ohne Unknown
    private NextState state;                // im Konstruktor initialisiert
    private int next;
```

```
        private void lookahead() {        // void reicht aus
            state = null;                 // immer suchen
            while(state == null)
                if(source.hasNext()) {
                    next = source.next();
                    if(pass(next))
                        state = Next.Found;
                }
                else
                    state = Next.None;
        }

        public boolean hasNext() {
            return state == Next.Found;    // ohne lookahead
        }

        public Integer next() {
            if(state == NextState.None)
                throw new NoSuchElementException("no more elements");
            int result = next;             // Ergebnis festhalten
            lookahead();                   // wieder vorauslesen
            return result;
        }
    }
```

Evens funktioniert klaglos mit dieser modifizierten abstrakten Basisklasse. Dagegen scheitert ZapMultiples mit dem Laufzeitfehler

    ArithmeticException: / by zero

in der Methode ZapMultiples.pass. Dieser Konstruktion wird die Initialisierungsreihenfolge von Teilobjekten zum Verhängnis: Bevor ein abgeleitetes Objekt initialisiert wird, muss das zugrunde liegende Basisklassenobjekt komplett initialisiert sein. Im vorliegenden Fall bedeutet das, dass zuerst der Filter-Konstruktor, dann der ZapMultiples-Konstruktor ausgeführt wird.[4] Im Filter-Konstruktor wird über lookahead die pass-Methode von ZapMultiples aufgerufen und stürzt ab, weil die Instanzvariable base zu diesem Zeitpunkt noch den Defaultwert 0 hat und noch nicht den Wert, der ihr später im ZapMultiples-Konstruktor zugewiesen wird!

Dieses Problem kann mit dem vorher beschriebenen, verzögerten Aufruf von lookahead gelöst werden.

---

[4]Die Syntax des abgeleiteten Konstruktors drückt genau das textuell mit dem super-Aufruf als erster Anweisung aus.

34 Chiffren

Die Kryptografie stellt Methoden zum Ver- und Entschlüsseln von Texten bereit. Ohne Kenntnis des verwendeten Schlüssels soll ein Angreifer nicht in der Lage sein, den verschlüsselten Text (Chiffretext) zu entschlüsseln.

»Symmetrische« Verschlüsselungsverfahren (Chiffren) verwenden zur Ver- und Entschlüsselung denselben Schlüssel, während »asymmetrische« Chiffren ein Schlüsselpaar (p, s) benutzen. Aus dem öffentlichen Schlüssel p kann der geheime Schlüssel s nicht (mit vertretbarem Aufwand) berechnet werden, obwohl er mathematisch gesehen invertierbar ist.

Sie sollen einige einfache Chiffren programmieren. Dabei werden Sie sich mit den Tücken der byte-Arithmetik auseinandersetzen. Die Beziehungen zwischen verschiedenen Chiffren werden durch Ableitungen von Interfaces und Klassen beschrieben.

Die vorgestellten Chiffren sollen Prinzipien darlegen, sie sind aber keineswegs sicher vor Angriffen, allein schon wegen der zu kurzen Schlüssel (int key).

Alle Chiffren sollen das folgende Interface implementieren:

```
public interface Cipher {
    String encrypt(String plainText, int key);
    String decrypt(String cryptText, int key);
}
```

Da Klartext plainText und Chiffretext cryptText über binäre Streams ausgetauscht werden sollen, müssen Textstrings in Bytes konvertiert werden und zurück. Ein Byte-Array entsprechend zu einem String liefert die Methode getBytes:

```
String text = ...;
byte[] bytes = text.getBytes();
```

Ein String-Konstruktor erzeugt aus einem Byte-Array wieder einen String:

```
text = new String(bytes);
```

Es gibt allerdings unterschiedliche Verfahren für die Abbildung zwischen Textzeichen und Bytes. Auf einem konkreten System legt das *Encoding* die Regeln fest. Ohne weitere Angaben, wie in den oben gezeigten Beispielen, wird ein systemabhängiges Default-Encoding verwendet, das möglicherweise zu Fehlern führt. In diesem Fall sollten überladene Versionen der Methoden benutzt werden, die ein passendes Encoding fixieren:[1]

```
String text = ...;
byte[] bytes = text.getBytes("ISO-8859-1");

text = new String(bytes, "ISO-8859-1");
```

In den Codefragmenten dieser Aufgabe sind diese zusätzlichen Argumente zur Vereinfachung weggelassen.

34.1   Substitutionschiffren

Einfache »Substitutionen« chiffrieren jedes Einzelzeichen eines Textes mit demselben Schlüssel. Beispielsweise verschiebt die »additive Chiffre« jedes Zeichen zyklisch um key Positionen. Für $key = 3$ (Cäsar-Chiffre) ergibt sich:

..., 'A' $\rightarrow$ 'D', 'B' $\rightarrow$ 'E', ..., \u00FF $\rightarrow$ \u0002, ...

 Die Schreibweise \uxxxx kann im Java-Quelltext als Platzhalter für das Zeichen mit dem hexadezimalen Unicode xxxx verwendet werden. [2]

Entschlüsselt wird der Chiffretext durch Verschieben in umgekehrter Richtung. Der Schlüssel key ist die Weite der Verschiebung.

Schreiben Sie eine abstrakte Klasse Substitution, die das Interface Cipher implementiert. Einzelzeichen werden verschlüsselt bzw. entschlüsselt mit den Methoden:

```
public abstract byte encrypt(byte c, int key);
public abstract byte decrypt(byte c, int key);
```

Implementieren Sie mit ihrer Hilfe die Methoden zum Ver- und Entschlüsseln von Strings:

```
public String encrypt(String plainText, int key) {...}
public String decrypt(String cryptText, int key) {...}
```

---

[1]Jede Java-Implementierung muss das Encoding ISO-8859-1 anbieten, neben einigen weiteren Pflicht-Encodings. Darüber hinaus gibt es auf vielen Systemen noch zusätzliche, optionale Encodings. Erschöpfende Auskunft gibt die statische Methode CharSets.availableCharsets().

[2]Die Sequenzen \uxxxx ersetzt der Compiler zu Beginn der Übersetzung durch entsprechende Unicode-Zeichen. Zum Beispiel sind cl\u0061ss und class im Quelltext gleichwertig.

Lösung

Die Schnittstelle ist vorgegeben:

```
public abstract class Substitution implements Cipher {
    public abstract byte encrypt(byte c, int key);
    public abstract byte decrypt(byte c, int key);
    ...
```

Die Methoden zur Ver- und Entschlüsselung von Strings konvertieren diese in Byte-Arrays und wenden die gleichnamigen Methoden für Bytes auf jedes Zeichen an.

```
public String encrypt(String plainText, int key) {
    byte[] bytes = plainText.getBytes();
    for(int i = 0; i < bytes.length; i++)
        bytes[i] = encrypt(bytes[i], key);
    return new String(bytes);
}

public String decrypt(String cryptText, int key) {
    ...      // analog
}
}
```

34.2 *Xor*-Substitution

Die einfachste Substitution ist die *Xor*-Verknüpfung c^key jedes Text-Bytes c mit dem Schlüssel *key*. Die Entschlüsselung ist identisch mit der Verschlüsselung.

Schreiben Sie eine Java-Klasse XorSubstitution, die von Substitution abgeleitet ist. Hier lässt sich der Java-Operator ^ verwenden, der die 32 Bits von zwei int-Werten mit *Xor* verknüpft und als Ergebnis einen neuen int-Wert liefert.

Das folgende Testprogramm erwartet einen Klartext plainText als erstes und einen Schlüssel key als zweites Kommandozeilenargument. Es erzeugt einen Verschlüssler cipher und chiffriert damit den Klartext in den Geheimtext cryptText:

```
public static void main(String[] args) {
    String plainText = args[0];
    int key = Integer.parseInt(args[1]);
    Cipher cipher = new XorSubstitution();
    String cryptText = cipher.encrypt(plainText, key);
    ...
```

Die Bytes des verschlüsselten Textes werden auf der Konsole gezeigt. In der Regel kann dieser String nicht lesbar ausgegeben werden, weil bei der Verschlüsselung nichtdruckbare Zeichen entstehen.

```
System.out.println(Arrays.toString(cryptText.getBytes()));
...
```

Schließlich wird der Geheimtext wieder dechiffriert und zur Kontrolle mit dem ursprünglichen Klartext verglichen. Die Ausgabe müsste true lauten:

```
String decoded = cipher.decrypt(cryptText, key);
System.out.println(plainText.equals(decoded));
}
```

Das Programm kann zum Beispiel folgendermaßen aufgerufen werden.

```
$ java XorSubstitution "Hello, world!" 23
[95, 114, 123, 123, 120, 59, 55, 96, 120, 101, 123, 115, 54]
true
```

Hier entsteht, allerdings nur zufällig, lesbarer Geheimtext _r{{x;7'xe{s6. Eine Kontrolle des ersten Zeichens dieses Geheimtextes zeigt, dass der Verschlüssler korrekt arbeitet: Der Code $72_{10} = 48_{16}$ des Buchstabens H hat die Binärdarstellung 01001000_2. Der Schlüssel 23_{10} entspricht der Binärzahl 00010111_2. Bitweises *Xor* liefert 01011111_2, den Code $5F_{16} = 95_{10}$ des Zeichens _.

Lösung

Bei der *Xor*-Verknüpfung c^key des Bytes c mit dem Schlüssel key wird c zunächst implizit in den Typ int konvertiert. Dazu ist kein *Typecast* notwendig. Das Vorzeichen bleibt dabei erhalten. Das int-Ergebnis wird mit einem *Typecast* zurück in byte konvertiert:

```
public class XorSubstitution extends Substitution {
    public byte encrypt(byte c, int key) {
        return (byte)(c ^ key);
    }

    public byte decrypt(byte c, int key) {
        return (byte)(c ^ key);
    }
}
```

34.3   Additive Substitution

Bei der additiven Substitution wird der Code jedes Zeichens benutzt und der Wert *key* dazu addiert. Überlauf kann ignoriert werden, denn er führt beim *Typecast* auf byte zu einem Vorzeichenwechsel, der bei der Subtraktion während der Entschlüsselung automatisch kompensiert wird.

Schreiben Sie eine Java-Klasse AdditiveSubstitution, die von Substitution abgeleitet ist.

Lösung

Die Lösung ist praktisch identisch zur vorhergehenden Lösung. Statt des Operators ^ werden Addition und Subtraktion verwendet:

```
public class AdditiveSubstitution extends Substitution {
    public byte encrypt(byte c, int key) {
        return (byte)(c + key);
    }

    public byte decrypt(byte c, int key) {
        return (byte)(c - key);
    }
}
```

Das Testprogramm von Seite 206 liefert mit einem Verschlüssler vom Typ AdditiveSubstitution folgendes Ergebnis:

```
$ java AdditiveSubstitution "Hello, world!" 23
[95, 124, -125, -125, -122, 67, 55, -114, -122, -119, -125, 123, 56]
true
```

Eine Überprüfung des ersten Zeichens zeigt die korrekte Funktion: Aus H mit Code 72 entsteht durch Addition des Schlüssels 23 das Zeichen _ mit Code 95.

34.4   Stromchiffren

Stromchiffren stützen sich ebenfalls auf eine Substitution. Sie verwenden aber einen neuen Substitutionsschlüssel für jedes Zeichen des Textes. Gleiche Klartextzeichen werden somit auf verschiedene Chiffretextzeichen abgebildet. Dadurch werden die Chiffretextzeichen ausgewogener verteilt und eine statistische Kryptoanalyse erschwert. Die einfachste Stromchiffre verwendet einen Schlüsselstromgenerator.

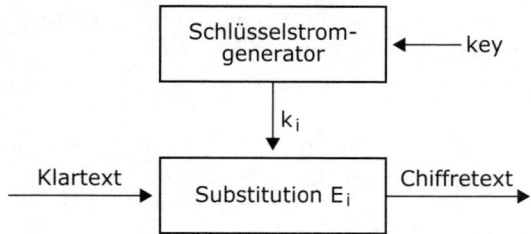

Die Zeichen des Klartextes werden mit den korrespondierenden Schlüsseln des Schlüsselstroms verschlüsselt, beispielsweise *Xor*-verknüpft. Für die Entschlüsselung muss derselbe Schlüsselstrom verwendet werden. Als Schlüsselstromgenerator wird ein Pseudozufallszahlengenerator verwendet, der mit dem Schlüssel der Stromchiffre initialisiert wird. Dazu wird die Methode setSeed(int init) aufgerufen.

Implementieren Sie eine von Cipher abgeleitete Klasse StreamCipher, die die Zeichen *Xor*-verschlüsselt. Verwenden Sie als Schlüsselstromgenerator den Zufallszahlengenerator, der in der Bibliotheksklasse java.util.Random implementiert ist.

Das Testprogramm von Seite 206 arbeitet auch mit einem StreamCipher-Objekt, das mit

```
Cipher cipher = new StreamCipher();
```

der Variablen cipher zugewiesen wird. Das Program gibt dann Folgendes aus:

```
$ java StreamCipher "Hello, world!" 23
[47, 124, 106, -109, -54, -37, 68, -101, -28, -60, -31, 74, 82]
true
```

Der dritte und vierte Buchstabe des Klartextes sind gleich (*l*). Im Geheimtext entstehen daraus zwei verschiedene Zeichen (Codes 106 und -109).

Lösung

Zunächst wird ein Schlüsselstromgenerator keyGenerator angelegt.

```
public class StreamCipher implements Cipher {
    private final Random keyGenerator = new Random();
    ...
```

Da StreamCipher direkt von Cipher und nicht von Substitution abgeleitet ist, müssen die Verschlüsselungsmethoden für komplette Strings definiert werden. Zunächst wird der Schlüsselstromgenerator mit dem Schlüssel initialisiert:

```
public String encrypt(String plainText, int key) {
    keyGenerator.setSeed(key);
    ...
```

Dann wird der Klartext in ein Byte-Array konvertiert und jedes Byte mit einem neu generierten Schlüssel verschlüsselt:

```
byte[] bytes = plainText.getBytes();
Substitution cipher = new XorSubstitution();
for(int i = 0; i < bytes.length; i++) {
    int runKey = keyGenerator.nextInt();
    bytes[i] = cipher.encrypt(bytes[i], runKey);
}
...
```

Das Array mit den verschlüsselten Bytes wird wieder in einen String zurück konvertiert:

```
    return new String(bytes);
}
```

Die Entschlüsselung verwendet denselben Schlüsselstrom, ruft aber statt encrypt die Methode cipher.decrypt auf. Für die XorSubstitution sind Ver- und Entschlüsselung identisch.

```
    public String decrypt(String cryptText, int key) {
        return encrypt(cryptText, key);
    }
}
```

34.5 Diffie-Hellman

Asymmetrische Verfahren kommen ohne einen gemeinsamen, geheimen Schlüssel aus, der vorab auf einem sicheren Weg ausgetauscht werden muss. Jeder Kommunikationsteilnehmer generiert sich ein Schlüsselpaar (p, s) mit einem öffentlichen Schlüssel p (*public key*) und einem geheimen Schlüssel[3] s (*secret key*). Eine Nachricht, die mit p verschlüsselt wurde, lässt sich nur mit s wieder entschlüsseln und umgekehrt. p und s sind invers zueinander.

Will Alice einen Liebesbrief P (*plaintext*) an Bob schicken, den kein anderer lesen soll, so verschlüsselt sie ihn mit Bobs öffentlichem Schlüssel p_{Bob}. Nur Bob ist im Besitz des zugehörigen geheimen Schlüssels s_{Bob} und kann damit Alices verschlüsselten Brief C (*ciphertext*) entschlüsseln.

---

[3] Bei asymmetrischen Chiffren spricht man meist von *privaten* Schlüsseln, um sie von den geheimen symmetrischen Schlüsseln zu unterscheiden.

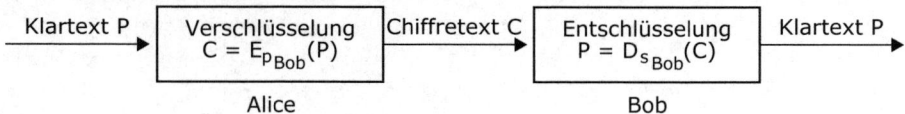

Alice
Bob

Asymmetrische Verfahren können auch verwendet werden, um damit über eine ungeschützte Verbindung einen geheimen symmetrischen Schlüssel zu vereinbaren, der dann zur Verschlüsselung einer vertraulichen Nachricht verwendet wird.[4] Ein solches »Schlüsselvereinbarungsprotokoll« geht auf Whitfield Diffie und Martin Hellman zurück.

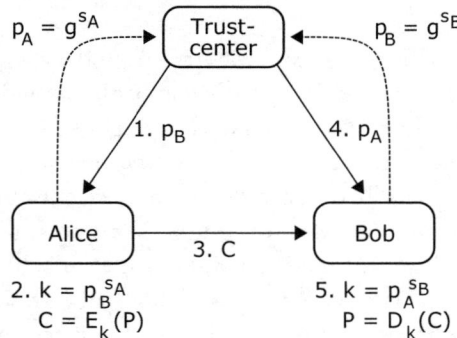

Ein *Trustcenter* veröffentlicht eine große Primzahl n und dazu eine Zahl g (Generator) mit der Eigenschaft, dass die Potenzen von g modulo n alle Zahlen zwischen 1 und $n-1$ durchlaufen (siehe Aufgabe 18.5, »Generator zu einer Primzahl«, Seite 88). Jeder Kommunikationsteilnehmer wählt eine geheime Zahl s, berechnet dazu $p = g^s \bmod n$ und schickt p zur Veröffentlichung an das Trustcenter. Will nun Alice eine vertrauliche Nachricht an Bob schicken, so geht sie folgendermaßen vor:

1. Alice holt sich vom Trustcenter Bobs öffentlichen Schlüssel p_{Bob}.
2. Alice berechnet einen symmetrischen Schlüssel $k = p_{Bob}^{s_{Alice}} \bmod n$ und verschlüsselt damit ihre Nachricht P zu $C = E_k(P)$. Dazu kann eine beliebige symmetrische Chiffre, beispielsweise eine Stromchiffre, benutzt werden.
3. Alice schickt den chiffrierten Text C an Bob.
4. Bob holt sich vom Trustcenter Alices öffentlichen Schlüssel p_{Alice}.
5. Bob berechnet $k = p_{Alice}^{s_{Bob}} \bmod n$ und entschlüsselt damit den Chiffretext C zu $P = D_k(C)$, der ursprünglichen Nachricht.

---

[4]Symmetrische Verfahren sind effizienter als asymmetrische und werden deshalb bei größeren Datenmengen vorgezogen. Bei kurzen Nachrichten fällt der Unterschied nicht ins Gewicht.

Die beiden von Alice und Bob unabhängig berechneten Schlüssel k stimmen überein, denn

$$p_{Bob}^{s_{Alice}} \bmod n = (g^{s_{Bob}})^{s_{Alice}} \bmod n = g^{s_{Bob} \cdot s_{Alice}} \bmod n \text{ und}$$
$$p_{Alice}^{s_{Bob}} \bmod n = (g^{s_{Alice}})^{s_{Bob}} \bmod n = g^{s_{Alice} \cdot s_{Bob}} \bmod n.$$

Definieren Sie eine Klasse `DHCipher`, die das Interface `Cipher` implementiert. Der Konstruktor erhält als Parameter n und g. Er erzeugt mithilfe der Klasse `Random` einen zufälligen geheimen Schlüssel s und berechnet daraus den zugehörigen öffentlichen Schlüssel $p = g^s \bmod n$. Der geheime Schlüssel bleibt selbstverständlich unter Verschluss, der öffentliche Schlüssel wird dagegen über den Getter `getPublicKey` allgemein zur Verfügung gestellt. `getPublicKey` spielt die Rolle des Trustcenters.

Die Methoden `encrypt(text, publicKey)` und `decrypt(text, publicKey)` berechnen aus dem übergebenen öffentlichen Schlüssel p des Partners und dem eigenen geheimen Schlüssel s den gemeinsamen geheimen symmetrischen Schlüssel $k = p^s \bmod n$. Dieser dient zur Initialisierung der Stromchiffre (Aufgabe 34.4), mit der der übergebene Text ver- beziehungsweise entschlüsselt wird.

Das nachfolgende Testprogramm holt sich den Klartext und eine Primzahl von der Kommandozeile. Einen Generator zur Primzahl liefert die statische Methode `generator` der Klasse `Generator` (siehe Aufgabe 18.5, »Generator einer Primzahl«, Seite 89). Zur Vereinfachung kann auch mit festen Werten gearbeitet werden, wie zum Beispiel $n = 23$ und $g = 5$.

```java
public static void main(String[] args) {
    String plainText = args[0];
    int prime = Integer.parseInt(args[1]);
    int generator = Generator.generator(prime);
    ...
```

Anschließend erzeugt das Programm zwei `DHCipher`-Objekte `alice` und `bob`, die mit den Daten initialisiert werden, die vom Trustcenter stammen würden:

```java
DHCipher alice = new DHCipher(prime, generator);
DHCipher bob = new DHCipher(prime, generator);
...
```

Bobs öffentlicher Schlüssel wird an Alice übergeben, die damit den Klartext zu `cryptText` verschlüsselt:

```java
String cryptText = alice.encrypt(plainText, bob.getPublicKey());
System.out.println(Arrays.toString(cryptText.getBytes()));
...
```

Bob entschlüsselt crypText mithilfe von Alices öffentlichem Schlüssel. Schließlich wird verifiziert, dass die ursprüngliche Nachricht korrekt zurückgewonnen wurde:

```
        String decoded = bob.decrypt(cryptText, alice.getPublicKey());
        System.out.println(plainText.equals(decoded));
    }
```

Das Testprogramm gibt je nach zufällig gewählten Schlüsseln verschiedene Zahlenfolgen aus, beispielsweise:

```
$ java DHCipher "Hello, world!" 23
[50, -36, -105, -65, -60, -126, -78, -79, 76, -62, -72, -111, 42]
true
```

Lösung

Die Primzahl n und das Schlüsselpaar (p, s) werden als Instanzvariablen gespeichert, weil sie später für die Berechnung des gemeinsamen, geheimen symmetrischen Schlüssels k benötigt werden. Der Generator g kann dagegen nach der Berechnung von p aus s wieder vergessen werden.

```
    public class DHCipher implements Cipher {
        private final int prime;
        private final int secretKey;
        private final int publicKey;
        ...
```

Der Konstruktor speichert die übergebene Primzahl n, erzeugt einen zufälligen geheimen Schlüssel s zwischen 1 und $n-1$ und berechnet daraus den öffentlichen Schlüssel $p = g^s \bmod n$ mithilfe der Potenzmethode aus Aufgabe 13 (»Potenzieren«, Seite 46).

```
        public DHCipher(int n, int g) {
            prime = n;
            secretKey = new Random().nextInt(prime - 1) + 1;
            publicKey = pow(g, secretKey, prime);
        }
        ...
```

Der öffentliche Schlüssel wird mit einem Getter allgemein zur Verfügung gestellt. Der geheime Schlüssel wird nur in der Hilfsmethode sharedKey zur Berechnung des gemeinsamen symmetrischen Schlüssels verwendet.

```
public int getPublicKey() {
    return publicKey;
}

private int sharedKey(int otherKey) {
    return pow(otherKey, secretKey, prime);
}
...
```

Die Verschlüsselungsmethoden berechnen mithilfe von sharedKey den symmetrischen Schlüssel key, initialisieren damit eine Stromchiffre und delegieren die Arbeit an diese.

```
public String encrypt(String plainText, int otherKey) {
    int key = sharedKey(otherKey);
    StreamCipher cipher = new StreamCipher();
    return cipher.encrypt(plainText, key);
}

public String decrypt(String cryptText, int otherKey) {
    int key = sharedKey(otherKey);
    StreamCipher cipher = new StreamCipher();
    return cipher.decrypt(cryptText, key);
}
}
```

35 Bäume

In dieser Aufgabe kommt eine ganze Reihe von Konzepten zum Einsatz. Die hier definierte generische Klasse repräsentiert Knoten von Bäumen. Der Typparameter legt die Art der Information fest, die in jedem Knoten gespeichert ist. Die Knoten haben eine beliebige, aber feste Anzahl Kindknoten. Ein Knoten ist Wurzel des darunter liegenden Baums. Der Begriff »Knoten« wird deshalb stellvertretend für den darunter liegenden Baum gebraucht, sofern keine Verwechslungsgefahr besteht. Struktur und Inhalt der Bäume ist unveränderlich, deshalb fallen ändernde Methode weg.

Die Kinder eines Knotens können mit einer *foreach*-Schleife verarbeitet werden. Ein Iteratortyp mit den gewünschten Eigenschaften wird als innere Klasse implementiert. Die Arbeitsweise eines Iterators wird dabei sichtbar, ebenso wie die Kopplung der Objekte der inneren Klasse an »ihre« Objekte der äußeren Klasse.

Auf den Bäumen lassen sich rekursive Algorithmen ausführen, wie die Bestimmung der Baumhöhe, der Vergleich von zwei Bäumen und das Ersetzen von Teilbäumen.

Ein Baum besteht aus Knoten, von denen jeder eine Information speichert. Die Informationen in den Knoten eines Baumes sind beliebig, haben aber alle den gleichen Typ. Die Knotenklasse ist deshalb generisch, der Typparameter definiert die Art der Information.

Jeder Knoten kann beliebig viele Kindknoten haben, einschließlich null. Ein Knoten ohne Kindknoten ist ein Blatt des Baumes. Nachdem ein Baum fertig aufgebaut ist, kann seine Struktur nicht mehr verändert werden. Für den Inhalt der Objekte, die in Knoten als Information eingetragen sind, gilt das dagegen nicht.

Im folgenden Beispiel sehen Sie einen Baum mit Stringknoten:

Lassen Sie in dieser Aufgabe die Fehlerbehandlung beiseite.

Definieren Sie eine generische Knotenklasse `Node` mit folgenden Methoden, die hier absichtlich ohne genaue Signatur angegeben sind:

Konstruktor
> Der Konstruktor erzeugt einen neuen Knoten mit gegebener Information und gegebenen Kindknoten. Die Information darf nicht `null` sein, auch nicht die Kindknoten. Die Anzahl der Kindknoten ist offen, deshalb bieten sich hier *Varargs* an.

`info`   Liefert die Information eines Knotens.

`size`   Liefert die Anzahl der Kindknoten. Bei Blättern wird zum Beispiel 0 zurückgegeben.

`toString`
> Liefert eine Textform des Baums, an dessen Wurzel dieser Knoten steht. Ein Knoten soll in der folgenden Form abgebildet werden:
>
> $$information(child_1, \; child_2, \; ...)$$
>
> Bei Blättern wird nur die Information gezeigt ohne nachfolgende, leere Klammern. Der oben skizzierte Baum wird von `toString` folgendermaßen dargestellt:
>
> `Abra(ka, da(bra, sim), sa(la(bim)))`

`height` Liefert die Höhe des Baumes, an dessen Wurzel dieser Knoten steht, das heißt die maximale Anzahl Knotenebenen unter diesem Knoten. Ein isolierter Knoten hat die Höhe 0, der oben skizzierte Baum mit der Wurzel »Abra« die Höhe 3. Das Ergebnis ist nicht negativ.

`equals` Vergleicht diesen Baum mit einem anderen Baum. Das Ergebnis ist genau dann `true`, wenn beide Bäume die gleiche Struktur und den gleichen Inhalt haben.

`hashCode`
> Liefert eine Kennnummer dieses Baumes.

`subst`   Liefert einen neuen Baum, in dem alle Vorkommen eines gegebenen Teilbaumes `old` durch einen anderen Teilbaum `nu` ersetzt sind. Sollte `old` selbst innerhalb von `nu` vorkommen, so wird `old` dort nicht ersetzt.

Die Klasse soll außerdem das Interface `Iterable` implementieren, sodass sich die Kindknoten mit einer *foreach*-Schleife durchlaufen lassen.

Lösung

Die Klasse `Node` hat einen Typparameter `T`, der keiner Einschränkung unterliegt. Nachdem die Kinder eines Knotens mit einer *foreach*-Schleife durchlaufen werden sollen, implementiert die Klasse das Interface `Iterable`. `Iterable` ist selbst generisch und hat als Elementtyp wieder `Node<T>`.

```
public class Node<T> implements Iterable<Node<T>> {
    ...
```

Die Kinder eines Knotens werden in einem Array gespeichert, dessen Elementtyp diese Klasse selbst ist, also `Node<T>`. Weiter wird die Knoteninformation in einer Instanzvariablen `info` vom Typ `T` aufgezeichnet. Beide Instanzvariablen sind unveränderlich.

```
    private final Node<T>[] children;
    private final T info;
    ...
```

Der Konstruktor erwartet zum einen die Knoteninformation, zum anderen eine Liste beliebiger Länge von Kindknoten. Dafür bietet sich ein *Vararg*-Parameter vom Typ `Node<T>...` an, der nach dem obligatorischen ersten Parameter genannt wird. Beim Aufruf des Konstruktors werden das zweite und alle weiteren Argumente in einem neuen Array übergeben, das direkt an die Instanzvariable `children` zugewiesen werden kann:

```
    publicNode(T i, Node<T>... ch) {
        info = i;
        children = ch;
    }
    ...
```

Zwei einfache Getter liefern die Knoteninformation und geben Auskunft über die Anzahl der Kindknoten:

```
    public T info() {
        return info;
    }

    public int size() {
        return children.length;
    }
    ...
```

Das Interface `Iterable` verlangt lediglich eine parameterlose Methode `iterator`, deren Ergebnis ein Iterator des Elementtyps ist. Dieser Iterator soll in diesem Fall das Array der Kindknoten durchlaufen. Arrays haben keine vordefinierte Methode `iterator`, deshalb muss ein passender Typ selbst definiert werden, der `ChildArrayIterator` genannt wird:

```
public Iterator<Node<T>> iterator() {
    return new ChildArrayIterator();
}
...
```

Die Klasse ChildArrayIterator könnte unabhängig und außerhalb der Klasse Node definiert werden. Sinnvoll ist hier allerdings eine innere Klasse, deren Objekte automatisch über eine implizite Referenz zu einem Bezugsobjekt der Klasse Node verfügen.

Die konkrete Definition der inneren Klasse ist für Anwender nicht relevant. Entscheidend ist lediglich ihre Kompatibilität zum Interface Iterator. Deshalb kann die Klasse private definiert sein. Natürlich muss sie das Interface Iterator implementieren, dessen Elementtyp die Knotenklasse ist:

```
private class ChildArrayIterator implements Iterator<Node<T>> {
    ...
```

Eine innere Klasse ist ein Element der äußeren Klasse, auf gleicher Ebene wie Methoden und Instanzvariablen. Der inneren Klasse stehen alle Elemente der äußeren Klasse, private ebenso wie öffentliche, uneingeschränkt zur Verfügung. Hier ist insbesondere das Array der Kindknoten children interessant, das Objekte der Klasse ChildArrayIterator durchlaufen. Jeder ChildArrayIterator braucht die aktuelle Position des Iterators in Form eines Array-Indexes, der in einer Instanzvariablen at gespeichert wird. at wird mit 0 initialisiert. Ein neuer Iterator startet damit am Anfang des Arrays, das heißt mit dem ersten Kindknoten.

```
private int at = 0;
...
```

Jeder Iterator muss wenigstens die drei Methoden hasNext, next und remove definieren.

hasNext gibt Auskunft, ob noch weitere Elemente verfügbar sind. Dazu wird geprüft, ob der Index des nächsten Elementes at noch innerhalb des Arrays liegt oder nicht. Entsprechend ist das Ergebnis true oder false:

```
public boolean hasNext() {
    return at < children.length;
}
...
```

Falls hasNext das Ergebnis true liefert, kann das nächste Element mit der Methode next geholt werden. Der Iterator rückt dabei vor und steht anschließend hinter dem zurückgegebenen Element:

```
        public Node<T> next() {
            return children[at++];
        }
        ...
```

Schließlich löscht die Methode remove das zuletzt zurückgegebene Element, falls die zugrunde liegende Elementfolge das überhaupt zulässt. In dieser unveränderlichen Knotenklasse ist das nicht vorgesehen, deshalb löst die Methode remove eine UnsupportedOperationException aus:

```
        public void remove() {
            throw new UnsupportedOperationException();
        }
    }
    ...
```

Die Methode height bestimmt die Höhe eines Baumes ab diesem Knoten. Mit einer rekursiven Implementierung gelingt das am leichtesten. In einer Schleife werden alle Kindknoten durchsucht und die maximale Höhe der untergeordneten Teilbäume in der Variablen result festgehalten. Der rekursive Aufruf wird um 1 inkrementiert, weil dieser Knoten zur Höhe des untergeordneten Teilbaumes dazukommt:

```
    public int height() {
        int result = 0;
        for(Node<T> ch: this)
            result = Math.max(1 + ch.height(), result);
        return result;
    }
    ...
```

Die Umwandlung von Bäumen in eine lesbare Textdarstellung leistet die Methode toString. Vereinbarungsgemäß soll bei Blättern nur die Knoteninformation ausgegeben werden. Diesen Fall sortiert ein erster Test aus:

```
    public String toString() {
        if(size() == 0)
            return info.toString();    // Blatt - nur Information
        ...
```

In den anderen Fällen werden die Kindknoten durch rekursive toString-Aufrufe in Textform gebracht und zu einem langen String verkettet. Etwas zusätzlichen Aufwand erfordern die verlangten Kommata als Trenner. Zunächst wird *vor jedem* Kindknoten der Trennstring angefügt. Am Ende wird der überzählige Trennstring vor dem ersten Kindknoten mittels substring abgetrennt und der Rest zum Ergebnis in runde Klammern verpackt:

```
                String result = "";
                for(Node<T> ch: this)
                    result += ", " + ch.toString();
                return info + "(" + result.substring(2) + ")";
        }
        ...
```

Zum Vergleich von zwei Bäumen wird die Methode equals redefiniert. Nach den ersten Tests gemäß Anhang D (Seite 383) werden die Informationen in beiden Knoten mit einem Aufruf der entsprechenden equals-Methode verglichen. Falls die Informationen in beiden Knoten gleich sind, werden die Kindknoten, die in den Arrays gespeichert sind, paarweise verglichen. Die Klasse java.util.Arrays definiert eine bequeme Hilfsmethode equals,[1] die das erledigt:

```
        public boolean equals(Object x) {
            if(x == null)
                return false;
            if(x.getClass() != getClass())
                return false;
            Node<T> other = (Node<T>)x;
            if(!info().equals(other.info()))
                return false;
            return Arrays.equals(children, other.children);
        }
        ...
```

Mit wenig Aufwand kann man auch ohne Arrays.equals auskommen. Zunächst wird geprüft, ob die Anzahl der Kindknoten übereinstimmt. Anschließend werden die Kindknoten paarweise durch rekursive equals-Aufrufe verglichen. Falls sich keine Abweichung ergibt, sind die beiden Knoten gleich:

```
        public boolean equals(Object x) {
            ...
            // return Arrays.equals(children, other.children);
            if(children.length != other.children.length)
                return false;
            for(int i = 0; i < children.length; i++)
                if(!children[i].equals(other.children[i]))
                    return false;
            return true;
        }
        ...
```

[1] Abgesehen von der Namensgleichheit hat diese Methode nichts mit einer Redefinition von Object.equals zu tun! Im Gegensatz zu Object.equals ist Arrays.equals statisch und erwartet zwei Arrays als Argumente.

Mit equals muss auch `hashCode` redefiniert werden (siehe Anhang D, Seite 384). Diese Methode stützt sich auf die `hashCode`-Implementierung der Knoteninformation und der Blätter. Die Hilfsmethode `Arrays.hashCode` itertiert über die Elemente eines Arrays und kombiniert deren Hashcodes.

```java
public int hashCode(){
    int hash = 17;
    if(info != null)
        hash = 37*hash + info.hashCode();
    hash = 37*hash + Arrays.hashCode(children);
    return hash;
}
...
```

subst soll jedes Vorkommen eines Teilbaumes `old` durch einen anderen Teilbaum `nu` ersetzen. Diese Methode benutzt die vorher definierte Methode `equals`. Wenn der aktuelle Baum mit `old` übereinstimmt, wird er komplett ersetzt. Als Methodenergebnis wird in diesem Fall `nu` zurückgeliefert:

```java
public Node<T> subst(Node<T> old, Node<T> nu) {
    if(equals(old))
        return nu;
    ...
```

Andernfalls werden alle Kindknoten nacheinander mit rekursiven Aufrufen von subst verarbeitet. Jeder einzelne rekursive Aufruf liefert einen neuen Teilbaum, in dem die verlangten Ersetzungen vorgenommen wurden. Alle diese neuen Teilbäume werden als neue Kindknoten an eine Kopie des aktuellen Knotens angefügt und diese Kopie als Ergebnis von subst zurückgegeben.

Hier kann man sich zunutze machen, dass ein *Vararg*-Parameter anstelle einer Liste einzelner Argumente wahlweise auch ein fertiges Array akzeptiert, das bereits alle Argumente enthält. Um dieses Array zu erzeugen, muss eine etwas umständliche Konstruktion bemüht werden, die in Anhang D (Seite 385) genauer erklärt ist:

```java
    Node<T>[] newchildren = (Node<T>[])new Node[size()];
    int index = 0;
    for(Node<T> ch: this)
        newchildren[index++] = ch.subst(old, nu);
    return new Node<T>(info(), newchildren);
    }
}
```

36 Physikalische Größen

In dieser Aufgabe lässt sich ein Aufzählungstyp vorteilhaft einsetzen. Dabei wird ausgenutzt, dass Aufzählungstypen in Java eine Art von Klassen sind, einschließlich Instanzvariablen, Konstruktoren und Methoden.

Die Elemente des Aufzählungstyps werden als Komponenten einer anderen Klasse verwendet, die die Aufzählungselemente wie Objekte einer beliebigen Klasse behandelt.

In der zweiten Teilaufgabe wird die Idee auf verschiedene physikalische Dimensionen erweitert. Allgemeine physikalische Größen lassen sich als generische Klasse definieren, deren Typparameter die Einheit festlegt. Durch *Typebounds* kann sichergestellt werden, dass sich zum Beispiel nur Längen oder Zeiten untereinander addieren lassen, nicht aber Größen unterschiedlicher physikalischer Dimensionen.

Aus den elementaren Dimensionen können zusammengesetzte Dimensionen konstruiert werden, wie zum Beispiel Flächen als Produkt zweier Längen. Weitere generische Klassen repräsentieren derartige Produkte oder Verhältnisse von Dimensionen. Physikalisch unzulässige Operationen, wie die Addition einer Geschwindigkeit mit einer Fläche, verhindert die statische Typprüfung des Java-Compilers.

36.1 Längen

Eine physikalische Größe besteht aus einer Anzahl und einer Einheit, wie zum Beispiel »2 Meter«. In dieser ersten Teilaufgabe werden nur Entfernungen betrachtet.[1]

Definieren Sie einen Aufzählungstyp Length, dessen Elemente verschiedene Längeneinheiten repräsentieren, wie zum Beispiel die folgenden:

---

[1]Zur klaren Unterscheidung von Begriffen soll hier als »Länge« eine Einheit bezeichnet werden, wie zum Beispiel »Meter«, und als »Entfernung« eine Kombination aus Anzahl und Einheit.

Einheit	Meter pro Einheit	Abkürzung
Meter	1	m
Fuß	0.3048	ft
Kilometer	1000	km
Meile	1632.9	mi
Lichtjahr	$9.461 \cdot 10^{15}$	LY
Angström	10^{-10}	Å

Schreiben Sie außerdem eine unveränderliche Klasse `Distance`, die eine physikalische Entfernung mit einer Anzahl (`count`) und Einheit (`unit`) repräsentiert. Die Klasse definiert die folgenden Methoden:

`Distance` Konstruktor aus Anzahl und Einheit. Negative Anzahlen werden durch den Betrag ersetzt.

`count` Liefert die Anzahl Einheiten dieser Entfernung.

`unit` Liefert die Einheit dieser Entfernung als Element des Aufzählungstyps `Length`.

`add` Liefert die Summe aus dieser Entfernung und einer anderen Entfernung als neues Objekt. Das Ergebnis hat die gleiche Einheit wie diese Entfernung.

`toString` Liefert eine Textdarstellung dieser Entfernung.

`as` Liefert diese Entfernung in einer anderen, gegebenen Einheit.

Verwenden Sie zur Definition von `Length` und `Distance` weder `if` noch `switch` oder den bedingten Operator.

Das folgende Programmfragment addiert zwei Kilometer mit einer Meile:

```
Distance d1 = new Distance(2, Length.km);
Distance d2 = new Distance(1, Length.mi);
Distance d12 = d1.add(d2);
Distance d21 = d2.add(d1);
System.out.println(d1.add(d2));     // 3.6329 km
System.out.println(d2.add(d1));     // 2.2248 mi
```

Lösung

Die Längeneinheiten lassen sich als Aufzählungstyp `Length` definieren. Eigentlich sollten dessen Elemente mit sprechenden Namen bezeichnet werden, wie alle Identifier. Hier werden allerdings kurzerhand die physikalischen Einheitenbezeichnungen verwendet, die hinreichend aussagekräftig sind.

Für Umrechnungen wird ein gemeinsamer Bezugspunkt gebraucht. Dafür bietet sich das »Meter« an, obwohl grundsätzlich jede andere Einheit ebenso geeignet wäre. Die ausgewählte Einheit wird als »Basiseinheit« betrachtet.

Jedes Element von Length speichert in der Instanzvariablen baseUnits das Verhältnis zu 1 Meter. Diese Instanzvariable wird mit dem privaten Konstruktor initialisiert. Ein Getter liefert den Wert zurück:

```
public enum Length {
    m(1), ft(0.3048), km(1000), mi(1632.9), LY(9.461E15), A(1E-10);

    private final double baseUnits;

    private Length(double b) {
        baseUnits = b;
    }

    public double baseUnits() {
        return baseUnits;
    }
}
```

Eine Entfernung als Objekt der Klasse Distance wird mit einer Anzahl (count) und einer Einheit (unit) initialisiert.

```
public class Distance {
    private final double count;
    private final Length unit;

    public Distance(double c, Length u) {
        count = Math.abs(c);
        unit = u;
    }
    ...
```

Zwei öffentliche Getter liefern die Attribute:

```
    public double count() {
        return count;
    }

    public Length unit() {
        return unit;
    }
    ...
```

Ein privater Getter, der diese Entfernung in Basiseinheiten, das heißt Meter, umrechnet, vereinfacht die nachfolgenden Methoden:

```
    private double baseUnits() {
        return count*unit.baseUnits();
    }
    ...
```

Die Umwandlung in eine andere Einheit fällt leicht. Dazu wird die Anzahl in der Zieleinheit berechnet und ein neues Objekt konstruiert:

```
    public Distance as(Length u) {
        return new Distance(count()*unit.baseUnits()/u.baseUnits(), u);
    }
    ...
```

Die Addition erfordert gleiche Einheiten. Die vorher definierte Methode as kann sofort genutzt werden, um die andere Entfernung other in Einheiten dieser Entfernung umzurechnen:

```
    public Distance add(Distance other) {
        return new Distance(count + other.as(unit).count(), unit);
    }
    ...
```

Zur Konversion in eine lesbare Textdarstellung kann man sich zunutze machen, dass die toString-Methode von *Enum*-Elementen ihren Namen liefert:

```
    public String toString() {
        return count + " " + unit;
    }
}
```

36.2 Allgemeine Größen

In der ersten Teilaufgabe wurden ausschließlich Längen betrachtet. Definieren Sie jetzt neue Aufzählungstypen für weitere physikalische Dimensionen, wie zum Beispiel Massen und Zeiten. Als Basiseinheiten eignen sich Kilogramm und Sekunden.

Dimension	Einheit	Basiseinheiten	Abkürzung
Masse	Kilogramm	1	kg
Masse	Gramm	10^{-3}	g
Masse	Pound	0.4536	lb
Masse	Karat	$2 \cdot 10^{-4}$	Kt

Zeit	Sekunde	1	s
Zeit	Tag	$24 \cdot 3600$	d
Zeit	Jahr	$365 \cdot 24 \cdot 3600$	yr
Zeit	Nanosekunde	10^{-9}	ns

Alle diese Aufzählungstypen haben gemeinsame Eigenschaften, die im folgenden Interface Unit festgelegt sind:

```
public interface Unit {
    double baseUnits(); // Anzahl Basiseinheiten
}
```

Die Aufzählungstypen Mass und Time implementieren dieses Interface, ebenso wie Length aus der vorhergehenden Teilaufgabe.

Der Typ Quantity repräsentiert eine physikalische Größe aus Anzahl und Einheit. Verschiedene physikalische Größen können nicht beliebig kombiniert werden. Zum Beispiel können Zeiten und Längen nicht addiert werden. Verletzungen dieser Einschränkungen können bereits beim Übersetzen erkannt werden, wenn Quantity als generische Klasse definiert wird, deren Typparameter eine Einheit ist. Definieren Sie diese Klasse mit den folgenden Methoden:[2]

Quantity Konstruktor aus Anzahl und Einheit. Negative Anzahlen werden durch den Betrag ersetzt.

count Liefert die Anzahl Einheiten dieser Größe.

unit Liefert die Einheit dieser Größe.

add Liefert die Summe aus dieser Größe und einer anderen Größe mit der gleichen physikalischen Dimension. Das Ergebnis hat die gleiche Einheit wie diese Größe.

toString Liefert eine Textdarstellung dieser Größe.

as Liefert diese Größe in einer anderen, gegebenen Einheit der gleichen Dimension.

Im folgenden Programmfragment können die beiden Zeiten t1 und t2 summiert werden. Der Compiler soll sich aber weigern, eine Addition von Zeit und Länge zu übersetzen:

```
Quantity<Time> t1 = new Quantity<Time>(10000, Time.s);
Quantity<Time> t2 = new Quantity<Time>(1, Time.d);
Quantity<Length> ln = new Quantity<Length>(1, Length.m);
System.out.println(t1.add(t2));        // 96400.0 s
System.out.println(t1.add(ln));        // Fehler
```

---

[2]Nicht zufällig stimmt dieser Katalog von Methoden mit den Methoden überein, die von der Klasse Distance (Seite 222) verlangt wurden.

Lösung

Der oben definierte Aufzählungstyp Length lässt sich durch Angabe des Interface Unit adaptieren. Die erforderliche Methode baseUnits ist bereits implementiert:

```
public enum Length implements Unit {
    ...
    public double baseUnits() {...}
}
```

Die Definitionen vom Mass und Time folgen genau dem gleichen Schema wie Length und sind hier nicht wiedergegeben. Alle drei sind kompatibel zum Interface Unit und repräsentieren unterschiedliche physikalische Dimensionen.

Die Klasse Quantity ist generisch und erwartet als Typargument eine Einheit. Der Typparameter U wird mit einem *Typebound* entsprechend eingeschränkt.

```
public class Quantity<U extends Unit> {
    ...
```

Die beiden Instanzvariablen count und unit halten Anzahl und Einheit dieser Größe fest.

```
    private final double count;
    private final U unit;
```

Im Konstruktor werden die Instanzvariablen aus den Parametern initialisiert. Zwei Getter liefern die Werte zurück.

```
    public Quantity(double n, U u) {
        count = n;
        unit = u;
    }

    public double count() {
        return count;
    }

    public U unit() {
        return unit;
    }
    ...
```

Zur Umrechnung in eine andere Einheit der gleichen Dimension wird die Methode as mit einem Parameter des Typs U definiert. Der Compiler stellt sicher, dass nur in eine Einheit der gleichen Dimension umgerechnet werden kann. Das Ergebnis ist ein neues Objekt dieser Klasse:

```
public Quantity<U> as(U u) {
    return new Quantity<U>(count()*unit.baseUnits()/u.baseUnits(), u);
}
...
```

Entsprechend erwartet die Addition eine andere Größe mit der gleichen Dimension und liefert eine Größe mit der Einheit dieser Größe:

```
public Quantity<U> add(Quantity<U> other) {
    return new Quantity<U>(count + other.as(unit).count(), unit);
}
}
```

36.3   Zusammengesetzte Einheiten

Abgeleitete Einheiten setzen sich aus elementaren Einheiten zusammen. Zum Beispiel ist eine Fläche das Produkt von zwei Längen, Geschwindigkeit der Quotient aus Länge und Zeit und Dichte das Verhältnis von Masse zum Volumen (dritte Potenz der Länge). Definieren Sie zwei generische Klassen Prod und Ratio, deren Typparameter jeweils zwei Einheiten sind. Prod und Ratio implementieren selbst das Interface Unit.

Erweitern Sie die Klasse Quantity um die Methode by, die eine andere Größe als Parameter erwartet und als Ergebnis eine Größe liefert, die das Produkt dieser Größe mit dem Parameter ist. Zum Beispiel soll die folgende Berechnung den Rauminhalt eines Würfels mit 2 Meter Kantenlänge ausgeben:

```
Quantity<Length> d = new Quantity<Length>(2, Length.m);
System.out.println(d.by(d).by(d));
```

Definieren Sie entsprechend eine Methode per, die den Quotienten dieser Größe mit dem Parameter liefert. Das Codefragment

```
Quantity<Length> d = new Quantity<Length>(2, Length.m);
Quantity<Time> t = new Quantity<Time>(0.5, Time.s);
// Einheit Angström/Tag
Ratio<Length, Time> apd = new Ratio<Length, Time>(Length.A, Time.d);
System.out.println(d.per(t).as(apd));
```

gibt die Geschwindigkeit von $\frac{2m}{0{,}5s}$ in der Einheit Angström pro Tag aus:

```
3.456E15 A/d
```

Lösung

Die Klasse `Prod` ist generisch mit zwei unabhängigen Typparametern, beide eingeschränkt auf `Units`. `Prod` ist selbst kompatibel zu `Unit`:

```
public class Prod<U extends Unit, V extends Unit> implements Unit {
    ...
```

Die beiden multiplizierten Einheiten werden in unveränderlichen Instanzvariablen
gespeichert, die der Konstruktor initialisiert:

```
private final U fst;
private final V snd;

public Prod(U u, V v) {
    fst = u;
    snd = v;
}
...
```

Zur Umrechnung in Basiseinheiten wird das Produkt der Umrechnungsfaktoren
der beiden verknüpften Einheiten berechnet:

```
public double baseUnits() {
    return fst.baseUnits()*snd.baseUnits();
}
...
```

Eine lesbare Darstellung der zusammengesetzten Einheit wird durch Verkettung
der Namen der verknüpften Einheiten mit einem Stern gebildet. Das ist nur eine
recht einfache Lösung, die zum Beispiel nicht überprüft, ob die beiden Einheiten
gleich sind und dann mit einem Quadratzeichen versehen werden könnten.

```
public String toString() {
    return fst + "*" + snd;
}
}
```

Die Klasse `Ratio` ist ganz entsprechend definiert und deshalb hier nicht gezeigt.

Interessanter sind die beiden Methoden `by` und `per` in der Klasse `Quantity`.
`by` akzeptiert als Parameter eine Größe mit einer beliebigen anderen Einheit `V`.
Die Methode ist generisch und wird mit einem entsprechenden Typparameter
definiert, der wiederum auf `Unit` eingeschränkt ist.[3] Der Ergebnistyp der Methode
ist eine Größe, deren Einheit das Produkt aus der Einheit dieser Größe (`U`) und
der Einheit des Parameters (`V`) ist:

---

[3]Bei generischen Methoden steht der Typparameter syntaktisch zwischen den Modifiern
und dem Ergebnistyp.

```
public <V extends Unit> Quantity<Prod<U, V>> by(Quantity<V> other)
```

Im Rumpf der Methode werden die Anzahlen der beiden Größen multipliziert und eine neue Einheit konstruiert. Mit beiden wird ein neues Quantity-Objekt initialisiert und zurückgegeben:

```
public <V extends Unit> Quantity<Prod<U, V>> by(Quantity<V> other) {
    double c = count*other.count();
    Prod<U, V> u = new Prod<U, V>(unit, other.unit());
    return new Quantity<Prod<U, V>>(c, u);
}
...
```

Die zweite Methode per folgt dem gleichen Schema:

```
public <V extends Unit> Quantity<Ratio<U, V>> per(Quantity<V> other) {
    double c = count/other.count();
    Ratio<U, V> u = new Ratio<U, V>(unit, other.unit());
    return new Quantity<Ratio<U, V>>(c, u);
}
```

In dieser Implementierung werden physikalische Einschränkungen auf Typargumente generischer Klassen abgebildet. Dadurch lässt sich die konsequente Typprüfung des Compilers ausnutzen, um Fehler schon beim Übersetzen zu erkennen.

Natürlich werden schnell Grenzen dieser Abbildung erreicht. Zum Beispiel werden die zwei verschiedenen Einheiten für Volumina

```
Prod<Length, Prod<Length, Length>>
Prod<Prod<Length, Length>, Length>
```

als inkompatibel betrachtet, weil der Compiler nichts vom Assoziativgesetz der Multiplikation weiß. Entsprechende Größen lassen sich nicht addieren. Ebenso hat der Compiler keine Vorstellung vom Kürzen und kann nicht erkennen, dass

```
Ratio<Prod<Time, Length>, Time>
```

zu Length kompatibel ist.

Teil VI

Containerklassen

37 Buchstabensammlungen

In dieser Aufgabe wird eine einfache, unveränderliche Containerklasse modelliert. Dabei erweist sich eine geschickte interne Darstellung der gespeicherten Daten als hilfreich.

Wegen der Unveränderlichkeit können die Ergebnisse von einigen Auskunftsmethoden beim ersten Aufruf aufgezeichnet und später sofort und ohne Neuberechnung zurückgeliefert werden.

In der zweiten Teilaufgabe wird eine eingeschränkte Variante der ersten Containerklasse verlangt. Diese Klasse kann als abgeleitete Klasse definiert werden, die die gemeinsame Funktionalität erbt und selbst nicht neu implementiert.

37.1 Beliebige Buchstabensammlung

Als »Buchstabensammlung« (*letter collection*) wird hier eine beliebig große, unveränderliche Sammlung von großen Buchstaben bezeichnet. In einer Sammlung können einzelne Buchstaben fehlen, einfach oder mehrfach enthalten sein. Die Reihenfolge ist irrelevant. Eine Sammlung ist zum Beispiel:

    (A, B, R, A, K, A, D, A, B, R, A)

Definieren Sie auf der Grundlage von Arrays eine Klasse LetterColl, deren Elemente Sammlungen repräsentieren. LetterColl bietet die folgende Funktionalität:

LetterColl(char... ls)
> Erzeugt eine neue Sammlung aus einer Liste großer Buchstaben.
> Eine Sammlung wird zum Beispiel erzeugt mit:
>
>   LetterColl lc = new LetterColl('A', 'B', 'R', 'A', 'K',
>   'A', 'D', 'A', 'B', 'R', 'A');

LetterColl(String s)
> Erzeugt eine neue Sammlung aus den Buchstaben eines Strings[1] aus großen Buchstaben. Die gleiche Sammlung wie im vorhergehenden Punkt wird zum Beispiel erzeugt mit:
>
>   LetterColl lc = new LetterColl("ABRAKADABRA");

---

[1]Die Bibliotheksmethode String.toCharArray liefert die Zeichen eines Strings als Array von chars.

```
int size()
```
Liefert die Anzahl Buchstaben der Sammlung. Zum Beispiel:
```
System.out.println(lc.size());            // 11
```
```
int count(char c)
```
Liefert die Anzahl Vorkommen des Buchstabens c. Beispiele:
```
System.out.println(lc.count('R'));         // 2
System.out.println(lc.count('X'));         // 0
```
```
int different()
```
Liefert die Anzahl *verschiedener* Buchstaben in der Sammlung.
Zum Beispiel:
```
System.out.println(lc.different());        // 5
```
```
char top()
```
Liefert den häufigsten Buchstaben in der Sammlung. Wenn es
mehrere Kandidaten gibt, wird irgendeiner davon gewählt. Ein
Beispiel:
```
System.out.println(lc.top());             // A
```
Eine leere Sammlung hat keinen »häufigsten« Buchstaben. In
diesem Fall wird eine NoSuchElementException geworfen.
```
String toString()
```
Liefert eine lesbare Darstellung der Sammlung.
```
// (A, B, R, A, K, A, D, A, B, R, A)
System.out.println(lc);
```
Die Reihenfolge der Elemente ist irrelevant.
```
LetterColl moreThan(int m)
```
Liefert eine neue Sammlung, in der nur noch die Buchstaben
enthalten sind, die mehr als m-mal vorkommen. Beispiel: Nur
Buchstaben, die wenigstens 2-mal vorkommen, bleiben übrig. K
und D fallen heraus:
```
// (A, B, R, A, A, A, B, R, A)
System.out.println(lc.moreThan(1));
```
```
boolean equals(Object x)
```
Vergleicht eine Sammlung mit einem anderen Objekt x. Liefert
true, wenn x eine Sammlung mit den gleichen Buchstaben ist,
und ansonsten false. Die Reihenfolge spielt keine Rolle.
```
int hashCode()
```
Liefert einen Hashcode dieser Sammlung.
```
LetterColl except(LetterColl lc)
```
Liefert eine neue Sammlung aus den Buchstaben dieser Sammlung, wobei alle Buchstaben von lc entfernt sind. Beispiel:
```
// (K, D, A, B, R, A)
System.out.println(lc.except(new LetterColl("ABRAXAS")));
```

Lösung

Es gibt verschiedene Möglichkeiten, das Sortiment der Buchstaben einer Sammlung festzuhalten: Zum einen könnten die Buchstaben in einem char-Array gespeichert werden. Ebenso geeignet wäre ein String. In beiden Fällen unterliegen
die Buchstaben einer bestimmten Anordnung, die aber für die weiteren Methoden
irrelevant ist, ja, sogar stört.

In dieser Lösung wird die Anzahl Vorkommen jedes einzelnen Buchstabens
in einem int-Array lettercount aufgezeichnet. Diese interne Darstellung abstra-
hiert von der Reihenfolge und erleichtert die Implementierung einiger Methoden.
Zusätzlich von Nutzen ist die Gesamtzahl letters der Buchstaben, die aber auch
jederzeit aus dem Array bestimmt werden könnte:

```
public class LetterColl {
    private final int[] lettercount;
    private final int letters;
    ...
```

An vielen Stellen werden die Buchstaben in Schleifen verarbeitet. Gut geeignet
sind dazu *foreach*-Schleifen, die aber einen iterierbaren Container voraussetzen.[2]
Zu diesem Zweck wird ein char-Array mit den 26 großen Buchstaben des Alphabets vorgehalten.[3] Das erste Zeichen des Alphabets A und die Gesamtzahl 26 der
Zeichen werden in Konstanten gespeichert:

```
private final static char[] ALPHABET =
    "ABCDEFGHIJKLMNOPQRSTUVWXYZ".toCharArray();
private final static char FIRST = ALPHABET[0];
private final static int N = ALPHABET.length;
...
```

Der erste Konstruktor akzeptiert beliebig viele Buchstaben und benutzt deshalb
einen *Vararg*-Parameter. Die Buchstaben werden gezählt und ihre Gesamtzahl in
den entsprechenden Instanzvariablen gespeichert:

```
public LetterColl(char... ls) {
    lettercount = new int[N];
    letters = ls.length;
    for(char c: ls)
        lettercount[c - FIRST]++;
}
...
```

---

[2]Der betreffende Typ muss das Interface Iterable implementieren. Das gilt für Collections und Arrays, aber nicht für Strings.

[3]Das Alphabet könnte durch eine beliebige, zusammenhängende Folge von druckbaren
Zeichen ersetzt werden, z.B. durch die Kleinbuchstaben.

Der zweite Konstruktor wird mit dem ersten verkettet. Hier lässt sich nutzen, dass an einen *Vararg*-Parameter entweder eine Liste einzelner Argumente übergeben werden kann oder ein fertiges Array mit allen Argumenten:

```
public LetterColl(String ls) {
    this(ls.toCharArray());
}
...
```

Die Getter size und count können direkt aus den Instanzvariablen bedient werden:

```
public int size() {
    return letters;
}

public int count(char c) {
    return lettercount[c - FIRST];
}
...
```

Um die Anzahl *verschiedener* Buchstaben der Sammlung zu bestimmen, werden die von 0 verschiedenen Einträge in lettercount gezählt:

```
public int different() {
    int result = 0;
    for(char l: ALPHABET)
        if(count(l) > 0)
            result++;
    return result;
}
...
```

Der häufigste Buchstabe ergibt sich aus dem größten Element von lettercount:

```
public char top() {
    if(size() == 0)
        throw new java.util.NoSuchElementException();
    int max = 0;
    char top = FIRST;
    for(char l: ALPHABET)
        if(count(l) > max) {
            max = count(l);
            top = l;
        }
    return top;
}
...
```

Die Textdarstellung wird aus der Liste der Buchstabenhäufigkeiten konstruiert. Die Forderung nach einer kommagetrennten Buchstabenliste macht ein wenig Arbeit: Zunächst wird *vor* jeden Buchstaben ein Komma und ein Leerzeichen gesetzt. Erst am Ende werden die Klammern angefügt und bei dieser Gelegenheit die ersten beiden überzähligen Zeichen abgeschnitten. Die leere Sammlung wird als Sonderfall vorher aussortiert:

```java
public String toString() {
    String result = "";
    if(size() == 0)
        result = "()";
    else {
        for(char l: ALPHABET)
            for(int i = 0; i < count(l); i++)
                result += ", " + l;
        result = '(' + result.substring(2) + ')';
    }
    return result;
}
...
```

Die Methode moreThan erzeugt aus diesem Objekt ein neues LetterColl-Objekt, in dem die Buchstaben bis zu einer gegebenen Grenzhäufigkeit fehlen. Man könnte ein leeres Objekt erstellen und nachträglich manipulieren. Aus dem Blickwinkel der Datenkapselung ist das allerdings eher fragwürdig, wie alle Zugriffe auf Instanzvariablen anderer Objekte. Stattdessen wird ein zusätzlicher, privater Konstruktor definiert, der ein fertiges Array mit Buchstabenhäufigkeiten akzeptiert und in ein neues Objekt einbaut:

```java
private LetterColl(int[] lc) {
    lettercount = lc;
    int count = 0;       // Gesamtzahl Buchstaben berechnen
    for(int c: lc)
        count += c;
    letters = count;
}
...
```

Mit diesem Konstruktor kann das Ergebnisobjekt von moreThan ohne Übergriffe auf fremde Instanzvariablen erzeugt werde:

```java
public LetterColl moreThan(int m) {
    int[] reducedLettercount = new int[N];
    for(char l: ALPHABET)
        if(count(l) > m)
            reducedLettercount[l - FIRST] = count(l);
```

```
            return new LetterColl(reducedLettercount);
    }
    ...
```

Entsprechend arbeitet except: Aus dem elementweisen Vergleich der Buchstabenhäufigkeiten zweier Sammlungen ergibt sich das Ergebnis:

```
    public LetterColl except(LetterColl lc) {
        int[] reducedLettercount = new int[N];
        for(char l: ALPHABET)
            reducedLettercount[l - FIRST] =
                Math.max(0, count(l) - lc.count(l));
        return new LetterColl(reducedLettercount);
    }
```

In der Implementierung von equals werden die Arrays mit den Buchstabenhäufigkeiten elementweise verglichen (siehe auch Anhang D, Seite 383).[4] Bei einer
Abweichung ist das Ergebnis false.

```
    public boolean equals(Object obj) {
        if(obj == null)
            return false;
        if(getClass() != obj.getClass())
            return false;
        LetterColl other = (LetterColl)obj;
        for(char l: ALPHABET)
            if(count(l) != other.count(l))
                return false;
        return true;
    }
```

Ein Hashcode wird aus dem Inhalt des Arrays mit den Buchstabenhäufigkeiten
berechnet. Dazu kann die Bibliotheksmethode Arrays.hashCode benutzt werden:

```
    public int hashCode() {
        return Arrays.hashCode(lettercount);
    }
}
```

Aufzeichnen von Ergebnissen

Viele der LetterColl-Methoden beziehen sich nur auf das eigene Objekt. Dieses
ist unveränderlich, die entsprechenden Methoden liefern also bei jedem Aufruf

---

[4]Alternativ kann die Bibliotheksmethode Arrays.equals verwendet werden, die zwei
Arrays elementweise vergleicht.

das gleiche Ergebnis. Performance lässt sich gewinnen, wenn man das Ergebnis nur beim *ersten* Aufruf tatsächlich berechnet und vor der Rückgabe in zusätzlichen Instanzvariablen abspeichert. Beim zweiten und allen weiteren Aufrufen wird kurzerhand das vorher gespeicherte Ergebnis zurückgegeben, ohne es noch einmal zu berechnen.

Diese Konstruktion soll hier exemplarisch an der Methode toString gezeigt werden. Der Fluchtwert null der Instanzvariablen cachedToStringResult signalisiert, dass toString bisher noch nicht aufgerufen wurde und das Ergebnis ein erstes Mal berechnet und gespeichert werden muss. Die Implementierung deckt sich mit der vorhergehenden Fassung, abgesehen von den ersten beiden Zeilen und der vorletzten Zeile:

```java
private String cachedToStringResult = null;

public String toString() {
    if(cachedToStringResult != null)     // Ergebnis bekannt?
        return cachedToStringResult;     // Ja: sofort zurückgeben

    // Nein: Rumpf wie vorher
    String result = "";
    if(size() == 0)
        result = "()";
    else {
        for(char l: ALPHABET)
            for(int i = 0; i < count(l); i++)
                result += ", " + l;
        result = '(' + result.substring(2) + ')';
    }
    cachedToStringResult = result;       // Ergebnis merken
    return result;
}
...
```

Das gleiche Verfahren kann auf weitere Methoden angewendet werden (size, count, different, top, hashCode).[5] Für die einfachsten Getter (etwa size, count) lohnt sich dieses Vorgehen allerdings nicht. Der zusätzliche Code bringt keinen nennenswerten Performance-Gewinn.

---

[5] Man könnte sich eine fast »mechanische« Umsetzung vorstellen, wenn die betreffende Methode nur am Ende zurückkehrt, das heißt, wenn im Inneren des Rumpfes keine return-Anweisungen vorkommen.

37.2   Eindeutige Buchstabensammlung

Definieren Sie einen neuen, zu LetterColl kompatiblen Typ UniqueLetterColl, in dem Buchstaben höchstens einmal vorkommen. Eine eindeutige Buchstabensammlung entspricht also einer Buchstaben*menge*.

UniqueLetterColl hat die gleichen Konstruktoren wie LetterColl. Duplikate von Buchstaben werden sofort zu einem Exemplar zusammengefasst. Einige Beispiele:

```
LetterColl ulc = new UniqueLetterColl("ABRAKADABRA");
System.out.println(ulc.size());                        // 5
System.out.println(ulc.count('A'));                    // 1
System.out.println(ulc.count('X'));                    // 0
System.out.println(ulc.different() == ulc.size());     // true
System.out.println(ulc.top());                         // A
System.out.println(ulc.moreThan(1));                   // ()
System.out.println(ulc.except(new LetterColl("ABRAXAS"))); // (K, D)
```

Lösung

Die Klasse UniqueLetterColl kann von LetterColl abgeleitet werden und erbt dessen Funktionalität. Im Konstruktor von UniqueLetterColl wird aus den Argumenten ein temporärer String singleLetters konstruiert, in dem jeder Buchstabe höchstens einmal vorkommt:

```
public class UniqueLetterColl extends LetterColl {
    public UniqueLetterColl(char... ls) {
        String singleLetters = "";
        for(char c: ls)
            if(singleLetters.indexOf(c) < 0)
                singleLetters += c;
        ...
```

Dieser String wird an den entsprechenden Basisklassenkonstruktor übergeben:

```
        super(singleLetters);
    }
    ...
```

Hier ergibt sich ein Problem: Der Aufruf des Basisklassenkonstruktors mit super muss als *erste Anweisung* im Konstruktorrumpf stehen. Das Dilemma kann mit einer privaten Hilfsmethode gelöst werden, die im Argument des super-Aufrufs aufgerufen wird. Die Methode kann statisch definiert werden, weil sie keinen Bezug zum Objekt hat:

```
public class UniqueLetterColl extends LetterColl {
    public UniqueLetterColl(char... ls) {
        super(uniqueLetters(ls));
    }

    private static String uniqueLetters(char... ls) {
        String result = "";
        for(char c: ls)
            if(result.indexOf(c) < 0)
                result += c;
        return result;
    }
    ...
```

Der zweite UniqueLetterColl-Konstruktor wird mit dem ersten verkettet:

```
    public UniqueLetterColl(String ls) {
        this(ls.toCharArray());
    }
}
```

38 Vorlesungsverzeichnis

In dieser Aufgabe werden Typen des *Collection-Frameworks* eingesetzt, um eine Sammlung von Daten zu speichern und dann nach verschiedenen Kriterien Informationen daraus zu gewinnen. Der Schlüssel zu einer einfachen, übersichtlichen Lösung ist die geschickte Nutzung der spezifischen Eigenschaften der vordefinierten Klassen.

In einer Textdatei sind Vorlesungsdaten gespeichert. Jede Zeile besteht aus drei Teilstrings, die mit Doppelpunkten getrennt sind. Der Doppelpunkt kommt sonst nicht vor. Die drei Strings in einer Zeile enthalten der Reihe nach:

1. Studiengruppe
2. Titel der Vorlesung
3. Dozent

Ein Ausschnitt aus der Datei könnte so aussehen:

```
IFB2:Softwareentwicklung II:Schiedermeier
IFS2:Softwareentwicklung II:Köhler
IFB4:Compilerbau:Schiedermeier
IFB4:Datenbanken:Bayer
```

Die folgende Methode load liest eine solche Datei und liefert sie als Liste von Stringlisten (»Datenbasis«) zurück.[1]

```
public static List<List<String>> load(String filename)
        throws IOException {
    List<List<String>> result = new ArrayList<List<String>>();
    BufferedReader br =
        new BufferedReader(new FileReader(filename));
    for(String line = br.readLine(); line != null; line = br.readLine())
        result.add(Arrays.asList(line.split(":")));
    br.close();
    return result;
}
```

---

[1]Der Aufruf von split trennt den String an Doppelpunkten und liefert die Fragmente als Array von Strings zurück.

Kapseln Sie eine derartige Datenbasis in einer Klasse Lectures mit den folgenden
Methoden:

Konstruktor

> Lädt die Datenbasis von einer Datei, deren Name als String
> übergeben wird.

titles   Liefert eine alphabetisch sortierte Liste mit den Titeln aller Vor-
> lesungen. Mit der oben gezeigten Beispieldatei wäre das Ergeb-
> nis die Liste
>
> [Compilerbau, Datenbanken, Softwareentwicklung II].

workaholics

> Liefert die Menge derjenigen Dozenten, die zwei oder mehr Vor-
> lesungen halten. Im obigen Beispiel wäre das Ergebnis die Men-
> ge [Schiedermeier].

groupToTitles

> Liefert eine Map, die Studiengruppen auf Listen von Vorlesungs-
> titeln abbildet. Unter dem Schlüssel IFB4 wäre zum Beispiel als
> Wert die Liste [Compilerbau, Datenbanken] zu finden.

Lösung

Der Konstruktor der Klasse Lectures ruft die statische Methode load auf.

```
public class Lectures {
    private List<List<String>> db;

    public Lectures(String filename) throws IOException {
        db = load(filename);
    }
    ...
```

In titles werden in einer Schleife die Vorlesungstitel der Datenbasis durchlaufen,
Wiederholungen entfernt und die verbleibenden Titel alphabetisch sortiert. Dazu
eignet sich ein TreeSet: Diese Klasse speichert als Set keine Duplikate und liefert
ihre Elemente in sortierter Reihenfolge. Nach Aufsammeln der Titel wird der
Inhalt des TreeSet in eine ArrayList übertragen und diese zurückgegeben.

```
public List<String> titles() {
    Set<String> s = new TreeSet<String>();
    for(List<String> f: db)
        s.add(f.get(1));
    return new ArrayList<String>(s);
}
```

In workaholics werden in einer Schleife durch die Datenbasis die Dozenten entnommen, aber erst dann in die Ergebnismenge aufgenommen, wenn sie zum zweiten Mal vorkommen. Um das zu prüfen, werden sie zunächst in eine Hilfsmenge eingetragen. Nur die darin bereits gespeicherten Elemente werden in die Ergebnismenge übertragen.

```java
public Set<String> workaholics() {
    Set<String> tmp = new HashSet<String>();
    Set<String> set = new HashSet<String>();
    for(List<String> entry: db) {
        String lecturer = entry.get(2);
        if(tmp.contains(lecturer))
            set.add(lecturer);
        else
            tmp.add(lecturer);
    }
    return set;
}
```

Die als Ergebnis von groupToTitles verlangte Map bildet Studiengruppen (*key*) auf Listen mit Vorlesungstiteln (*value*) ab. In einer Schleife durch die Datenbasis werden jedem Eintrag die Studiengruppe und der zugehörige Vorlesungstitel entnommen. Wenn es für die Studiengruppe noch keinen Eintrag in der Map gibt, wird eine neue leere Vorlesungsliste eingefügt. Anschließend wird der Vorlesungstitel an die Liste der Studiengruppe angehängt.

```java
public Map<String, List<String>> groupToTitles() {
    Map<String, List<String>> map = new HashMap<String, List<String>>();
    for(List<String> entry: db) {
        String group = entry.get(0);
        String title = entry.get(1);
        List<String> subjects = map.get(group);
        if(subjects == null) {
            subjects = new ArrayList<String>();
            map.put(group, subjects);
        }
        subjects.add(title);
    }
    return map;
}
```

39 Römische Zahlen

In dieser Aufgabe wird eine Klasse entwickelt, die römische Zahlen repräsentiert. Dabei werden einige Klassen aus dem *Collection-Framework* verwendet. Darüber hinaus treten Fragen zur Sortierung und zum Größenvergleich auf, die sich durch Implementierung passender Interfaces lösen lassen.

39.1 Klasse für römische Zahlen

Entwickeln Sie eine Klasse Roman, die römische Zahlen repräsentiert. Definieren Sie einen Konstruktor, der eine römische Zahl in Stringdarstellung akzeptiert, sowie die Methode toString und den Getter numeral. Letzterer liefert den numerischen Wert der römischen Zahl. In dieser Aufgabe werden nur positive Zahlen betrachtet.

Römische Zahlen bestehen aus den Ziffernzeichen I (numerischer Wert 1), V (5), X (10), L (50), C (100), D (500) und M (1000). In dieser Aufgabe werden die beiden folgenden, vereinfachten Regeln[1] zur Bestimmung des numerischen Wertes verwendet:

1. Wenn ein niederwertiges Ziffernzeichen vor einem höherwertigen steht, wird es subtrahiert.
2. Andernfalls wird es addiert.

In der römischen Zahl XXIV folgt nach I ein Ziffernzeichen mit höherem Wert (Regel 1), nach den drei anderen nicht (Regel 2). Der Wert ist deshalb $10 + 10 - 1 + 5 = 24$.

Ein Beispiel zur Verwendung der Klasse:

```
Roman r = new Roman("XXIV");
System.out.println(r);              // XXIV
System.out.println(r.numeral());    // 24
```

---

[1] Die tatsächlichen Regeln sind diffiziler, spielen aber für diese Aufgabe keine Rolle.

Lösung

Die Klasse ist unveränderlich. Die Zahl wird sowohl in Stringdarstellung, wie auch als numerischer Wert in zwei Instanzvariablen gespeichert, die beide als `final` markiert sind.

```
public class Roman {
    private final int numeral;
    private final String literal;
    ...
```

Der Konstruktor kann die römische Schreibweise sofort zuweisen. Der numerische Wert wird mit einer privaten Hilfsmethode `toNumeral` berechnet, die unten definiert wird:

```
public Roman(String l) {
    literal = l;
    numeral = toNumeral(l);
}
...
```

`toString` liefert die Stringdarstellung unverändert wieder zurück. Der Getter `numeral` gibt den Wert der entsprechenden Instanzvariablen zurück.

```
public String toString() {
    return literal;
}

public int numeral() {
    return numeral;
}
...
```

Die private Hilfsmethode `toNumeral` verarbeitet ein Zeichen der Stringdarstellung nach dem anderen. Sie hat keinen Bezug zum Objekt und kann deshalb statisch definiert werden. Der Ziffernwert jedes einzelnen Zeichens wird mit einem Aufruf von `digitValue.get` ermittelt, auf den unten eingegangen wird. Die Verrechnung (additiv oder subtraktiv) eines Vorgängerzeichens `previous` wird aber erst durch das aktuelle Zeichen `current` bestimmt. Deshalb wird in einer Schleife das jeweils vorhergehende Zeichen subtrahiert, falls `previous < current`, und ansonsten addiert:

```
private static int toNumeral(String s) {
    int result = 0;
    int previous = 0;
```

```
    for(int i = 0;  i < s.length();  i++) {
        int current = digitValue.get(s.charAt(i));
        if(previous < current)
            result -= previous;
        else
            result += previous;
        previous = current;
    }
    ...
```

Das letzte Zeichen wird immer addiert:

```
    return result + previous;
}
...
```

Die eingangs gezeigte Zuordnung von Ziffernzeichen zu Werten wird in einer
Map digitValue gespeichert, die den *Wrapper*-Typ Character auf den Wrapper-
Typ Integer abbildet. digitValue gilt global und kann deshalb statisch definiert
werden:

```
    private final static Map<Character, Integer> digitValue =
        new HashMap<Character, Integer>();
    ...
```

Zur Initialisierung dieser statischen Datenstruktur eignet sich ein *Static Block*, der
beim Laden der Klasse einmal ausgeführt wird. Insbesondere laufen *Static Blocks*
vor allen Konstruktoraufrufen ab. Die fertig initialisierte Map steht deshalb im
ersten Konstruktoraufruf bereits zur Verfügung. Statische Klassenelemente werden in der Reihenfolge der Definition verarbeitet. Der *Static Block* muss also
textuell nach der Definition von digitValue folgen.

```
    static {
        digitValue.put('I', 1);
        digitValue.put('V', 5);
        digitValue.put('X', 10);
        digitValue.put('L', 50);
        digitValue.put('C', 100);
        digitValue.put('D', 500);
        digitValue.put('M', 1000);
    }

}
```

39.2   Stringdarstellung

Erweitern Sie Roman um einen zweiten Konstruktor, der einen numerischen Wert akzeptiert. Nichtpositive Argumente werden mit einer IllegalArgumentException abgewiesen.

Definieren Sie des Weiteren eine private, statische Hilfsmethode toLiteral, die einen Zahlenwert in die Stringdarstellung einer römischen Zahl umrechnet.

Fügen Sie außerdem Methoden für die vier Grundrechenarten ein, die auf ganzzahliger Arithmetik beruhen.

Das folgende Beispiel addiert 24 mit XVIII und gibt die Summe aus:

```
Roman r = new Roman(24);
System.out.println(r.add(new Roman("XVIII")));    // XLII
```

Lösung

Der neue Konstruktor testet das Argument und bemüht dann die unten definierte Methode literal zur Initialisierung:

```
public Roman(int n) {
    if(n <= 0)
        throw new IllegalArgumentException("non-positive value");
    literal = toLiteral(n);
    numeral = n;
}
...
```

literal kann außerdem genutzt werden, um im oben definierten, ersten Konstruktor eine »normalisierte« Stringdarstellung zu speichern:

```
public Roman(String l) {
    numeral = toNumeral(l);
    literal = toLiteral(numeral);    // statt: literal = l;
}
...
```

Damit werden etwas fragwürdige römische Zahlen, die die eingangs genannten, arg simplen Regeln zulassen, in eine reguläre Form gebracht, wie im folgenden Beispiel:

```
System.out.println(new Roman("IVL"));  // XLIV
```

toLiteral beruht auf der Idee, dass der numerische Wert so oft um immer kleinere Ziffernwerte reduziert wird, bis er komplett auf 0 abgebaut ist. Bei jeder Reduktion wird das betreffende Ziffernzeichen hinten an die Stringdarstellung angefügt. Die subtraktive Regel lässt sich einfach mit »künstlichen« Ziffernwerten für

Kombinationen aus einem subtraktiven Ziffernzeichen mit einem nachfolgenden größeren Ziffernzeichen umsetzen, wie zum Beispiel der Wert 4 für die Kombination IV. Der Aufruf restLiteral.keySet wird unten genauer erklärt; er liefert alle Ziffernwerte in fallender Größe.

```
private String toLiteral(int n) {
    String result = "";
    for(int rest: restLiteral.keySet())
        while(n >= rest) {
            result += restLiteral.get(rest);
            n -= rest;
        }
    return result;
}
```

Eine Tabelle der Ziffernwerte und der zugehörigen Ziffernzeichen wird in einer statischen Map vorgehalten, die Zahlen (Integer) auf Strings abbildet. Die subtraktiven Kombinationen werden wie die einzelnen Ziffernzeichen eingetragen.[2] Hier ist eine TreeMap notwendig, weil die Einträge in sortierter Reihenfolge gebraucht werden:

```
private static Map<Integer, String> restLiteral =
    new TreeMap<Integer, String>();
static {
    restLiteral.put(1000, "M");
    restLiteral.put(900, "CM");
    restLiteral.put(500, "D");
    restLiteral.put(400, "CD");
    restLiteral.put(100, "C");
    restLiteral.put(90, "XC");
    restLiteral.put(50, "L");
    restLiteral.put(40, "XL");
    restLiteral.put(10, "X");
    restLiteral.put(9, "IX");
    restLiteral.put(5, "V");
    restLiteral.put(4, "IV");
    restLiteral.put(1, "I");
}
...
```

Die oben definierte Map produziert allerdings falsche Ergebnisse, weil die Einträge automatisch in der Reihenfolge *steigender* numerischer Größe sortiert wer-

---

[2]Gemäß »offiziellen« Regeln dürfen keine beliebigen Paare von kleineren und größeren Ziffernzeichen gebildet werden, sondern nur jeweils ein I, X und C mit einem der zwei nächsthöheren Zeichen kombiniert werden. 99 würde also geschrieben als XCIX und nicht als IC.

den. Hier werden aber fallende Werte gebraucht. Die »natürliche Ordnung« von vergleichbaren Elementen (*natural ordering*), die die Methode compareTo festlegt, lässt sich mit einem explizit an den Konstruktor der TreeMap übergebenen Vergleicher-Objekt außer Kraft setzen.

Dieses Objekt muss das Interface Comparator implementieren, das eine einzige Methode compare verlangt. compare liefert ein ganzzahliges Ergebnis. Das Vorzeichen zeigt das Vergleichsergebnis an: Negativ, falls das erste Argument kleiner als das zweite ist, null, falls beide Argumente gleich sind, und positiv ansonsten.

Hier wird an Ort und Stelle ein einzelnes, anonymes Comparator-Objekt erzeugt, das Zahlen in fallender Reihenfolge ordnet.[3]

```
... = new TreeMap<Integer, String>(new Comparator<Integer>() {
    public int compare(Integer i0, Integer i1) {
        return i1 - i0;
    }
});
...
```

Die Arithmetik fällt mit diesen Vorarbeiten leicht. Stellvertretend ist hier die Additionsmethode gezeigt. Die anderen drei Methoden sind ganz entsprechend aufgebaut:

```
public Roman add(Roman r) {
    return new Roman(numeral + r.numeral);
}
...
```

39.3   Vergleich

Definieren Sie die Methoden equals und hashCode für die Klasse Roman. Versehen Sie Roman weiter mit einer »natürlichen Ordnung« entsprechend dem numerischen Wert.

Diese Erweiterung erlaubt zum Beispiel folgendes Programmfragment, in dem eine Liste römischer Zahlen sortiert und ein TreeSet mit römischen Zahlen aufgebaut wird. Das Ergebnis ist in beiden Fällen das gleiche:

```
Roman r1 = new Roman("LXIX");
Roman r2 = new Roman(26);

List<Roman> lr = new ArrayList<Roman>();
```

---

[3]Der »Trick« der Subtraktion i1 - i0 ist etwas fragwürdig, weil bei großen Werten durch numerischen Überlauf falsche Vorzeichen entstehen können. Römische Zahlen bleiben aber voraussichtlich in einem eher begrenzten Wertebereich.

```
lr.add(r1);
lr.add(r2);
lr.add(r1.sub(r2));
lr.add(r1.add(r2));
Collections.sort(lr);
System.out.println(lr);      // [XXVI, XLIII, LXIX, XCV]

Set<Roman> sr = new TreeSet<Roman>();
sr.add(r1);
sr.add(r2);
sr.add(r1.sub(r2));
sr.add(r1.add(r2));
System.out.println(sr);      // [XXVI, XLIII, LXIX, XCV]
```

Nicht immer ist die natürliche Ordnung erwünscht. Definieren Sie in `Roman` zwei Klassenvariablen `LengthComparator` und `LexicalComparator`, die römische Zahlen nach der Länge beziehungsweise nach der alphabetischen Ordnung ihrer Stringdarstellung ordnen. Beide Objekte implementieren das Interface `Comparator`.

Im folgenden Beispiel wird die oben aufgebaute Liste nach anderen Kriterien sortiert. Für eine weitere `TreeMap` wird ein explizites Sortierkriterium vorgegeben:

```
// lr wie oben ...
Collections.sort(lr, Roman.LengthComparator);
System.out.println(lr);      // [XCV, XXVI, LXIX, XLIII]
Collections.sort(lr, Roman.LexicalComparator);
System.out.println(lr);      // [LXIX, XCV, XLIII, XXVI]
```

Für eine weitere `TreeMap` wird ein explizites Sortierkriterium vorgegeben:

```
Set<Roman> srl = new TreeSet<Roman>(Roman.LengthComparator);
srl.add(r1);
srl.add(r2);
srl.add(r1.sub(r2));
srl.add(r1.add(r2));
System.out.println(srl);          // [XCV, LXIX, XLIII]
```

Im letzten Beispiel lässt sich beobachten, dass ein `TreeSet` nur mit dem `Comparator` arbeitet, aber `equals` ignoriert. Die beiden jeweils vier Zeichen langen Stringdarstellungen LXIX und XXVI werden vom `LengthComparator` als gleich bewertet. Nur eine von ihnen wird eingefügt, die andere wird ignoriert, weil ein `Set` keine Duplikate aufnimmt.

Lösung

`equals` folgt dem Schema von Anhang D (Seite 383) und zieht die Instanzvariable numeral zum Vergleich heran:

```
    public boolean equals(Object x) {
        if(x == null)
            return false;
        if(getClass() != x.getClass())
            return false;
        Roman r = (Roman)x;
        return numeral == r.numeral;
    }
    ...
```

Die Methode hashCode muss das gleiche Ergebnis liefern für zwei Objekte, die gemäß equals gleich sind. Das lässt sich mit dem numerischen Wert als Hashcode erreichen:

```
    public int hashCode() {
        return numeral;
    }
    ...
```

Um Roman-Objekte zu sortieren, müssen sie der Größe nach vergleichbar sein. Die Klasse wird zum einen um die Implementierung des Interface Comparable ergänzt und definiert außerdem die Methode compareTo, die auf der Instanzvariablen numeral beruht:

```
public class Roman implements Comparable<Roman> {
    ...
    public int compareTo(Roman r) {
        return numeral - r.numeral;
    }
    ...
```

Zwei statische Comparator-Objekte werden an die Klassenvariablen LengthComparator und LexicalComparator zugewiesen:

```
    public final static Comparator<Roman> LengthComparator =
        new Comparator<Roman>() {
            public int compare(Roman r0, Roman r1) {
                return r0.literal.length() - r1.literal.length();
            }
        };

    public final static Comparator<Roman> LexicalComparator =
        new Comparator<Roman>() {
            public int compare(Roman r0, Roman r1) {
                return r0.literal.compareTo(r1.literal);
            }
        };
}
```

40 Zählerlisten

In dieser Aufgabe wird das *Collection-Framework* im Sinne eines »Frameworks« verwendet, das heißt als Grundlage für eine neue Containerklasse. Die entsprechenden Hilfsmittel sind im API bereits vorbereitet und brauchen nur noch genutzt zu werden.

Beispielhaft werden zwei verschiedene Lösungsansätze gezeigt, jeweils mit spezifischen Stärken und Schwächen.

Definieren Sie eine Listenklasse `CountList` für einen Elementtyp E. `CountList` implementiert das Interface `List<E>` aus dem Collection-Framework. Darüber hinaus führt die Klasse Buch über die Anzahl Vorkommen eines gegebenen Elementes. Dazu bietet sie die folgenden Methoden an, die im Weiteren als »Zählmethoden« bezeichnet werden sollen:

`int count(E element)`

> Liefert die Anzahl Vorkommen von `element` in der Liste. Wenn `element` nicht in der Liste enthalten ist, ist das Ergebnis 0.

`int unique()`

> Liefert die Anzahl der unterschiedlichen Elemente in der Liste.

`Map<E, Integer> counts()`

> Liefert eine Abbildung der Elemente der Liste auf die Anzahl der Vorkommen. Das Ergebnis ist eine `Map` aus dem Collection-Framework, deren Werte natürliche Zahlen sind. Alle Werte sind positiv.

Das folgende Hauptprogramm sammelt ein paar Zahlen in einer `Integer`-Zählerliste:

```
public static void main(String[] args) {
    CountList<Integer> cl = new CountList<Integer>();
    cl.add(2);
    cl.add(5);
    cl.add(2);
    cl.add(5);
    cl.add(3);
```

```
        System.out.println(cl.count(2));    // 2
        System.out.println(cl.unique());    // 3
        System.out.println(cl.counts());    // {2=2, 3=1, 5=2}
    }
```

Einfache Lösung

Als erste und vielleicht nächstliegende Lösung wird die neue Klasse CountList von ArrayList abgeleitet und erbt deren komplette Funktionalität.

```
public class CountList<E> extends ArrayList<E> {
    ...
```

Ohne weitere Maßnahmen bietet diese Klasse nur einen Defaultkonstruktor. Das Collection-Framework empfiehlt darüber hinaus auch einen Konstruktor, der die neue Liste mit allen Elementen einer anderen Collection füllt, die als Parameter übergeben wird. Die beiden Konstruktoren werden definiert:

```
public CountList() {}

public CountList(Collection<? extends E> collection) {
    super(collection);
}
```

Der *Typebound* <? extends E> im zweiten Konstruktor drückt aus, dass als Parameter eine andere Collection entweder mit genau demselben Elementtyp E oder mit einem von E abgeleiteten Elementtyp akzeptiert wird.

Bleiben noch die Definitionen der Zählmethoden. count zählt bei jedem Aufruf die Anzahl Vorkommen des Elementes searched. Der Wert null ist in Listen zulässig. Er muss vor dem Aufruf von equals getrennt behandelt werden, weil mit der null-Referenz keine Methode aufgerufen werden kann:

```
public int count(E searched) {
    int result = 0;
    for(E element: this)
        if(element == null) {
            if(searched == null)
                result++;
        }
        else if(element.equals(searched))
            result++;
    return result;
}
```

Zur Implementierung von unique kann man sich zunutze machen, dass es in Sets keine Duplikate gibt. Es reicht aus, ein Set mit den Elementen dieser Liste zu initialisieren und dann die Kardinalität der Menge als Ergebnis zurückzuliefern.

```java
public int unique() {
    return new HashSet<E>(this).size();
}
```

counts durchläuft in einer Schleife die gesamte Liste und zählt die Vorkommen der Elemente in einer Map mit. Nachdem die Map zu Beginn leer ist, enthält sie als »Zähler« eines vorher noch nicht gesehenen Elementes den Wert null. Dieser wird durch eine 1 ersetzt. Alle anderen Zählerwerte werden inkrementiert. An dieser Stelle zahlt sich das *Autoboxing* und *Auto-Unboxing* des Java-Compilers aus: Die Integer-Objekte und primitiven int-Werte können, abgesehen vom Sonderfall null, praktisch als gleichwertig behandelt werden.

```java
public Map<E, Integer> counts() {
    Map<E, Integer> counts = new HashMap<E, Integer>();
    for(E element: this) {
        Integer count = counts.get(element);
        counts.put(element, count == null? 1:  count + 1);
    }
    return counts;
}
}
```

Diese Lösung ist recht einfach gebaut, was für sich gesehen von Vorteil ist. Allerdings ist die Lösung auch ziemlich ineffizient, weil bei *jedem* Aufruf der Zählmethoden das Ergebnis komplett neu berechnet wird. Für kurze Listen mag das akzeptabel sein, aber kaum noch für Listen mit Millionen von Elementen. Zudem erledigen die beiden Methoden count und counts praktisch die gleiche Arbeit, die damit doppelt implementiert ist, mit all den Problemen, die duplizierter Code nach sich zieht.

Ableiten einer AbstractList

Eine effizientere Implementierung von CountList baut auf der Beobachtung auf, dass die Elemente einer Liste nur dann neu gezählt werden müssen, wenn die Liste geändert wird, aber nicht, solange sie nur gelesen wird.

Es stellt sich die Frage, wie ein CountList-Objekt erkennen kann, ob die zugrunde liegende ArrayList geändert wurde oder ob sie noch den gleichen Inhalt hat, wie beim letzten Aufruf. Dafür gibt es verschiedene Möglichkeiten:

1. Die CountList könnte alle Aufrufe ändernder Methoden, die von der Basisklasse ArrayList ererbt wurden, überwachen. Dazu müssten allerdings diese ändernden Methoden der ArrayList in CountList redefiniert werden.

Die redefinierten Fassungen würden die eigentliche Arbeit via super an die Methoden der Basisklasse weiterreichen und zusätzlich ein Flag setzen, das eine Änderung anzeigt.

Bei Aufrufen der Zählmethoden wird zuerst das Flag überprüft. Nur wenn es Modifikationen signalisiert, müssen die Listenelemente neu erfasst werden. Andernfalls kann ein bereits früher berechnetes und gemerktes Ergebnis direkt und ohne Neuberechnung zurückgegeben werden.

2. Statt alle ererbten, ändernden Methoden zu redefinieren, könnte CountList bei Aufrufen der eigenen Methoden den aktuellen Listeninhalt mit dem zuletzt überprüften Listeninhalt vergleichen.

   Dazu könnte man sich auf den Hashcode stützen. Bei näherer Betrachtung erweist sich dieser Ansatz aber als unzuverlässig, weil gleiche Hashcodes keineswegs gleichen Inhalt bedeuten.

3. Schließlich kann CountList als eigenständige Listenklasse definiert werden, die *nicht* von ArrayList abgeleitet ist. Dieser Ansatz wird im Weiteren genauer ausgeführt.

Das Collection-Framework macht die Definitionen von neuen, listenartigen Containern recht einfach. Der Schlüssel ist die abstrakte Basisklasse AbstractList, die ein Minimum an Methoden verlangt, um die komplette Funktionalität einer Liste zu erhalten. Im Einzelnen sind die folgenden fünf Methoden in einer konkreten, von AbstractList abgeleiteten Klasse zu definieren.[1]

```
E get(int index)
int size()
E set(int index, E element)
void add(int index, E element)
E remove(int index)
```

Die neue Implementierung von CountList ist nicht von ArrayList abgeleitet, sondern delegiert Aufrufe der oben aufgezählten Methoden an eine eingebettete, als Komponente enthaltene ArrayList.[2]

```
public class CountList<E> extends AbstractList<E> {
    private final ArrayList<E> elements = new ArrayList<E>();
    ...
```

Die Instanzvariable counts bildet die Elemente der Liste auf die Anzahl ihrer Vorkommen ab. Der Wert null der Instanzvariablen wird als »Fluchtwert« interpre-

---

[1]Die Beschreibung der fünf Methoden ist in der API-Dokumentation zu finden und wird hier nicht wiederholt.

[2]Die Klasse AbstractList bietet eine protected-Instanzvariable modCount an, die Änderungen an der Liste mitzählt. Dabei werden allerdings nur *strukturelle* Modifikationen erfasst. Für diese Aufgabe reicht das nicht aus, weil auch inhaltliche Änderungen, die die Listenstruktur nicht betreffen, berücksichtigt werden müssen.

tiert. Er bedeutet, dass die Anzahl Vorkommen im Moment nicht bekannt ist und gegebenenfalls neu berechnet werden muss:

```
private HashMap<E, Integer> counts = null;
...
```

Der Defaultkonstruktor muss nichts weiter unternehmen. Der zweite Konstruktor trägt alle Elemente der als Parameter übergebenen Collection c in die eingebettete Liste ein. Die Instanzvariable counts behält den Initialisierungswert null, weil die Anzahl Vorkommen der Listenelemente nicht gezählt wurde:

```
public CountList() {}

public CountList(Collection<? extends E> c)  {
    elements.addAll(c);
}
...
```

Die abstrakten Methoden in AbstractList werden einzeln definiert. Die Aufrufe werden an die Liste elements delegiert. Zusätzlich löschen die ändernden Methoden (set, add und remove) einen eventuell vorhandenen Wert der Instanzvariablen counts.

```
public E get(int index) {
    return elements.get(index);
}

public E set(int index, E element) {
    counts = null;
    return elements.set(index, element);
}

public void add(int index, E element) {
    counts = null;
    elements.add(index, element);
}

public E remove(int index) {
    counts = null;
    return elements.remove(index);
}

public int size() {
    return elements.size();
}
...
```

Die Methode counts arbeitet im Wesentlichen wie die erste Implementierung in der einfachen Lösung. Allerdings trägt sie die Zählerwerte nicht in eine lokale Map ein, sondern in die entsprechende Instanzvariable. Des Weiteren wird die Map nur dann neu berechnet, wenn der Wert null der Instanzvariablen das erforderlich macht. Andernfalls wird die bereits früher bestimmte Map sofort zurückgegeben:

```
public Map<E, Integer> counts() {
    if(counts == null) {
        counts = new HashMap<E, Integer>();
        for(E element: elements) {
            Integer count = counts.get(element);
            counts.put(element, count == null? 1:  count + 1);
        }
    }
    return counts;
}
...
```

Ohne weitere Maßnahmen würde ein Problem mit der Datenkapselung bleiben: Die von counts an den Aufrufer zurückgegebene Map ist ungeschützt. Würde der Aufrufer die Map ändern, so wäre die Konsistenz der CountList zerstört, die auf *dieselbe* Map zur Buchführung angewiesen ist. Für dieses Problem gibt es zwei Lösungen:

1. counts kann eine Kopie der Map an den Aufrufer liefern. Die Kopie kann mit dem Kopierkonstruktor

```
        return new HashMap<E, Integer>(counts);
    }
    ...
```

oder mit der clone-Methode erzeugt werden:

```
        return (Map<E, Integer>)counts.clone();
    }
    ...
```

In beiden Fällen entsteht eine »flache Kopie«. Die zurückgegebene Map ist zwar unabhängig vom Original, referenziert aber *dieselben* Schlüssel. Wenn der Aufrufer die Schlüsselobjekte im Nachhinein modifiziert, zerstört das wieder beide Maps.[3]

2. counts kann Änderungen an der Map blockieren. Dazu wird mit der statischen Methode unmodifiableMap der Klasse java.util.Collections eine neue Sicht auf die bereits vorhandene Map erzeugt. Diese Operation ist effizient,

---

[3]Dieses Problem stellt sich bei allen Maps und ist nicht auf die Klasse CountList beschränkt. Es wird an dieser Stelle hingenommen.

weil keine Kopie erzeugt wird. Diese Sicht blendet lediglich alle ändernden Map-Methoden aus und lässt nur noch Aufrufe lesender Methoden zu. Sie wirkt, bildhaft gesprochen, wie eine Scheuklappe, die Teile der unverändert vorhandenen Wirklichkeit dem Blick entzieht.

```
        return Collections.unmodifiableMap(counts);
    }
    ...
```

Die beiden verbleibenden Methoden count und unique nutzen die Funktionalität von counts. count holt sich den Wert zum gegebenen Element aus der Map. Wenn er null ist, wird das Ergebnis 0 zurückgegeben, andernfalls der Zählerwert selbst:

```
    public int count(E searched) {
        Integer result = counts().get(searched);
        return result == null?  0:  result;
    }
    ...
```

Die Anzahl Einträge in der Map counts entspricht der Anzahl der verschiedenen Elemente und damit dem Ergebnis von unique:

```
    public int unique() {
        return counts().size();
    }
}
```

Buchführung von Änderungen

Die Klasse AbstractList bildet alle anderen Listenmethoden auf die oben aufgezählten fünf elementaren Methoden ab. Statt die Map counts bei jeder Änderung wegzuwerfen und bei der nächsten Nachfrage komplett neu aufzubauen, kann man die Vorkommen der Elemente in den ändernden Methoden set, add und remove einzeln anpassen.

Die folgende Implementierung von CountList setzt diese Idee um. Als Startwert der Instanzvariablen counts wird eine neue, leere Map zugewiesen. Der Fluchtwert null wird nicht mehr gebraucht. Die Map wird mit dem CountList-Objekt erzeugt und bleibt für dessen gesamte Lebensdauer dieselbe. Die entsprechende Instanzvariable kann final definiert werden.

```
public class CountList<E> extends AbstractList<E> {
    private final ArrayList<E> elements = new ArrayList<E>();
    private final Map<E, Integer> counts = new HashMap<E, Integer>();

    public CountList() {}
    ...
```

Im zweiten Konstruktor wird die *eigene* Methode addAll aufgerufen, statt den Aufruf an die eingebettete Liste zu delegieren. Diese »eigene« Implementierung ist von AbstractList ererbt und mündet in eine Serie von add-Aufrufen.

```
public CountList(Collection<? extends E> c) {
    addAll(c);       // vorher elements.addAll();
}
...
```

Die Methoden get und size bleiben gegenüber der vorhergehenden Fassung unverändert.

```
public E get(int index) {
    return elements.get(index);
}

public int size() {
    return elements.size();
}
...
```

In den drei ändernden Methoden set, add und remove sind die Zähler der betroffenen Elemente in der Map counts anzupassen. Beim Eintrag eines neuen Elementes ist der Wert null in der Map zu berücksichtigen. Beim Löschen des letzten Vorkommens eines Elementes muss der entsprechende Eintrag ganz aus der Map entfernt werden. Diese Funktionen werden jeweils mehrfach gebraucht und deshalb besser in privaten Hilfsmethoden implementiert. Als Dienst für die Aufrufer liefern beide das betroffene Element als Ergebniswert zurück.

```
private E incrementCount(E element) {
    Integer count = counts.get(element);
    counts.put(element, count == null? 1:  count + 1);
    return element;
}

private E decrementCount(E element) {
    Integer count = counts.get(element);
    if(count == 1)
        counts.remove(element);
    else
        counts.put(element, count - 1);
    return element;
}
...
```

In den öffentlichen Methoden werden die Zählerstände angepasst.[4]

```
public E set(int index, E element) {
    return decrementCount(elements.set(index,
        incrementCount(element)));
}

public void add(int index, E element) {
    elements.add(index, incrementCount(element));
}

public E remove(int index) {
    return decrementCount(elements.remove(index));
}
...
```

Die Zählmethoden count und unique bleiben unverändert. Die Methode counts braucht nur noch die Map zurückzuliefern:

```
public int count(E searched) {
    Integer result = counts().get(searched);
    return result == null ? 0 : result;
}

public int unique() {
    return counts().size();
}

public Map<E, Integer> counts() {
    return Collections.unmodifiableMap(counts);
}
}
```

---

[4]Die Methode set liefert den ersetzten Wert als Ergebnis zurück. Entsprechend liefert remove den eben gelöschten Wert.

Teil VII

I/O, Netzwerke, Nebenläufigkeit

41 Textdateien

Diese Aufgaben befassen sich mit der Ein- und Ausgabe von Textdateien in Java. Der dazu nötige Umgang mit Bibliotheksklassen und -methoden ist in kurzen Beispielprogrammen in Anhang D (Seite 380) gezeigt.

In der ersten Aufgabe wird eine Textdatei als iterierbares Objekt verfügbar gemacht. Dabei treten einige Anforderungen an Iteratoren zutage, deren Abstimmung mit der Arbeitsweise der Ein- und Ausgabe etwas Mühe macht.

In der zweiten Aufgabe wird die zeilenweise Verarbeitung einer Textdatei in eine abstrakte Basisklasse herausgezogen. Verschiedene abgeleitete Klassen implementieren konkrete Transformationen durch Redefinition einer einfachen abstrakten Methode, die nur noch Strings umsetzt.

Die letzte Teilaufgabe kombiniert die Lösung der ersten Teilaufgabe mit der Idee der zweiten Teilaufgabe für eine flexible abstrakte Basisklasse zum Aufteilen einer Textdatei in mehrere Stücke.

41.1 Textzeilen-Iterator

Definieren Sie eine Klasse TextfileLines, die den Inhalt einer Textdatei zeilenweise für eine *foreach*-Schleife verfügbar macht. Der Konstruktor der Klasse erhält den Namen der Textdatei als Argument. Das folgende Programmfragment gibt zum Beispiel den Inhalt der Datei input.txt zeilenweise aus:

```
for(String line: new TextfileLines("input.txt"))
    System.out.println(line);
```

Lösung

Die Klasse implementiert das generische Interface Iterable mit Elementtyp String.

```
public class TextfileLines implements Iterable<String> {
    ...
```

Um den Dateiinhalt zu lesen, wird ein BufferedReader geöffnet, dessen Methode readLine eine Textzeile nach der anderen liefert. In der ersten Lösung wird der gesamte Inhalt der Datei zeilenweise in einer Stringliste `linelist` abgespeichert. Das kann sofort im Konstruktor geschehen:

```
private final List<String> linelist = new ArrayList<String>();

public TextfileLines(String filename) throws IOException {
    BufferedReader reader =
        new BufferedReader(new FileReader(filename));
    for(String line = reader.readLine();
            line != null;
            line = reader.readLine())
        linelist.add(line);
    reader.close();
}
...
```

Das Interface `Iterable` verlangt die Methode `iterator`, deren Rückgabewert ein Iterator des betreffenden Elementtyps ist, in diesem Fall `String`. Nachdem Listen einen Iterator liefern können, braucht die Methode hier nur diesen Iterator weiterzugeben:

```
public Iterator<String> iterator() {
    return linelist.iterator();
}
}
```

Alternative Lösung

Bei längeren Dateien kann die vorhergehende Lösung ineffizient arbeiten oder ganz scheitern. Zum Beispiel lädt der Konstruktor in jedem Fall die gesamte Datei in den Hauptspeicher, selbst wenn der Anwender nur die erste Zeile braucht.

In dieser alternativen Lösung wird das Laden der Datei soweit wie möglich verzögert. Hier liest nicht der Konstruktor die Datei, sondern jeder einzelne Iterator die Zeilen nach Bedarf. Der `TextfileLines`-Konstruktor zeichnet nur den Dateinamen in einer privaten Instanzvariablen auf:

```
public TextfileLines(String fn) {
    filename = fn;
}

private final String filename;
...
```

Die Methode iterator erzeugt ein neues Iterator-Objekt, für das eine private, innere Klasse definiert wird:[1]

```
public Iterator<String> iterator() {
    return new TextfileIterator();
}

private class TextfileIterator implements Iterator<String> {
    ...
```

TextfileIterator muss die drei Methoden hasNext, next und remove des Interface Iterator definieren. remove wirft eine Exception, weil dieser Iterator keine Zeile aus der zugrunde liegenden Textdatei löschen kann.

```
public void remove() {
    throw new UnsupportedOperationException("cannot modify file");
}
...
```

hasNext und next sind etwas schwieriger zu implementieren, denn hasNext soll Auskunft geben, ob der *nächste* Aufruf von next noch ein gültiges Ergebnis liefern wird oder nicht. Beim zeilenweisen Lesen eines BufferedReader kann aber erst *nach* dem Aufruf von readLine festgestellt werden, ob die Eingabe erschöpft ist. In diesem Fall liefert readLine die null-Referenz statt eines Strings.

Aus diesem Grund liest der Iterator immer eine Zeile voraus. Die vorweg gelesene Zeile wird erst vom nächsten next-Aufruf zurückgegeben und muss deshalb in einer Instanzvariablen lookahead aufgehoben werden. Dieser »Puffer« wird im Konstruktor von TextfileIterator initialisiert und bei jedem Aufruf von next aktualisiert:

```
private String lookahead;

private final BufferedReader b;

private TextfileIterator() {
    try {
        Reader r = new FileReader(filename);
        b = new BufferedReader(r);
        lookahead = b.readLine();  // Puffer initialisieren
    }
    catch(Exception ex) {
        throw new RuntimeException(ex);
    }
}
```

---

[1]Wahlweise könnte auch eine anonyme Klasse definiert werden.

```
        public boolean hasNext() {
            return lookahead != null;
        }

        public String next() {
            String result = lookahead;
            try {
                lookahead = b.readLine();  // Puffer aktualisieren
            }
            catch(IOException ex) {
                throw new RuntimeException(ex);
            }
            return result;
        }
    };
    ...
```

Sowohl der `TextfileIterator`-Konstruktor wie auch die Methode `next` rufen `readLine` auf, die eine `IOException` erzeugen kann. Das Gleiche gilt für den `FileReader`-Konstruktor. Diese *checked*-Exceptions müssen abgefangen werden, weil die Signaturen der Methoden im Interface `Iterator` kein Weiterreichen zulassen. Eine weiter gehende Fehlerbehandlung unterbleibt hier, deshalb werden die `IOExceptions` in `Runtime`-Exceptions gekapselt und weitergegeben.

Die innere Klasse `TextfileIterator` ist damit komplett.

Ein letztes Problem wirft das Schließen des Readers auf. Jeder `FileReader` belegt Ressourcen außerhalb des Objektes selbst, die mit einem Aufruf von `close` freizugeben sind. Ein Iterator wird allerdings nicht explizit »geschlossen«. Einen Ausweg bietet die Methode `finalize`, die von der JVM aufgerufen wird, wenn ein nicht mehr benutztes Objekt freigegeben wird. In jedem Fall muss sichergestellt werden, dass auch das Basisklassenobjekt freigegeben wird, deshalb wird der entsprechende Aufruf in einem `finally`-Block angefügt:[2]

```
    void finalize() throws IOException {
        try {
            b.close();
        }
        finally {
            super.finalize();
        }
    }
}
```

---

[2]Selbst diese Lösung ist problematisch, weil die JVM `finalize` zu einem ungewissen Zeitpunkt aufruft. Möglicherweise ist die maximale Anzahl offener Dateien des Java-Programms bereits erreicht, noch bevor die ausstehenden `finalize`-Aufrufe abgewickelt werden. Einzelheiten dazu finden sich in [Bloch 01], Thema 6.

41.2 Zeilentransformator

Implementieren Sie eine abstrakte Basisklasse TextfileMapper, deren Methode

```
void map(String infilename, String outfilename)
```

den Inhalt einer Textdatei zeilenweise umwandelt und das Resultat auf eine neue Textdatei schreibt. map erhält die Namen der Ein- und der Ausgabedatei als Argumente.

Zur Umwandlung wird jede Zeile an die abstrakte Methode transform übergeben. Abgeleitete Klassen redefinieren transform zu einem konkreten Zweck. Wenn transform das Ergebnis null liefert, soll die betreffende Zeile ignoriert, das heißt nicht ausgegeben werden.

Das folgende Programmfragment liest die Textdatei input.txt, ersetzt alle kleinen durch große Buchstaben und schreibt das Ergebnis in die Textdatei output.txt:

```
new TextfileMapper() {
    String transform(String line) {
        return line.toUpperCase();
    }
}.map("input.txt", "output.txt");
```

Im nächsten Beispiel werden alle leeren Zeilen gelöscht:

```
new TextfileMapper() {
    String transform(String line) {
        return line.isEmpty()?  null:  line;
    }
}.map("input.txt", "output.txt");
```

Das dritte Beispiel fasst mehrere gleiche, direkt aufeinanderfolgende Zeilen zu einem einzigen Exemplar zusammen:

```
new TextfileMapper() {
    private String lastline = null;

    String transform(String line) {
        if(line.equals(lastline))
            return null;
        lastline = line;
        return line;
    }
}.map("input.txt", "output.txt");
```

Lösung

Die abstrakte Basisklasse `TextfileMapper` definiert `transform` als abstrakte Methode:

```
public abstract class TextfileMapper {
    public abstract String transform(String line);
    ...
```

Die Methode `map` akzeptiert zwei Dateinamen. Die erstgenannte Datei wird zeilenweise gelesen, die zweite zum Schreiben geöffnet. Die Klasse `TextfileLines` (siehe vorhergehende Teilaufgabe) vereinfacht das Lesen der Eingabe:

```
public void map(String infile, String outfile) throws IOException {
    Writer w = new FileWriter(outfile);
    PrintWriter p = new PrintWriter(w);
    for(String line: new TextfileLines(infile)) {
        ...
```

In der Schleife wird jede Zeile mit der Methode `transform` verarbeitet und das Ergebnis ausgegeben, wenn es verschieden von `null` ist:

```
            String xline = transform(line);
            if(xline != null)
                p.println(xline);
        }
        p.close();
    }
}
```

41.3   Textdatei-Trenner

Definieren Sie eine Klasse `TextfileSplitter`, die eine Textdatei liest und in mehrere Ausgabedateien kopiert. Bestimmte Zeilen beginnen jeweils eine neue Ausgabedatei. Die Ausgabedateien heißen genauso wie die Eingabedatei, wobei ein Punkt und eine dreistellige, fortlaufende Nummer ab 000 angefügt wird.

Gehen Sie entsprechend zu Aufgabe 41.2 (»Zeilentransformator«, Seite 266) vor. Eine konkrete Implementierung der in `TextfileSplitter` abstrakten Methode

```
boolean splitAt(String line)
```

entscheidet, ob mit `line` eine neue Ausgabedatei beginnt (Ergebnis `true`) oder nicht (Ergebnis `false`).

Das nachfolgende Programmfragment trennt die Eingabedatei an Zeilen, die mit dem Buchstaben »s« beginnen, in Teildateien auf:

```
new TextfileSplitter() {
    boolean splitAt(String line) {
        return line.startsWith("s");
    }
}.split("input.txt");
```

Zum Beispiel wird die folgende Eingabedatei

```
abra
ka
dabra
sim
sala
bim
```

zerlegt in die Ausgabedateien:

```
input.txt.000        abra
                     ka
                     dabra

input.txt.001        sim

input.txt.002        sala
                     bim
```

Lösung

Wie in Aufgabe 41.2 ist die Methode splitAt abstrakt:

```
public abstract class TextfileSplitter {
    public abstract boolean splitAt(String line);
    ...
```

Die Methode split liest die Eingabedatei und öffnet zunächst die erste Ausgabedatei zum Schreiben. Die Variable index zählt die Ausgabedateien mit.

```
public void split(String filename) throws IOException {
    int index = 0;
    Writer w =
        new FileWriter(String.format("%s.%03d", filename, index++));
    PrintWriter p = new PrintWriter(w);
    for(String line: new TextfileLines(filename)) {
        ...
```

Immer wenn der Aufruf von splitAt eine neue Datei signalisiert, wird die vorhergehende Ausgabedatei geschlossen und die nächste geöffnet:

```
        if(splitAt(line)) {
            p.close();
            w = new FileWriter(String.format("%s.%03d", filename, index++));
            p = new PrintWriter(w);
        }
        p.println(line);
    }
    p.close();
  }
}
```

Am Ende wird noch die zuletzt geöffnete Datei geschlossen.

42 I/O-Filter

Filterklassen sind ein wesentliches Merkmal der I/O-Klassen von Java und erlauben sehr flexible Konstruktionen. Sie sind eine Anwendung des *Decorator Patterns*, nach dem diese Klassen modelliert sind. Hier werden exemplarisch neue Filter definiert, die die vordefinierten I/O-Bibliotheksklassen im Sinne eines *Frameworks* nutzen und um eigene Funktionalität erweitern.

Das I/O-Framework von Java ist nicht ganz leicht zu überblicken, bietet aber eine durchdachte und flexible Grundlage für die Kommunikation eines Java-Programms mit seiner Außenwelt. Die Typen im Package java.io fallen in verschiedene Kategorien. Elementare Klassen sind InputStream und OutputStream und deren abgeleitete Klassen, die binäre Datenquellen und -senken repräsentieren. Parallel dazu sind *Text*quellen und -senken von den Klassen Reader und Writer abgeleitet.

Eine interessante Rolle spielen die Filterklassen (FilterInputStream, -OutputStream, -Reader, -Writer und davon abgeleitete Klassen). Diese sind nicht selbstständig »lebensfähig«, sondern vermitteln Daten einer zweiten Datenquelle beziehungsweise Datensenke. Beim Transit werden diese Daten modifiziert. Es gibt vordefinierte, konkrete Filterklassen, um Daten zu puffern, zu komprimieren, zu expandieren, zu ver- oder entschlüsseln und so weiter.

Die oben genannten Basisklassen sind zwar abstrakt, haben aber keine abstrakten Methoden.[1] Die vordefinierten Defaultimplementierungen kopieren Daten unverändert, bieten aber darüber hinaus keine weitere Funktion.

42.1 Textposition

Definieren Sie die neue Filterklasse PositionReader. Ein PositionReader führt beim Lesen Buch über die aktuelle Zeilen- und Spaltenposition. Nach jedem *Newline*-Zeichen wird die Spaltenposition auf 0 zurückgesetzt und die Zeilenposition weitergezählt. Ein Tabulatorzeichen springt zur nächsten durch 8 teilbaren Spalten-

---

[1]Diese Konstruktion klingt auf den ersten Blick widersprüchlich, ist aber zulässig und sinnvoll. Die abstrakte Basisklasse kann nicht instanziiert werden, auch wenn sie über einen kompletten Methodensatz verfügt. Die Methoden der abstrakten Basisklasse sind lediglich als Hilfsmittel für Redefinitionen gedacht, nicht als öffentlich nutzbare Funktionalität.

position,[2] aber wenigstens um eine Position weiter. Jedes andere Zeichen rückt um eine Position weiter. Redefinieren Sie die beiden folgenden Methoden:

int read()

> Liefert das nächste Zeichen. Das Ergebnis -1 signalisiert das Ende der Eingabe.

int read(char[] buffer, int start, int count)

> Liest bis zu count Zeichen und schreibt sie ab Indexposition start in das Array buffer. Die Anzahl der tatsächlich gelesenen Zeichen wird als Rückgabewert an den Aufrufer geliefert. -1 signalisiert das Ende der Eingabe.

int column()

> Liefert die Spaltenposition in der aktuellen Zeile ab 0 = Anfang der Zeile.

int line()

> Liefert die Nummer der aktuellen Zeile ab 1 = erste Zeile.

Das folgende Codefragment zeigt den Einsatz von PositionReader:

```
String s = String.format("Zeile 1%n\t...%n*\t**\t*%n%nEnde%n");
Reader r = new StringReader(s);
PositionReader pr = new PositionReader(r);
for(int chr = pr.read();  chr >= 0;  chr = pr.read())
    System.out.printf("%c(%d, %d)", (char)chr, pr.line(), pr.column());
pr.close();
```

Die Ausgabe lautet:

```
Z(1, 1)e(1, 2)i(1, 3)l(1, 4)e(1, 5) (1, 6)1(1, 7)
(2, 0)         (2, 8).(2, 9).(2, 10).(2, 11)
(3, 0)*(3, 1)         (3, 8)*(3, 9)*(3, 10)        (3, 16)*(3, 17)
(4, 0)
(5, 0)E(5, 1)n(5, 2)d(5, 3)e(5, 4)
(6, 0)
```

In Aufgabe 20 (»Kommentar-Zapper«, Seite 106) wurde die plattformabhängige Codierung von Zeilenwechseln bereits angesprochen. Das Problem stellt sich auch hier. Unix-Systeme codieren den Zeilenwechsel mit einem einzelnen Zeichen '\n', in Windows folgen '\r' und '\n' aufeinander.[3] Eine portable Lösung

---

[2]Die Wirkung eines Tabulatorzeichens bleibt dem jeweiligen Ausgabegerät überlassen. Hier wird die üblichen Breite von 8 Zeichen pro Spalte verwendet.

[3]Die meisten Windowsprogramme kommen auch mit Unix-Zeilenwechseln zurecht. Eine nennenswerte Ausnahme ist der Texteditor Notepad.

kann sich zum Beispiel an der *System property* line.separator orientieren, die den String "\n" (Unix) oder "\r\n" (Windows) enthält.[4]

Lösung

Die Klasse PositionReader liest Textdaten und wird deshalb von FilterReader abgeleitet.

```
public class PositionReader extends FilterReader {
    ...
```

Der Abstand von zwei Tabulatorspalten wird mit der Konstanten TAB festgelegt. In zwei Instanzvariablen werden Textzeile und -spalte aufgezeichnet. Die Startwerte sind gemäß Aufgabenstellung 1 beziehungsweise 0.

```
public final static int TAB = 8;
private int line = 1;
private int column = 0;
    ...
```

In der Klassenvariablen unixSystem wird festgehalten, ob das Programm auf einem Unix-System (true) oder auf einem Windows-System (false) läuft:

```
private final static boolean unixSystem =
    System.getProperty("line.separator").charAt(0) == '\n';
    ...
```

Der PositionReader-Konstruktor erhält einen anderen Reader als Parameter in und übergibt ihn als Argument an den Basisklassenkonstruktor:

```
public PositionReader(Reader in) {
    super(in);
}
    ...
```

Die redefinierte Methode read() holt sich zunächst auf dem Weg über die Basisklassenmethode read() ein Zeichen von der Datenquelle. Dieses Zeichen wird der noch zu definierenden Hilfsmethode trackPosition übergeben, die es analysiert und dann unverändert zurückliefert. Schließlich wird das Zeichen an den Aufrufer zurückgegeben.

```
public int read() throws IOException {
    return trackPosition(super.read());
}
    ...
```

---

[4]Eine dritte Möglichkeit, nur '\r', gibt es mit Apple Mac OS bis Version 9. Heute ist diese Variante kaum noch relevant, weil seit Mac OS X Unix-Zeilenwechsel benutzt werden.

Die zweite, überladene Fassung von read liest über die Defaultimplementierung der Basisklasse eine Anzahl Zeichen in das char-Array buffer. Diese Zeichen werden in einer Schleife einzeln von trackPosition verarbeitet. Falls das Ende der Eingabe erreicht ist, liefert super.read ein negatives Ergebnis. Die Schleife wird in diesem Fall übersprungen.

```java
public int read(char[] buffer, int start, int want)
        throws IOException {
    int have = super.read(buffer, start, want);
    for(int i = start;  i < start + have;  i++)
        trackPosition(buffer[i]);
    return have;
}
...
```

Die Hilfsmethode trackPosition wertet ein einzelnes Textzeichen aus und aktualisiert die Textposition entsprechend. Das Zeichen selbst wird am Ende unverändert zurückgegeben.

```java
private int trackPosition(int chr) {
    if(chr < 0)                 // Fluchtwert am Ende der Eingabe
        ;
    else if(chr == '\n') {
        // Unix: Anfang der nächsten Zeile
        // Windows: nächste Zeile, gleiche Spalte
        line++;
        if(unixSystem)
            column = 0;
    }
    else if(chr == '\t')
        column = (column/TAB + 1)*TAB;
    else if(chr == '\r')
        column = 0;             // Anfang der gleichen Zeile
    else
        column++;
    return chr;
}
...
```

Die Getter liefern den Wert der Instanzvariablen, in denen die aktuelle Textposition mitgeführt wird:

```
    public int line() {
        return line;
    }

    public int column() {
        return column;
    }
}
```

42.2   Zeichen umdrehen

Definieren Sie eine neue Filterklasse ReverseInputStream, die von der abstrakten Basisklasse FilterInputStream abgeleitet ist. Der Konstruktor erwartet als Argument einen anderen InputStream, dessen Inhalt gefiltert wird. Redefinieren Sie die beiden Methoden read() und read(byte[], int, int).

Ein ReverseInputStream liefert die Bytes der Eingabe in umgekehrter Reihenfolge, also das letzte Byte der zugrunde liegenden Datenquelle zuerst, dann das vorletzte und so weiter. Gehen Sie zur Vereinfachung davon aus, dass der komplette Eingabestrom in den Hauptspeicher passt.

Das folgende Beispielprogramm gibt den String arbadakarbA aus. Zum Übertragen wird ein Puffer der willkürlich gewählten Länge von 4 Byte verwendet:

```
InputStream is = new ByteArrayInputStream("Abrakadabra".getBytes());
is = new ReverseInputStream(is);
byte[] buffer = new byte[4];
for(int n = is.read(buffer, 0, buffer.length);
        n >= 0;
        n = is.read(buffer, 0, buffer.length))
    System.out.print(new String(buffer, 0, n));
System.out.println();
```

Lösung

Die neue Klasse ist von der abstrakten Basisklasse FilterInputStream abgeleitet und redefiniert deren Methoden nach Bedarf.

```
public class ReverseInputStream extends FilterInputStream {
    ...
```

Weil das letzte Byte der Datenquelle als erstes zurückgegeben werden soll, muss der gesamte Inhalt der Datenquelle komplett eingelesen werden. Dieses Abbild der Datenquelle wird im byte-Array image verstaut. Das kann sofort im Konstruktor geschehen. Weitere Zugriffe auf die Datenquelle sind dann nicht mehr nötig.

Die Länge des Arrays hängt vom Inhalt der Datenquelle ab, dessen Länge in der Regel vorab nicht bekannt ist, weil viele Datenquellen den Inhalt nach und nach verfügbar machen. Das Array image kann also nicht zu Beginn mit der passenden Größe allokiert werden. Stattdessen wird zunächst ein leeres Array (0 Elemente) erzeugt und später schrittweise verlängert. Die Instanzvariable remaining führt Buch über die insgesamt bisher gelesenen Bytes.

```
private byte[] image = new byte[0];
private int remaining = 0;
...
```

Ein gangbarer Weg führt über die Methode available, die anzeigt, wie viele Daten *mindestens* noch zur Verfügung stehen. In einer Schleife werden so lange weitere Daten nachgeladen, bis der Ergebniswert 0 von available[5] das Ende der Datenquelle signalisiert. Die Methode Arrays.copyOf kopiert ein vorhandenes Array in ein neues, längeres Array und liefert dieses zurück.

```
public ReverseInputStream(InputStream input) throws IOException {
    super(input);
    int a = input.available();
    while(a > 0) {
        image = Arrays.copyOf(image, remaining + a);
        remaining += input.read(image, remaining, a);
        a = input.available();
    }
}
...
```

Bei jedem Aufruf von read wird ein weiteres Byte aus dem Puffer zurückgegeben und remaining dekrementiert. Wenn remaining auf null gefallen ist, ist die Eingabe erschöpft und read liefert −1:

```
public int read() throws IOException {
    if(remaining == 0)
        return -1;
    remaining--;
    return image[remaining];
}
```

---

[5] Die Interpretation des Rückgabewertes 0 ist bei unterschiedlichen InputStreams nicht einheitlich. Die Basisklasse selbst liefert 0 am Ende der Eingabe, wie in dieser Lösung. Bei Netzwerkverbindungen kann 0 aber auch nur bedeuten, dass *im Moment* keine Daten zur Verfügung stehen.

Die überladene read-Methode überprüft zuerst, ob überhaupt noch Bytes verfügbar sind. Wenn nicht, wird der Ergebniswert -1 zurückgeliefert.

```
public int read(byte[] buffer, int start, int count)
        throws IOException {
    if(remaining == 0)
        return -1;
```

Falls der Aufrufer mehr Bytes verlangt, als noch verfügbar sind, wird die Anzahl entsprechend verringert. Anschließend wird diese Anzahl Bytes mithilfe der einfachen Methode read() in den Puffer übertragen.

```
    if(remaining < count)
        count = remaining;
    for(int i = start;  i < start + count;  i++)
        buffer[i] = (byte)read();
    return count;
    }
}
```

43 Filesystemsuche

Das Filesystem praktisch aller Betriebssysteme auf heutigen Desktop-Rechnern ist eine baumartige Struktur aus geschachtelten Directories und Dateien.

Mithilfe der überaus nützlichen Bibliotheksklasse File wird in dieser Aufgabe eine abstrakte Basisklasse definiert, die diesen Baum rekursiv durchläuft.

Konkrete abgeleitete Klassen sind von der Mechanik des Durchlaufs befreit und können mit den Elementen des Filesystems beliebige Operationen durchführen.

Ein hierarchisches Filesystem ist aus Directories aufgebaut, deren Bestandteile Files oder untergeordnete Directories (*subdirectories*) sein können.[1] Die Elemente eines Filesystems werden allesamt durch Objekte der Klasse File repräsentiert, auch wenn der Name der Klasse etwas anderes andeutet. Das folgende Programmfragment zeigt den Umgang mit File-Objekten. Es liest den Inhalt eines Directories und listet die Elemente auf:

```
File[] elements = new File("/path/to/directory").listFiles();
for(File e: elements)
    if(e.isFile())
        System.out.println(e.getPath() + " is a file");
    else if(e.isDirectory())
        System.out.println(e.getPath() + " is a directory");
    else
        System.out.println(e.getPath() + " is an alien");
```

43.1 Rekursiver Directory-Durchlauf

Schreiben Sie eine abstrakte Basisklasse FTW (*filetree walker*), deren Konstruktor den Pfadnamen eines Start-Directories akzeptiert. Die Methode walk erwartet ein File-Objekt als Parameter und durchläuft einen Directory-Baum rekursiv. Für jedes Element wird eine der folgenden Methoden aufgerufen:

---

[1]Manche Filesysteme enthalten noch andere »Bewohner«, wie zum Beispiel Links oder Devicefiles. Diese werden hier nicht betrachtet.

```
void enterDir(File d)
```
         Wird vor dem Durchlaufen eines Directories[2] d aufgerufen.
```
void leaveDir(File d)
```
         Wird nach dem Durchlaufen eines Directories d aufgerufen.
```
void atFile(File f)
```
         Wird mit jedem regulären File[3] f aufgerufen.

Die Methoden sind in FTW mit leeren Rümpfen implementiert. Abgeleitete Klassen können einzelne oder alle dieser Methoden mit konkretem Verhalten redefinieren.

Zum Beispiel gibt das folgende Programm die Anzahl der Files in dem Directory-Baum aus, der auf der Kommandozeile übergeben wird:

```
public class Filecount extends FTW {
    private int count = 0;

    protected void atFile(File f) {
        count++;
    }

    public static void main(String[] args) {
        Filecount fc = new Filecount();
        fc.walk(new File(args[0]));
        System.out.println(fc.count);
    }
}
```

Lösung

In der Klasse FTW werden die drei eingangs genannten Methoden mit leeren Rümpfen definiert. Sie sind nur als Defaultimplementierungen für abgeleitete Klassen gedacht und nicht für eine allgemeine Anwendung. Als Zugriffsschutz wird deshalb protected gewählt:

```
public abstract class FTW {
    protected void enterDir(File d) {}
    protected void leaveDir(File d) {}
    protected void atFile(File f) {}
    ...
```

Die Klasse FTW wird als abstract markiert, weil sie isoliert nutzlos ist. Dadurch kann kein Objekt der Klasse erzeugt werden. Die Methoden sind jedoch nicht

[2]Ein File-Objekt repräsentiert ein Directory, wenn das Prädikat isDirectory() das Ergebnis true liefert.
[3]Der Aufruf isFile() liefert true.

abstrakt, damit sie nicht alle in einer konkreten abgeleiteten Klasse redefiniert werden müssen.

Der Schlüssel zur Lösung ist die rekursive Methode walk(File x). Diese erhält als Parameter einen »Bewohner« des Filesystems und ruft die jeweils passende der drei oben genannten Methoden auf. Wenn x eine reguläre Datei ist, ist das atFile:

```
protected void walk(File x) {
    if(x.isFile())
        atFile(x);
    ...
```

Wenn x ein Directory ist, wird erst enterDir aufgerufen, dann der Inhalt rekursiv verarbeitet und schließlich leaveDir aufgerufen. In einem realen Filesystem kann die Methode listFiles scheitern, weil zum Beispiel die nötigen Zugriffsrechte fehlen. listFiles liefert in diesem Fall null.[4] Diese Situation wird berücksichtigt und der Inhalt des betreffenden Directories übergangen:

```
    ...
    else if(x.isDirectory()) {
        enterDir(x);
        File[] content = x.listFiles();
        if(content != null)      // Directory-Inhalt lesbar?
            for(File y: content)
                walk(y);
        leaveDir(x);
    }
    // else -- unbekanntes Filesystem-Element, ignorieren
}
    ...
```

Man könnte versucht sein, den Durchlauf des Directory-Baumes sofort im Konstruktor zu starten, der das Start-Directory als Parameter erwartet.

```
protected FTW(File d) {
    walk(d);
}
```

walk könnte in diesem Fall sogar eine private Methode sein, was zunächst vorteilhaft klingt. Diese Konstruktion erweist sich allerdings als fatal: Ein Konstruktor einer abgeleiteten Klasse ruft den Basisklassenkonstruktor, hier also den FTW-Konstruktor, in jedem Fall *als Erstes* auf, noch bevor der Rest des eigenen Rumpfes durchlaufen wird. Der Baumdurchlauf ist also schon beendet, bevor der abgeleitete Konstruktor seine eigenen Initialisierungen überhaupt abwickeln kann.

---

[4]Eine weitere Fehlerquelle wäre ein Security-Manager, der unabhängig vom Betriebssystem der JVM den Zugriff untersagt. In diesem Fall wird eine Exception geworfen.

Das betrifft zum Beispiel auch Instanzvariablen abgeleiteter Klassen, die erst nach Rückkehr des Basisklassenkonstruktors initialisiert werden.

43.2   Directory-Tiefe

Entwickeln Sie auf der Grundlage von FTW ein Programm DirDepth, das die maximale Tiefe eines Directory-Baumes ausgibt. Ein einzelnes Directory hat die Tiefe 1. Files spielen hier keine Rolle und können ignoriert werden.

Lösung

Die Klasse DirDepth wird von FTW abgeleitet und redefiniert die beiden Methoden enterDir und leaveDir. Weil Files nicht interessant sind, bleibt die ererbte, leere Fassung von atFile unberührt. Ein Zähler depth führt Buch, wie tief das aktuelle Directory liegt. depth wird in enterDir inkrementiert und in leaveDir dekrementiert. Beim Inkrementieren wird in der zweiten Instanzvariablen maxDepth der maximale Wert von depth gemerkt:

```
public class DirDepth extends FTW {
    private int maxDepth = 0;
    private int depth = 0;

    protected void enterDir(File d) {
        depth++;
        if(depth > maxDepth)
            maxDepth = depth;
    }

    protected void leaveDir(File d) {
        depth--;
    }

    public static void main(String[] args) {
        DirDepth dd = new DirDepth();
        dd.walk(new File(args[0]));
        System.out.println(dd.maxDepth);
    }
}
```

43.3   Dubletten

Leiten Sie von FTW ein Programm Doublets ab, das Duplikate, das heißt Dateien und Directories mit gleichlautenden Namen, in einem Directory-Baum aufstöbert und meldet. Zur Vereinfachung berücksichtigt dieses Programm den *Inhalt* der betreffenden Filesystemelemente nicht, sondern orientiert sich ausschließlich am Namen.[5] Die Methode getName der Klasse File liefert den Namen eines Files ohne den Pfad.

Lösung

Die Klasse Doublets arbeitet mit einer privaten HashMap, die Dateinamen auf File-Objekte abbildet.

```
public class Doublets extends FTW {
    private final Map<String, File> found = new HashMap<String, File>();
    ...
```

Sobald eine neue Datei erreicht wird, überprüft atFile, ob der entsprechende Name bereits in der Map verzeichnet ist. In diesem Fall wird eine Meldung ausgegeben. Andernfalls werden der Name und das entsprechende File-Objekt in die Map eingetragen.

```
protected void atFile(File f) {
    String name = f.getName();
    File file = found.get(name);
    if(file != null)
        System.out.printf("%s - %s%n", f, file);
    else
        found.put(name, f);
}
...
```

Directories werden hier nicht anders behandelt als Files. enterDir ruft deshalb einfach atFile auf und erfüllt damit die gleiche Funktion.

```
protected void enterDir(File d) {
    atFile(f);
}
...
```

Im Hauptprogramm wird der Durchlauf mit einem Aufruf von walk gestartet. Der Zweck des Programms ist nach der Rückkehr bereits erfüllt, deshalb wird das Doublets-Objekt nicht gespeichert.

---

[5]Eine Erweiterung könnte zum Beispiel den Typ (Datei oder Directory) oder die Länge einbeziehen.

```
    public static void main(String[] args) {
        new Doublets().walk(new File(args[0]));
    }
}
```

43.4   Umfang von Verzeichnissen

Leiten Sie FTW zu einem Programm DirSizes ab, das die Größen aller Subdirectories ausgibt.[6] Als »Größe« eines Directories soll dabei die Summe der Längen aller direkt enthaltenen Dateien betrachtet werden.[7]

Modifizieren Sie dann DirSizes zu einem zweiten Programm SubdirSizes, das in die Größe eines Directories die Größen aller untergeordneten Directories einbezieht.

Lösung

Hier sollen die Längen aller Dateien jedes einzelnen Directories addiert werden. Die entsprechenden Aufrufe von atFile folgen allerdings nicht lückenlos aufeinander, sondern werden vom Durchlauf untergeordneter Directories unterbrochen. Zur Speicherung der *bisher* addierten Dateilängen der verschiedenen Ebenen eignet sich ein Stack. Implementierungen des Interface Deque[8] im *Collection-Framework* stellen die gewünschte Funktionalität bereit. Hier wird eine ArrayDeque benutzt:

```
public class DirSizes extends FTW {
    protected final Deque<Long> lengths = new ArrayDeque<Long>();
    ...
```

Immer wenn ein neues Directory erreicht wird, wird eine 0 auf den Stack gestapelt. Beim Verlassen eines Directories wird der oberste Wert vom Stack genommen und ausgegeben.

```
    protected void enterDir(File d) {
        lengths.push(0L);
    }

    protected void leaveDir(File d) {
        System.out.printf("%s: %d%n", d, lengths.pop());
    }
    ...
```

---

[6]Das Unix-Dienstprogramm du (*disk usage*) hat genau diese Aufgabe.

[7]Das entspricht nicht dem tatsächlichen Speicherplatzverbrauch auf einem Datenträger, weil moderne Filesysteme mit raffinierten Verfahren Effizienz und Platzbedarf austarieren.

[8]Die ältere Klasse Stack sollte nicht mehr verwendet werden.

Dateilängen werden zum jeweils obersten Stackelement addiert.

```
protected void atFile(File f) {
    lengths.push(lengths.pop() + f.length());
}
...
```

Die Zuweisung

```
lengths.peek() += f.length();
```

funktioniert nicht, weil die Operatorzuweisung += eine *Variable* als linken Operanden erwartet, hier aber nach *Auto-Unboxing* nur ein long-*Wert* zur Verfügung steht. Im Übrigen wäre das in der Deque gespeicherte Long-Objekt unveränderlich.

Eine main-Methode startet den Durchlauf im angegebenen Directory:

```
public static void main(String[] args) {
    new DirSizes().walk(new File(args[0]));
}
}
```

Das zweite Programm SubdirSizes ähnelt dem ersten sehr stark. Es wird deshalb von DirSizes abgeleitet:

```
public class SubdirSizes extends DirSizes {
    ...
```

Im Unterschied zur Basisklasse wird die Größe eines Directories nicht nur ausgegeben, sondern zusätzlich zur Größe des Eltern-Directories addiert. Das Start-Directory muss dabei ausgenommen werden, weil in diesem Fall kein »übergeordnetes Directory« gespeichert ist. Eine redefinierte Fassung von leaveDir implementiert diese Änderung:

```
protected void leaveDir(File d) {
    long s = lengths.pop();
    System.out.printf("%s: %d%n", d, s);
    if(lengths.size() > 0)
        lengths.push(lengths.peek() + s);
}

public static void main(String[] args) {
    new SubdirSizes().walk(new File(args[0]));
}
}
```

44 Bitstreams

In dieser Aufgabe werden die Daten von gewöhnlichen, bytebasierten I/O-Streams in Form einzelner Bits verfügbar gemacht. Dazu werden zwei neue Klassen zur Ein- und zur Ausgabe definiert, deren Schnittstelle lose nach den Vorgaben der I/O-Klassen des API modelliert ist.

Die Lösung verlangt den Umgang mit den bitorientierten Operatoren von Java, die sonst eher selten gebraucht werden. Dabei ist auch die Implementierung von Schreib- und Lesepuffern erforderlich, weil die vorgegebenen I/O-Streams nicht mit einzelnen Bits umgehen können. Lässt man nur Stöme zu, deren Bitanzahl ein Vielfaches von acht ist, so fällt die Abbildung zwischen Bit- und Byteströmen noch verhältnismäßig leicht.

Im zweiten Teil der Aufgabe wird diese vereinfachende Randbedingung fallen gelassen. Diese unscheinbare Änderung der Vorgaben macht den Entwurf eines spezifischen Binärformates für die Bitstreams notwendig.

In Anhang D, Seite 381, finden sich kurze Programmfragmente, die demonstrieren, wie Binärdateien gelesen und geschrieben werden können. Diese bilden die Ausgangsbasis für die Lösungen dieser Aufgabe.

44.1 Einfache Bitstreams

In manchen Algorithmen, zum Beispiel bei der Kompression oder Verschlüsselung von Daten, werden einzelne Bits gelesen und geschrieben. Implementieren Sie zwei Klassen BitInputStream und BitOutputStream. Zur Vereinfachung wird auf Bitstreams immer ein ganzzahliges Vielfaches von acht Bits gespeichert. Fehlende, nicht explizit ausgegebene Bits werden automatisch mit 0 = false ergänzt.

Ein BitInputStream wird von einem InputStream gespeist. Das Ende eines BitInputStream kann mit der Methode eof (*end of file*) erkannt werden, die ein boolean-Ergebnis liefert. Wenn nach dem Ende weitergelesen wird, liefert der BitInputStream beliebige Werte. Definieren Sie die folgenden Methoden:

BitInputStream(InputStream input)
>> Konstruktor für einen neuen BitInputStream, der Daten von input holt. Jedes Byte von input wird in der Reihenfolge vom niederwertigsten zum höchstwertigen Bit verarbeitet.

```
boolean read()
```
> Liest ein Bit und liefert es als boolean-Wert zurück (true = 1, false = 0).

```
boolean eof()
```
> Gibt Auskunft, ob noch wenigstens ein weiteres Bit gelesen werden kann (false) oder ob die Eingabe erschöpft ist (true).[1]

```
void close()
```
> Schließt den BitInputStream.

Ein BitOutputStream schreibt Bits auf einen OutputStream.

```
BitOutputStream(OutputStream output)
```
> Konstruktor für einen neuen BitOutputStream, der Bits auf output schreibt. Ausgegebene Bits werden in der Reihenfolge vom niederwertigsten zum höchstwertigen Bit zu Bytes zusammengefügt.

```
void write(boolean bit)
```
> Fügt das Bit bit (true = 1, false = 0) an die Ausgabe an.

```
void close()
```
> Schließt den BitOutputStream. Wenn die Gesamtzahl der ausgegebenen Bits kein Vielfaches von acht ist, werden entsprechend viele 0-Bits ergänzt.

Als Test kann ein BitInputStream aus bekannten Daten konstruiert werden:

```java
InputStream is = new ByteArrayInputStream("ABC".getBytes());
BitInputStream bi = new BitInputStream(is);
while(!bi.eof()) {
    System.out.print(bi.read()?  '1':  '0');
bi.close();
```

Das Programmfragment sollte ausgeben:

```
10000010 01000010 11000010
```

Die Leerzeichen wurden nachträglich zur besseren Lesbarkeit eingefügt. Beachten Sie, dass ganz links das niederwertigste Bit des ersten Bytes steht.[2] Durch bitweises Kopieren können Eingabedaten wieder rekonstruiert werden:

---

[1] Die InputStreams der I/O-Klassen in der Java-Laufzeitbibliothek arbeiten anders: Sie liefern beim Lesen einen Fluchtwert, der das Ende der Eingabe anzeigt. Das ist in diesem Fall wegen des Ergebnistyps boolean nicht möglich. Auch wird in dieser Klasse die Methode available nicht angeboten, die eine Aussage über die Mindestmenge noch verfügbarer Daten liefert.

[2] Mit Kenntnis der Zeichencodes lässt sich das Ergebnis mit etwas Mühe verifizieren. Die 24 Bits lassen sich hexadezimal als »41 42 43« lesen, die ASCII-Codes der Buchstaben A, B und C.

```
ByteArrayOutputStream os = new ByteArrayOutputStream();
BitOutputStream bo = new BitOutputStream(os);
InputStream is = new ByteArrayInputStream("ABC".getBytes());
BitInputStream bi = new BitInputStream(is);
while(!bi.eof())
    bo.write(bi.read());
bi.close();
bo.close();
System.out.println(new String(os.toByteArray()));
```

Die Ausgabe sollte ABC lauten.

Lösung

Die Klasse BitInputStream speichert die Datenquelle, einen beliebigen InputStream, in der Instanzvariablen source. Die Datenquelle bleibt für die Lebenszeit des Objektes unverändert und wird deshalb final definiert:

```
public class BitInputStream {
    private final InputStream source;
    ...
```

Von source können keine einzelnen Bits gelesen werden – das ist ja gerade die Aufgabe der Klasse BitInputStream! Die kleinste Einheit sind Bytes mit jeweils acht Bits. Für diese »magische Zahl« wird die Konstante MAX_BUFFER definiert. In der Instanzvariablen buffer wird das zuletzt von source gelesene Byte gespeichert. Der Wert der Instanzvariablen bitpos legt fest, an welcher Position in buffer das nächste, noch nicht abgeholte Bit steht.

```
    private final static int MAX_BUFFER = 8;
    private int bitpos;
    private int buffer;
    ...
```

Im Konstruktor wird die Datenquelle aufgezeichnet. Außerdem wird sofort der Puffer gefüllt. Das ist notwendig, weil ein möglicherweise direkt folgender Aufruf von eof bereits Auskunft darüber geben muss, ob überhaupt Daten zur Verfügung stehen oder ob der Bitstream leer ist.

```
    public BitInputStream(InputStream input) throws IOException {
        source = input;
        fillBuffer();
    }
    ...
```

Die private Hilfsmethode fillBuffer holt ein Byte von der Datenquelle und speichert es in der Instanzvariablen buffer ab. Außerdem wird bitpos auf 0 gestellt, weil das niederwertigste Bit von buffer als Erstes abgerufen wird.

```
private void fillBuffer() throws IOException {
    buffer = source.read();
    bitpos = 0;
}
...
```

eof gibt Auskunft, ob der Bitstream erschöpft ist oder noch Daten gelesen werden können. Dazu muss lediglich der Inhalt von buffer geprüft werden: Wenn er negativ ist, stehen keine weiteren Bits mehr zur Verfügung.

```
public boolean eof() throws IOException {
    return buffer < 0;
}
...
```

Die Methode read liefert das nächste Bit des Bitstreams. Mithilfe der Instanzvariablen bitpos wird dieses Bit in buffer gesucht und das Ergebnis in der lokalen Variablen result gemerkt. Des Weiteren wird bitpos für den nächsten Aufruf inkrementiert:

```
public boolean read() throws IOException {
    boolean result = (buffer & (1 << bitpos)) != 0;
    bitpos++;
    ...
```

Falls alle Bits von buffer abgeholt wurden (bitpos >= MAX_BUFFER), wird der Puffer für den nächsten read-Aufruf mit fillBuffer nachgefüllt. Schließlich wird das vorher gemerkte Ergebnis an den Aufrufer zurückgeliefert:

```
    if(bitpos >= MAX_BUFFER)
        fillBuffer();
    return result;
}
...
```

close sorgt für die Freigabe von Ressourcen im Betriebssystem:[3] Man sollte unbedingt darauf achten, konsequent *jeden* geöffneten Stream wieder zu schließen!

---

[3]Fatalerweise machen sich fehlende close-Aufrufe in Produktivsystemen für eine Weile nicht bemerkbar. Erst wenn entsprechende Reserven des Laufzeitsystems aufgebraucht sind, scheitert das Programm mit einem Laufzeitfehler. Beim nächsten Programmstart ist der Fehler zunächst nicht reproduzierbar, weil beim Abbruch des Programms in der Regel vom Betriebssystem alle gebundenen Ressourcen freigegeben und erst allmählich wieder aufgezehrt werden.

```
        public void close() throws IOException {
            source.close();
        }
    }
```

Die Klasse `BitOutputStream` wird entsprechend zur Klasse `BitInputStream` aufgebaut. Die unveränderliche Instanzvariable `destination` speichert die Datensenke, also den `OutputStream`, auf den die ausgegebenen Bits tatsächlich geschrieben werden.

```
    public class BitOutputStream {
        private final OutputStream destination;
        ...
```

`destination` kann nur ganze Bytes mit jeweils 8 Bits aufnehmen. Deshalb werden einzeln ausgegebene Bits zunächst in der Instanzvariablen `buffer` gesammelt und in `bitcount` mitgezählt. Der Konstruktor legt zum einen die Datensenke `destination` gemäß dem Parameter fest und initialisiert `bitcount` mit 0, weil zu Beginn noch keine Bits ausgegeben wurden:

```
        private final static int MAX_BUFFER = 8;
        private int bitcount;
        private int buffer;

        public BitOutputStream(OutputStream output) {
            destination = output;
            bitcount = 0;
        }
        ...
```

In `write` wird ein Bit ausgegeben. Sollten sich bereits `MAX_BUFFER` Bits angesammelt haben, so wird der Puffer vorher mit einem Aufruf einer privaten Hilfsmethode `emptyBuffer` (siehe unten) geleert.

Falls `bit == true`, wird das Bit an der Position `bitcount` in `buffer` gesetzt. Andernfalls muss nichts unternommen werden, weil das entsprechende Bit in `buffer` per Voreinstellung den Wert 0 hat. Der Zähler `bitcount` protokolliert die Anzahl Bits.

```
        public void write(boolean bit) throws IOException {
            if(bitcount == MAX_BUFFER)
                emptyBuffer();
            if(bit)
                buffer |= 1 << bitcount;
            bitcount++;
        }
        ...
```

Die eigentliche Ausgabe und die entsprechende Buchführung werden in emptyBuffer implementiert. Wenn der Puffer überhaupt Informationen enthält, wird er ausgegeben und alle Bits werden gelöscht. Auch der Bitzähler wird auf 0 zurückgestellt. Der Puffer ist jetzt bereit zur Aufnahme neuer Bits.

```
private void emptyBuffer() throws IOException {
    if(bitcount > 0) {
        destination.write(buffer);
        buffer = 0;
        bitcount = 0;
    }
}
...
```

close hat hier zwei Aufgaben: Wie bei BitInputStream wird die Datensenke mit einem untergeordneten close-Aufruf geschlossen und damit die daran gebundenen Ressourcen des Laufzeitsystems freigegeben. Vorher müssen noch eventuell angesammelte, bisher noch nicht ausgegebene Bits auf die Datensenke geschrieben werden. Dazu wird die Methode emptyBuffer aufgerufen.

```
public void close() throws IOException {
    emptyBuffer();
    destination.close();
}
}
```

44.2 Beliebig lange Bitstreams

Definieren Sie zwei Klassen AnyBitInputStream und AnyBitOutputStream, die Ströme mit einer *beliebigen* Anzahl Bits repräsentieren. Insbesondere muss diese Anzahl kein ganzzahliges Vielfaches von 8 sein. Die neuen Klassen sollen die gleichen Methoden wie die Klassen in der ersten Teilaufgabe anbieten.

Die zugrunde liegenden Streams enthalten jetzt neben den Nutzdaten, das heißt den eigentlichen Bits, noch zusätzliche Verwaltungsdaten. Diese unschöne Änderung des Binärformates ist der Preis für den Luxus beliebiger Bitanzahlen.

Das folgende Programmfragment schreibt 39 Bits, in denen das Muster 100 dreizehnmal wiederholt wird, auf eine Datei.

```
OutputStream os = new FileOutputStream("39bits");
AnyBitOutputStream abo = new AnyBitOutputStream(os);
for(int i = 0; i < 39; i++)
    abo.write(i%3 == 0);
abo.close();
```

Mit einem `AnyBitInputStream` lassen sich genau diese 39 Bits wieder lesen:

```
InputStream is = new FileInputStream("39bits");
AnyBitInputStream abi = new AnyBitInputStream(is);
while(!abi.eof())
    System.out.print(abi.read()?  '1': '0');
System.out.println();
abi.close();
```

Die Ausgabe sollte lauten:[4]

```
10010010 01001001 00100100 10010010 0100100
```

Lösung

Die äußerlich marginale Verallgemeinerung auf beliebig lange Bitströme hat einige Konsequenzen. In der vorhergehenden Lösung geht die genaue Anzahl der *tatsächlich* geschriebenen Bits verloren. Stattdessen lässt sich nur noch das nächstgrößere Vielfache von 8 erkennen. Die fehlende Information muss jetzt irgendwo aufgezeichnet werden. Zu diesem Zweck wird ein spezifisches Binärformat für Bitströme festgelegt, das neben den eigentlichen Nutzdaten noch zusätzliche Verwaltungsdaten enthält.

Im Grunde ist der Aufbau dieses Binärformates nebensächlich, wenn sich nur die beiden Klassen `BitInputStream` und `BitOutputStream` einig sind. Hier wird folgendes Schema vereinbart: Ein Bitstrom besteht aus Blöcken von jeweils acht Byte. Das erste Byte jedes Blocks gibt die Anzahl Bits an, die in den nachfolgenden sieben Byte gültige Daten enthalten. Diese Anzahl liegt immer zwischen wenigstens 1 und maximal 56 (= 7 Byte mit jeweils 8 Bits).

Der Code der im ersten Lösungsansatz definierten Klassen kann weitgehend bestehen bleiben. Hier werden nur die Änderungen beschrieben:

▪ In beiden Klassen werden nicht nur acht, sondern bis zu 56 Bits gepuffert. Die Konstante `MAX_BUFFER` wird entsprechend angepasst:

```
private final static int MAX_BUFFER = 56;
```

▪ Beim Einlesen können am Ende der Eingabe auch weniger als `MAX_BUFFER` Bits zur Verfügung stehen. Die zusätzliche Instanzvariable `buffered` in `AnyBitInputStream` gibt darüber Auskunft:

```
private int buffered;
```

---

[4]Die Leerstellen sind hier nur zur besseren Lesbarkeit eingefügt und erscheinen nicht in der tatsächlichen Ausgabe.

Um bis zu 56 Bits zu puffern, reicht ein int-Wert mit 32 Bits nicht mehr aus. Die Definition der Variablen buffer wird in den Typ long geändert, der 64 Bits aufnehmen kann.

```
private long buffer;
```

Die Methode fillBuffer liest einen kompletten Block von acht Byte. Dazu wird erst das erste Byte mit dem Bitzähler geholt, dann sieben weitere Byte. Diese werden von einem int- in einen long-Wert aufgeweitet (*widening conversion*), an die passende Bitposition geschoben und in den Puffer geschrieben. Als Sonderfall muss nach dem Lesen des Bitzählers das Dateiende berücksichtigt werden. In diesem Fall wird an die Variable buffer der Wert -1 zugewiesen, der von eof geprüft wird.

```
private void fillBuffer() throws IOException {
    buffered = source.read();
    buffer = 0;
    if(buffered < 0)
        buffer = -1L;
    else
        for(int b = 0;  b < 7;  b++)
            buffer |= (long)source.read() << (8*b);
    bitpos = 0;
}
...
```

In der Methode read muss im Test, ob das momentan gesuchte Bit gesetzt ist oder nicht, eine Bitmaske ausreichender Größe verwendet werden. Deshalb arbeitet der *Bitshift*-Operator mit einer long-Konstante 1L.

```
public boolean read() throws IOException {
    boolean result = (buffer & (1L << bitpos)) != 0; // 1L statt 1
    ...
```

Der Test auf den entleerten Puffer muss sich zudem an buffered orientieren, nicht mehr an MAX_BUFFER:

```
    if(bitpos >= buffered)          // statt "bitpos >= MAX_BUFFER"
    ...
```

Entsprechend ist in der Methode write eine long-Konstante erforderlich:

```
public void write(boolean bit) throws IOException {
    ...
    if(bit)
        buffer |= 1L << bitcount;   // 1L statt 1
    ...
```

Die Methode emptyBuffer schreibt statt eines einzelnen Bytes immer einen Block mit jeweils acht Byte. Zuerst wird die Größe des Puffers ausgegeben, dann sieben weitere Byte mit den Nutzdaten:

```
private void emptyBuffer() throws IOException {
    if(bitcount > 0) {
        destination.write(bitcount);
        for(int b = 0; b < 7; b++)
            destination.write((int)((buffer >> 8*b) & 0xFF));
        buffer = 0L;
        bitcount = 0;
    }
}
```

45 Tittle-Tattle

In dieser Aufgabe wird ein Programm implementiert, das auf mehreren Rechnern gestartet werden kann. Die verschiedenen Instanzen kommunizieren gleichberechtigt miteinander und bilden damit ein typisches *Peer-to-Peer*-Netzwerk. Die Netzwerkkommunikation selbst ist sehr einfach gehalten, erfordert aber den Einsatz von Nebenläufigkeit in Form von Java-Threads. In dieser Aufgabe werden zwar keine sinnvollen Informationen ausgetauscht, die Konstruktion könnte aber zum Beispiel zu einer Chatanwendung ausgebaut werden.

Das Interface `Ticker` definiert eine Methode `tick`:

```
int tick()
```

        Wartet auf das nächste Ereignis und kehrt zurück, sobald es eingetreten ist. Der Rückgabewert ist eine ganze Zahl. Der Aufruf blockiert so lange, bis ein Ereignis eintritt.

Die nachfolgende Implementierung `RandomTicker` tickt in zufälligen Abständen von einer bis zehn Sekunden und liefert als »Ereignis« eine Zufallszahl im Bereich von 0 bis 99:

```
public class RandomTicker implements Ticker {
    private final static Random rng = new Random();

    public int tick() {
        try {
            Thread.sleep(1000 + rng.nextInt(9000));
        }
        catch(InterruptedException ex) {}
        return rng.nextInt(100);
    }
}
```

Schreiben Sie ein Programm `TittleTattle`, das mit einer Liste von Namen anderer Rechner als Kommandozeilenargumenten aufgerufen wird, auf denen es ebenfalls gestartet wird. Das Programm wickelt zwei Aufgaben nebeneinander ab:

1. `TittleTattle` erzeugt ein `Ticker`-Objekt und wartet in einer Endlosschleife auf Ereignisse. Immer wenn ein Ereignis eintritt, gibt es die Meldung

    I got *number*

aus, wobei *number* das Ereignis ist. Dann öffnet es auf einem vereinbarten Port[1] Netzwerkverbindungen zu den TittleTattle-Programmen auf den anderen Rechnern und teilt jedem das Ereignis mit. Wenn ein anderes Programm nicht zuhört, wird es übergangen.

2. TittleTattle lauscht auf dem vereinbarten Port auf Nachrichten anderer TittleTattle-Programme und gibt die Meldung

    host got *number*

aus, sobald eine Nachricht eintrifft. Dabei ist *host* der Rechner[2], von dem die Nachricht kam, und *number* das Ereignis, das von dort mitgeteilt wurde.

Beispielprogramme zum grundsätzlichen Umgang mit Sockets finden Sie in Anhang D (Seite 381f.)

Lösung

Die Abfolge der Ereignisse des eigenen Ticker-Objektes und das Eintreffen von Nachrichten der anderen Rechner können nicht kraft eigener Programmlogik vorhergesehen und geplant werden. Deshalb braucht TittleTattle zwei Threads, um die beiden Aufgaben parallel zu erledigen:

- Ein Thread überwacht den eigenen Ticker und schickt bei jedem Ereignis eine Nachricht an alle anderen TittleTattle-Programme.
- Ein weiterer Thread akzeptiert eingehende Nachrichten der anderen TittleTattle-Programme und protokolliert sie auf der Standardausgabe.

Die beiden Threads könnten in unabhängigen Klassen definiert werden. Vereinfachen lässt sich die Konstruktion mit lokalen Thread-Klassen[3] innerhalb von main, weil dann der Parameter von main den Threads ohne weitere Maßnahmen zur Verfügung steht. Nachdem in diesem Fall nur die run-Methoden der Thread-Klassen interessant sind, reichen anonyme Klassen aus:

[1]Die konkrete Portnummer ist irrelevant. Allerdings sollten *privileged ports* mit Nummern unter 1024 vermieden werden, weil diese auf den meisten Systemen nur mit besonderen Rechten bedient werden dürfen.

[2]Die Methode getInetAddress der Klasse Socket liefert den Remote-Host, mit dem der Socket verbunden ist.

[3]Lokale Klassen (*local classes*) werden innerhalb einer Methode definiert. Lokale Variablen und Parameter der Methode können nur benutzt werden, wenn sie final definiert sind.

```
public class TittleTattle {
    private final static int PORT = 2000;

    public static void main(final String... hosts) {
        new Thread() {
            // erster Thread
            ...
        }.start();
        new Thread() {
            // zweiter Thread
            ...
        }.start();
    }
}
```

Die run-Methode des ersten Threads erzeugt einen Ticker und wartet in einer Endlosschleife auf Ereignisse des Tickers. Sobald eines eintritt, teilt er es allen anderen TittleTattle-Programmen mit:[4]

```
// erster Thread ...
public void run() {
    Ticker ticker = new RandomTicker();
    while(true) {
        int number = ticker.tick();
        System.out.println("I got " + number);
        for(String host: hosts) {
            Socket socket = new Socket(host, PORT);
            OutputStream output = socket.getOutputStream();
            output.write(number);
            output.flush();
            ...
```

Anschließend wird der Socket geschlossen und damit automatisch auch die daran gekoppelten Streams, in diesem Fall output:

```
            socket.close();
        }
    }
}
```

Die run-Methode des zweiten Threads öffnet einen Server-Socket und wartet auf Anfragen anderer TittleTattle-Programme:[5]

---

[4]Die Signatur von Thread.run erlaubt keine Exceptions. Die deshalb notwendige Fehlerbehandlung ist hier nicht gezeigt.

[5]Wie oben ist die Fehlerbehandlung ausgeblendet.

```
// zweiter Thread ...
public void run() {
    ServerSocket serversocket = new ServerSocket(PORT);
    while(true) {
        Socket socket = serversocket.accept();
        InputStream input = socket.getInputStream();
        int number = input.read();
        System.out.println(socket.getInetAddress() + " got " + number);
        socket.close();
    }
}
```

Das folgende Struktogramm zeigt den Algorithmus:

Starte einen Thread ...		
	Erzeuge einen Ticker	
	Wiederhole endlos ...	
		Warte auf ein Byte b vom Ticker ...
		Gib aus "I got b"
		Wiederhole für alle anderen Hosts h ...
		Öffne eine Verbindung zu h
		Schicke b über die Verbindung
		Schließe die Verbindung
Öffne einen Serversocket		
	Wiederhole endlos ...	
		Warte auf eine Anfrage ...
		Lies ein Byte b von ip
		Gib aus "ip got b"
		Schließe die Verbindung

Zum Testen der Lösung werden zwei vernetzte Rechner gebraucht, auf denen dieses Programm läuft. Mit der unten beschriebenen Modifikation reicht ein einzelner Rechner aus, auf dem TittleTattle-Instanzen die Anfragen auf unterschiedlichen Ports erwarten. Der jeweilige Port wird beim Programmstart als erstes Kommandozeilenargument angegeben. Die weiteren Kommandozeilenargumente nennen jeweils Hostnamen und Ports der »Gesprächspartner«, getrennt mit einem Doppelpunkt. Ersetzen Sie dazu im ersten Thread:

```
// statt: Socket s = new Socket(h, PORT);
String[] tmp = h.split(":");
if(tmp.length < 2)
    continue;
Socket s = new Socket(tmp[0], Integer.parseInt(tmp[1]));
```

Ändern Sie außerdem im zweiten Thread:

```
// statt: ServerSocket ss = new ServerSocket(PORT);
ServerSocket ss = new ServerSocket(Integer.parseInt(hosts[0]));
```

Starten Sie das Programm in unterschiedlichen Kommandozeileneingaben mit:

```
$ java TittleTattle 2000 localhost:2001 localhost:2002
$ java TittleTattle 2001 localhost:2000 localhost:2002
$ java TittleTattle 2002 localhost:2000 localhost:2001
```

Die drei Instanzen unterhalten sich jetzt gegenseitig.

46 Watchdog

In dieser Aufgabe werden Instanzen eines Programms auf mehreren Rechnern eines Netzwerks gestartet und überwachen sich untereinander. Auf der Konsole wird die gegenseitige Erreichbarkeit protokolliert.

   Die Netzwerkprogrammierung selbst beschränkt sich auf den Austausch einzelner Bytes. Die Lösung erfordert den Umgang mit Threads, kommt aber ohne Synchronisationsmechanismen aus.

Ein Programm kann ein anderes im Netzwerk überwachen, indem es in regelmäßigen Abständen Daten schickt und auf eine vorher vereinbarte Antwort wartet. Wenn dabei ein Fehler auftritt oder die falsche Antwort kommt, stimmt mit dem überwachten Programm etwas nicht.

   Schreiben Sie ein Programm Watchdog, das auf mehreren Rechnern in einem Netzwerk gestartet wird. Jeder Watchdog überwacht beliebig viele andere Watchdogs. Dazu schickt er alle zehn Sekunde einmal das Byte 23 und erwartet als Antwort das Byte 46. Ein Watchdog wird mit einer Liste von Hostnamen auf der Kommandozeile gestartet. Die Watchdogs auf den Rechnern mit den angegebenen Namen sollen überwacht werden.

   Im folgenden Beispiel werden auf den drei Rechnern sirius, procyon und vega Watchdogs gestartet. Die ersten beiden Watchdogs überwachen die jeweils anderen beiden. Der Watchdog auf vega wird zwar überwacht, überwacht aber seinerseits keinen anderen.

```
sirius$ java Watchdog procyon vega
procyon$ java Watchdog sirius vega
vega$ java Watchdog
```

Ein Watchdog arbeitet alle zehn Sekunden die Liste der überwachten Hosts ab. Er schickt das Byte 23 an Port 2000 jedes Hosts und liest ein Byte als Antwort. Wenn die Antwort den Wert 46 hat, wird »*hostname* up« ausgegeben, ansonsten »*hostname* down«. Auf Port 2000 nimmt der Watchdog selbst Anfragen entgegen. Wenn er das Byte 23 erhält, antwortet er mit dem Byte 46.

Lösung

Ein Watchdog hat zwei getrennte Aufgaben, die nebeneinander wahrzunehmen sind:

1. Er muss auf Port 2000 Anfragen anderer Watchdogs entgegennehmen und, falls das Byte 23 gelesen wurde, mit dem vereinbarten Byte 46 antworten.
2. Er muss in regelmäßigen Abständen von den anderen Watchdogs ein Lebenszeichen einholen und eine entsprechende Meldung auf der Konsole ausgeben.

Dazu sind zwei Threads notwendig. Die erste Aufgabe erledigt eine Methode respond in einer Endlosschleife. Die zweite Aufgabe wird in der run-Methode abgewickelt, die vor dem Aufruf von respond in einem zweiten Thread gestartet wird. Dazu wird die Klasse Watchdog von Thread abgeleitet:

```
public class Watchdog extends Thread {
    ...
```

In unveränderlichen Variablen werden die vorgegebenen Werte gespeichert. Das String-Array watchedHosts nimmt die Hostnamen der überwachten Rechner auf:

```
        private final static int PORT = 2000;
        private final static int REQUEST = 23;
        private final static int RESPONSE = 46;
        private final static int DELAY_MILLIS = 10*1000;
        private final String[] watchedHosts;
        ...
```

Im Konstruktor wird watchedHosts initialisiert:

```
        public Watchdog(String... args) {
            watchedHosts = args;
        }
        ...
```

Die main-Methode erzeugt ein neues Watchdog-Objekt, startet dann den Thread und ruft schließlich respond auf:

```
        public static void main(String[] args) {
            Watchdog watchdog = new Watchdog(args);
            watchdog.start();
            watchdog.respond();
        }
        ...
```

respond wartet in einer Endlosschleife auf Anfragen. Immer wenn der Wert 23 gelesen werden kann, wird als Antwort der Wert 46 zurückgeschickt. Anschließend wird die Verbindung beendet und auf die nächste Anfrage gewartet:

```
public void respond() {
    ServerSocket serversocket = new ServerSocket(PORT);
    while(true) {
        Socket socket = serversocket.accept();
        InputStream input = socket.getInputStream();
        OutputStream output = socket.getOutputStream();
        if(input.read() == REQUEST)
            output.write(RESPONSE);
        socket.close();
    }
}
...
```

Die run-Methode arbeitet in einer Endlosschleife alle überwachten Rechner ab. Die Schleife wird für den Fall eines unvorhergesehenen Fehlers in einen try-Block gepackt.

```
public void run() {
    try {
        while(true) {
            for(String host: watchedHosts)
                ...
```

Der Kontaktversuch zum Rechner host kann misslingen. Mit dieser Situation muss gerechnet werden, deshalb wird der entsprechende Code in einen neuen, inneren try-Block verlagert. Zunächst wird ein Socket zu host geöffnet und das vereinbarte Byte geschickt. Hier ist der Aufruf von flush wichtig, weil andernfalls das einzelne Byte mit einiger Wahrscheinlichkeit gepuffert wird und den Adressaten nicht erreicht.[1]

```
try {
    Socket socket = new Socket(host, PORT);
    OutputStream output = socket.getOutputStream();
    output.write(REQUEST);
    output.flush();
    ...
```

Wenn die erwartete Antwort eintrifft, wird der Text »*hostname* up« ausgegeben, ansonsten eine negative Meldung.

---

[1]Das konkrete Verhalten hängt von den beteiligten Systemen ab.

```
                    InputStream input = socket.getInputStream();
                    if(input.read() == RESPONSE)
                        System.out.println(host + " up");
                    else
                        System.out.println(host + " down");
                    ...
```

In jedem Fall wird der Socket geschlossen und damit automatisch auch die daran gekoppelten Streams input und output:

```
                    socket.close();
                }
                ...
```

Wenn der Kontaktversuch misslingt, wird eine IOException geworfen. In diesem Fall wird eine negative Meldung ausgegeben und das Programm fortgesetzt:

```
                catch(IOException ex) {
                    System.out.println(host + " down");
                }
                ...
```

Nach Abarbeiten der überwachten Hosts wird mit Thread.sleep eine Pause von zehn Sekunden eingelegt. Wenn sleep unterbrochen wird, wirft es eine InterruptedException. Diese Situation wird hier nicht berücksichtigt, deshalb wird die InterruptedException in eine RuntimeException gekapselt und weitergegeben. Die InterruptedException selbst kann nicht weitergegeben werden, weil die Signatur von Thread.run keine *checked* Exception vorsieht.

```
                Thread.sleep(DELAY_MILLIS);
            }
        }
        catch(InterruptedException ex) {
            throw new RuntimeException(ex);
        }
    }
}
```

Zum Testen auf einem einzigen Rechner modifizieren Sie das Programm entsprechend zur Lösung von Aufgabe 45 (»Tittle-Tattle«, Seite 296): Ersetzen Sie

```
// statt: ServerSocket serversocket = new ServerSocket(PORT);
ServerSocket serversocket =
    new ServerSocket(Integer.parseInt(watchedHosts[0]));
```

und weiter unten

```
// statt: Socket socket = new Socket(host, PORT);
String[] tmp = host.split(":");
if(tmp.length < 2)
    continue;
Socket socket = new Socket(tmp[0], Integer.parseInt(tmp[1]));
```

Starten Sie dann mehrere Instanzen des Programms in getrennten Eingabeaufforderungen mit:

```
$ java Watchdog 2000 localhost:2001 localhost:2002
$ java Watchdog 2001 localhost:2000 localhost:2002
$ java Watchdog 2002 localhost:2000 localhost:2001
```

Die Programme überwachen sich gegenseitig.

47 Verkehrsüberwachung

Diese Aufgabe verlangt den Einsatz von Netzwerkkommunikation auf einfachem Niveau. Das eigentliche Ziel ist allerdings nicht der Umgang mit IP-Adressen, Ports und Sockets, sondern die sich damit fast zwangsläufig ergebende Nebenläufigkeit.

Das Problem zeigt die Struktur eines »Erzeuger/Verbraucher«-Problems, die in vielen Situationen zu beobachten ist. Lösungen beruhen auf mehreren parallel laufenden Threads mit einem gemeinsamen Puffer, der auf Erzeugerseite befüllt und auf Verbraucherseite geleert wird.

Ohne weitere Maßnahmen kann es zu Inkonsistenzen kommen, weil sich Schreiben und Lesen des Puffers kaum als atomare Operationen implementieren lassen. Technisch werden in Java Monitore in Form von synchronized-Blöcken verwendet, um den konkurrierenden Zugriff mehrerer Threads auf eine einzige Datenstruktur zu koordinieren.

Ein Verkehrsüberwachungssystem besteht aus Detektoren, die mit einem TCP/IP-Netzwerk verbunden sind und auf bestimmten Ports abgefragt werden können. Ein Detektor liefert ein Signal in Form eines Bytes, wenn er ein Fahrzeug erkennt. Wenn kein Fahrzeug vorbeikommt, liefert er nichts. Der Wert des Bytes ist hier irrelevant; entscheidend ist nur die Tatsache, dass der Detektor überhaupt antwortet.

Das folgende Beispielprogramm öffnet eine Verbindung zum Detektor auf Port 2000 der IP-Adresse 192.168.0.2 und gibt jedes Mal »ping!« aus, wenn der Detektor ein Fahrzeug erkennt:

```
Socket socket = new Socket("192.168.0.2", 2000);
InputStream input = socket.getInputStream();
while(true) {
    int ignored = input.read();    // blockiert, bis ein Byte kommt
    System.out.println("ping!");
}
```

Schreiben Sie ein Programm TrafficControl, das die IP-Adressen und Portnummern einer Anzahl Detektoren auf der Kommandozeile erhält, wie zum Beispiel:

```
$ java TrafficControl 192.168.0.2:2000 192.168.0.3:3000 192.168.0.4:4000
```

Das Programm prüft einmal pro Sekunde, welche Detektoren in der letzten Minute 10 oder mehr Fahrzeuge registriert haben. Für diese Detektoren gibt das Programm »x: heavy traffic« auf der Standardausgabe aus, wobei »x« die IP-Adresse des betreffenden Detektors ist.

Nachfolgend finden Sie den Quelltext eines »handbetriebenen« Detektors, der von einem Operator bedient wird. Immer wenn der Operator ein Auto sieht, drückt er die Eingabetaste. Daraufhin schickt der Detektor ein Byte an den Abnehmer.

```java
class Detector {
    private final static int PORT = 2000;

    public static void main(String[] args) throws Exception {
        System.out.println("Please hit [enter] when you see a car ...");
        Socket socket = new ServerSocket(PORT).accept();
        OutputStream output = socket.getOutputStream();
        while(true) {
            while(System.in.read() != '\n')
                ;
            output.write(1);
            output.flush();
        }
    }
}
```

Lösung

Diese Aufgabe modelliert ein typisches Erzeuger/Verbraucher-Problem: Die Detektoren (*producer*) »produzieren« Zeitmarken, die TrafficControl (*consumer*) »verbraucht«.

Nachdem die Detektoren zu unbekannten Zeitpunkten reagieren, wird jedem Detektor ein eigener Producer-Thread zugeordnet. Die IP-Adressen werden zusammen mit den Producer-Threads in einer Map gespeichert. Dazu kommt ein einzelner Consumer, der im Hauptprogramm implementiert werden kann.

```java
public class TrafficControl {
    public static void main(String[] args) {
        Map<String, Producer> producers = new HashMap<String, Producer>();
        for(String ip: args)
            producers.put(ip, new Producer(ip));
        for(Thread th: producers.values())
            th.start();
        ...
    }
}
```

Producer und Consumer kommunizieren über eine zwischengeschaltete Datenstruktur. Diese kann in den Producern, im Consumer oder unabhängig von beiden
allokiert werden.

Hier wird der erste Weg gewählt: Jeder Producer-Thread enthält eine *double-
ended queue*. Die Zeitmarken des Detektors werden an einem Ende eingefügt, der
Consumer holt sie am anderen Ende heraus. Die Zeitmarken in der Queue sind
immer chronologisch sortiert.

```
public class Producer extends Thread {
    private final String address;
    private final int port;
    private final Deque<Long> timestamps = new ArrayDeque<Long>();

    public Producer(String ip) {
        String[] token = ip.split(":");
        address = token[0];
        port = Integer.parseInt(token[1]);
    }
    ...
```

Jeder Producer-Thread öffnet eine Netzwerkverbindung zu »seinem« Detektor und
wartet dann in einer Endlosschleife. Immer wenn der Detektor reagiert, wird der
entsprechende Zeitpunkt in der Queue verzeichnet.
Vorsicht: Diese Lösung ist noch unvollständig und wird unten ergänzt!

```
public class Producer extends Thread {
    ...
    public void run() {
        Socket socket = new Socket(address, PORT));
        InputStream input = socket.getInputStream();
        while(true) {
            int ignored = input.read();
            timestamps.add(System.currentTimeMillis());
        }
    }
    ...
}
```

Der Consumer überprüft in einer Endlosschleife mit der (noch zu implementie-
renden) Methode count alle Producer und wartet dann eine Sekunde. count liefert
als Rückgabewert die Anzahl der Zeitmarken, die in der letzten Minute aufgezeichnet wurden.

```
public class TrafficControl {
    public static void main(String[] args) {
        ...
        while(true) {
            for(String ip: producers.keySet())
                if(producers.get(ip).count() >= 10)
                    System.out.println(ip + ": heavy traffic");
            Thread.sleep(1000);
        }
    }
}
```

In der Queue der Producer sammeln sich bisher Zeitmarken an, werden aber nicht mehr gelöscht. Interessant sind nur Zeitmarken, die beim Aufruf von count nicht älter als eine Minute sind. Es liegt also nahe, in count zuerst alle »abgelaufenen« Zeitmarken zu entfernen und dann die verbleibenden zu zählen:

```
public class Producer extends Thread {
    ...
    int count() {
        while(timestamps.size() > 0 &&
            timestamps.peek() < System.currentTimeMillis() - 60000)
            timestamps.remove();
        return timestamps.size();
    }
}
```

Die Klasse ArrayDeque schützt nicht vor Inkonsistenzen bei gleichzeitigem Zugriff aus mehreren Threads.[1] Hier kann genau das leicht geschehen: Wenn *während* des Ablaufs von count der Detektor reagiert und daraufhin eine neue Zeitmarke eingetragen wird, kann die Queue in einen undefinierten Zustand gelangen.

Zur Lösung des Problems müssen die Zugriffe auf das gemeinsame Objekt timestamps mit synchronized-Blöcken geschützt werden. Das betrifft die Methoden run (schreiben) und count (lesen) in der Klasse Producer. Als Lock-Objekt eignet sich jedes Objekt, das von allen beteiligten Threads aus erreichbar ist. Hier wird der String address verwendet.

[1]Im Package java.util.concurrent finden sich einige weitere Klassen, in denen die nötigen Schutzmaßnahmen fertig implementiert sind. Die Lösung dieser Aufgabe wird damit zwar stark vereinfacht, allerdings auch der Zweck der Aufgabe verfehlt.

```
public class Producer extends Thread {
    ...
    public void run() {
        Socket socket = new Socket(address, port));
        InputStream input = socket.getInputStream();
        while(true) {
            int ignored = input.read();
            synchronized(address) {          // <-- ergänzt
                timestamps.add(System.currentTimeMillis());
            }
        }
    }
    ...
    int count() {
        synchronized(address) {              // <-- ergänzt
            while(timestamps.size() > 0 &&
                    timestamps.peek() < System.currentTimeMillis() - 60000)
                timestamps.remove();
            return timestamps.size();
        }
    }
}
```

Der gleichzeitige Zugriff auf die Queue ist damit ausgeschlossen und die Konsistenz der Datenstruktur gewährleistet.

Alternative Lösung

Eine etwas andere Lösung kommt mit einfachen Zählern aus und braucht keine komplexen Datenstrukturen, wie die Queues. In einer Map, die allen Threads zur Verfügung steht, werden IP-Adressen auf ganze Zahlen abgebildet. Diese Zahlen speichern die innerhalb der letzten Minute registrierten Antworten des betreffenden Detektors.

```
public class TrafficControlSimple {
    public static void main(String[] args) {
        Map<String, Integer> counts = new HashMap<String, Integer>();
        for(String ip: args)
            counts.put(ip, 0);
        ...
```

Wieder wird ein Thread für jeden Detektor gestartet, der in einer Endlosschleife darauf wartet, dass sein Detektor reagiert. Hier reicht eine anonyme Klasse aus:

```
    for(final String ip: args)
        new Thread() {
            public void run() {
                String[] token = ip.split(":");
                Socket socket =
                    new Socket(token[0], Integer.parseInt(token[1]));
                InputStream input = socket.getInputStream();
                while(true) {
                    int ignored = input.read();
                    ...
```

Immer wenn ein Signal eintrifft, wird der Zähler inkrementiert:

```
counts.put(ip, counts.get(ip) + 1);
```

Sofort wird außerdem ein weiterer Thread gestartet, der eine Minute schläft und dann den Zähler wieder dekrementiert:

```
                    new Thread() {
                        public void run() {
                            Thread.sleep(60000);
                            counts.put(ip, counts.get(ip) - 1);
                        }
                    }.start();
                }
            }
        }.start();
    ...
```

Daraus ergibt sich auch ein Nachteil dieser Lösung: Bei starkem Verkehr werden möglicherweise mehr Threads gestartet, als das Laufzeitsystem verkraften kann.

Im Hauptprogramm, dem Consumer-Thread, werden im Abstand von einer Sekunde alle Zähler geprüft und diejenigen mit Werten von 10 und mehr ausgegeben:

```
    while(true) {
        for(String ip: args) {
            if(counts.get(ip) >= 10)
                System.out.println(ip + ": heavy traffic");
            Thread.sleep(1000);
        }
    }
}
```

Das folgende Struktogramm zeigt den Ablauf:

Lege eine Map counts mit Zählern für IP-Adressen an			
Trage für jede IP-Adresse den Zählerwert 0 ein			
Starte einen Thread für jede IP-Adresse ip ...			
	Öffne eine Verbindung zu ip		
	Wiederhole endlos ...		
		Warte auf ein Byte ...	
		Inkrementiere den Zähler von ip	
		Starte einen Thread:	
			Warte 60 Sekunden
			Dekrementiere den Zähler von ip
Wiederhole endlos ...			
	Wiederhole für jede IP-Adresse ip ...		
		Y — Liegt der Zähler von ip über dem Schwellwert? — N	
		Gib "ip: heavy traffic" aus	
		Warte 1 Sekunde	

Hier gilt, ebenso wie in der vorhergehenden Lösung, dass alle Zugriffe auf die gemeinsame Map synchronisiert werden müssen. Jede Anweisung, die counts liest oder schreibt, wird deshalb in einen synchronized-Block verpackt. Als gemeinsames Lock-Objekt eignet sich beispielsweise counts selbst.

```
synchronized(counts) {
    // Anweisung
}
```

Die explizite Synchronisation aller Zugriffe auf die Map counts kann auf eine vordefinierte Klasse abgewälzt werden. Die statische Methode Collections.synchronizedMap kapselt die bereits vorhandene, nicht synchronisierte Map in eine neue Map, deren Zugriffe automatisch synchronisiert sind.[2] In diesem Fall reicht die oben gezeigte Lösung, ohne synchronized-Anweisungen, aus.

```
public class TrafficControlSimple {
    public static void main(String[] args) {
        final Map<String, Integer> counts =
            Collections.synchronizedMap(new HashMap<String, Integer>());
        ...
```

---

[2]Dabei wird die Original-Map nicht kopiert, sondern nur eine neue »Sicht« erstellt.

48 Nameservice

In dieser Aufgabe wird eine einfache *Client/Server*-Anwendung entwickelt. Client und Server kommunizieren über Sockets mittels eines einfachen Textprotokolls. Der Server bearbeitet die Anfragen sofort, ohne eigene Threads zu starten. Die grundlegenden Bausteine sind typisch für viele heute benutzte Netzwerkanwendungen.

Internetanwendungen benötigen einen *Nameserver*. Wollen beispielsweise Alice und Bob aus Aufgabe 34.5 (»Diffie-Hellmann«, Seite 210) direkt über das Internet kommunizieren, so müssen sie die IP-Adresse des Partners kennen. Diese können sie von einem Nameserver beziehen, der (Name, Adresse)-Paare speichert. Im Grunde genommen handelt es sich dabei um eine Map<String, String>, die über ein Socket-Protokoll ansprechbar ist.

48.1 Nameserver

Entwickeln Sie eine Klasse NameServer, die (*key*, *value*)-Paare von Strings verwaltet. Der Konstruktor erhält als Parameter den *Port*, auf dem Anfragen entgegengenommen werden. Jede Anfrage besteht aus einer Textzeile, die eines der nachfolgend beschriebenen Kommandos enthalten darf. Als Antwort wird eine Textzeile zurückgeschickt, die immer mit 0 (Misserfolg) oder 1 (Erfolg) beginnt.

PUT *key newvalue* → 1 *oldvalue*
> Trägt unter dem Schlüssel *key* den Wert *newvalue* ein. Die Antwort besteht aus einer 1 und dem alten Wert des Schlüssels. Beim ersten Eintrag ist *oldvalue* ein leerer String.

GET *key* → 1 *value* oder 0
> Liefert den Wert, der unter dem Schlüssel *key* eingetragen ist. Wenn der Schlüssel nicht bekannt ist, ist die Antwort 0.

DEL *key* → 1 *oldvalue* oder 0
> Löscht Schlüssel und Wert und liefert den gelöschten Wert zurück. Wenn der Schlüssel nicht bekannt war, wird 0 zurückgeliefert.

STOP → 1
> Beendet den Dienst.

Eine main-Methode liest von der Kommandozeile einen Port ein, legt ein NameServer-Objekt an und startet den Server.

Der Nameserver arbeitet ähnlich wie ein Webserver. Er verarbeitet jede Anfrage einzeln und unabhängig von anderen Anfragen. Die Verbindung zum Client wird nach jeder Antwort wieder geschlossen. Ein Client, der mehrere Anfragen abwickeln möchte, muss für jede Anfrage eine neue Verbindung zum Server aufnehmen. Ein solches Protokoll wird als »zustandslos« bezeichnet, weil mit jeder Anfrage eine neue Kommunikationssequenz beginnt, die keine Informationen aus früheren Anfragen voraussetzt.

Praktisch alle Betriebssysteme enthalten einen *Telnet*-Client, mit dem der Nameserver getestet werden kann. Das folgende Beispiel zeigt den Dialog auf einem Unix-System. Der Nameserver wurde in einem anderen Terminal gestartet und läuft bereits. Zur Vereinfachung sind die Protokollausgaben des Telnet-Clients ausgeblendet:

```
$ telnet localhost 2000
put inge localhost
1
$ telnet localhost 2000
put inge 127.0.0.1
1 localhost
$ telnet localhost 2000
get inge
1 127.0.0.1
$ telnet localhost 2000
del inge
1 127.0.0.1
$ telnet localhost 2000
get inge
0
$ telnet localhost 2000
stop
1
```

Lösung

Da der Nameserver die Funktionalität einer Map hat, wird eine HashMap als Instanzvariable angelegt:

```
public class NameServer {
    private final Map<String, String> store;
    private final int port;
```

```
    public NameServer(int p) {
        store = new HashMap<String, String>();
        port = p;
    }
    ...
```

Die Verarbeitung des Protokolls wird in eine Methode loop ausgelagert. Diese öffnet einen ServerSocket und wartet in einer Schleife auf Anfragen. Das Flag stop wird gesetzt, sobald das Kommando STOP empfangen wird. Zur Vereinfachung wird auf eine Behandlung von Ausnahmen verzichtet und diese werden stattdessen an den Aufrufer weitergeleitet. Die Kommunikation mit einem Client wird über einen Socket abgewickelt.[1]

```
public void loop() throws IOException {
    ServerSocket ss = new ServerSocket(port);
    System.out.println("NameServer started");
    boolean stop = false;
    while(!stop) {
        Socket s = ss.accept();
        // Protokoll verarbeiten
        ...
    }
    ss.close();
}
```

Die Anfrage des Clients wird von einem InputStream des Sockets gelesen. Da ein Textprotokoll definiert wurde, wird der binäre InputStream in einen textorientierten Reader konvertiert und dieser mit einem BufferedReader dekoriert[2], um zeilenweises Lesen zu ermöglichen:

```
            // Protokoll verarbeiten
            InputStream is = s.getInputStream();
            Reader r = new InputStreamReader(is);
            BufferedReader br = new BufferedReader(r);
            ...
```

Zunächst wird die Anfragezeile mit readLine gelesen und diese mit der Methode split in Wörter zerlegt,[3] die als Elemente des Arrays request gespeichert werden. Das erste Wort ist immer das Kommando command. Falls die Anfrage mehr als

---

[1]Zugriffe auf die HashMap sind sehr schnell. Deshalb kann darauf verzichtet werden, für jede Anfrage einen eigenen Thread zu erzeugen.

[2]»dekoriert« im Sinne des *Decorator Patterns*, nach dem viele der Klassen im Package java.io strukturiert sind.

[3]split trennt den String an Stellen, die den als Parameter übergebenen regulären Ausdruck matchen. Der reguläre Ausdruck \\s+ steht für eine nichtleere Folge von Zwischenraumzeichen.

ein Wort enthielt, wird das zweite Wort als key gemerkt. In der lokalen Variablen value wird im Erfolgsfall das Ergebnis gespeichert. Der Defaultwert null bedeutet eine negative Antwort.

```
String[] request = br.readLine().split("\\s+");
String command = request[0];
String key = request.length > 1?  request[1]:  null;
String value = null;
...
```

In einer if-Kaskade werden die zulässigen Kommandos geprüft und jeweils die korrespondierenden Map-Methoden aufgerufen. Beim Kommando PUT wird als drittes Wort der Anfrage der neue Wert zum Schlüssel erwartet.

```
if("PUT".equalsIgnoreCase(command)) {
    value = store.put(key, request[2]);
    if(value == null)
        value = "";
}
else if("GET".equalsIgnoreCase(command))
    value = store.get(key);
else if("DEL".equalsIgnoreCase(command))
    value = store.remove(key);
...
```

Das Kommando STOP ist immer erfolgreich und führt zum Beenden des Servers.

```
else if("STOP".equalsIgnoreCase(command)) {
    key = "";
    value = "";
    stop = true;
}
else
    System.err.println("Illegal command: " + command);
...
```

Die Antwort wird auf einen PrintWriter geschrieben, der an den OutputStream des Sockets gebunden ist. Abhängig von value wird eine 1 (Erfolg) oder 0 (Misserfolg) vorangestellt.

```
OutputStream os = s.getOutputStream();
PrintWriter w = new PrintWriter(os, true);
if(value == null)
    w.println("0");
else
    w.println("1 " + value);
...
```

Zur Kontrolle protokolliert der Server die Kommunikation und bricht die Verbindung ab:

```
System.out.printf("NameServer: %s %s %s%n", command, key, value);
s.close();
```

Das Hauptprogramm erzeugt einen Nameserver auf dem Port, der auf der Kommandozeile angegeben wurde, und startet den Nameserver mit loop.

```
public static void main(String[] args) throws IOException {
    int port = args.length == 0?  2000:  Integer.parseInt(args[0]);
    new NameServer(port).loop();
}
```

48.2   Persistenter Server

Der in der vorhergehenden Teilaufgabe entwickelte Nameserver speichert keine Daten ab, wenn er beendet wird. Beim nächsten Start ist die Datenbasis wieder leer. Erweitern Sie die Lösung um »Persistenz«, das heißt um die Fähigkeit, Daten über Programmstarts hinweg zu behalten. Benutzen Sie dazu die Objektserialisierung von Java.

Lösung

Der Nameserver wird so modifiziert, dass er beim Start die Map aus dem Filesystem liest und am Ende wieder sichert.

Zum einen wird im Konstruktor überprüft, ob eine Datei mit einer serialisierten Map existiert. Die Klassenvariable filename legt den betreffenden Dateinamen fest:

```
private final static String filename = "nameservermap.ser";
```

Wenn das nicht der Fall ist, startet der Nameserver wie vorher. Wenn diese Datei aber existiert, wird eine Map daraus gelesen und die Instanzvariable store damit initialisiert:

```
public NameServer(int port)
        throws IOException, ClassNotFoundException {
    File storefile = new File(filename);
    if(storefile.exists()) {
        InputStream is = new FileInputStream(storefile);
        store = (Map<String, String>)
            (new ObjectInputStream(is).readObject());
        is.close();
    }
    else
        store = new HashMap<String, String>();
    this.port = port;
}
```

Zum anderen wird beim Verlassen der Methode loop die aktuelle Map auf die betreffende Datei geschrieben:

```
public void loop() {
    ...
    OutputStream os = new FileOutputStream(filename);
    new ObjectOutputStream(os).writeObject(store);
    os.close();
}
```

48.3   Nameclient

Schreiben Sie eine Klasse NameClient. Der Konstruktor erwartet als Parameter die IP-Adresse und die Portnummer des Nameservers. Mit der Methode

```
String action(String command, String name, String value)
```

können Anfragen an den Nameserver gestellt werden. Für command sind die Werte PUT, GET und DEL zulässig. Für GET und DEL wird value ignoriert (und sollte den Wert null haben). action gibt null zurück, falls der Server mit 0 geantwortet hat, und sonst den vom Server gesendeten Wert.

Eine main-Methode liest IP-Adresse und Port des Nameservers von der Kommandozeile, legt ein NameClient-Objekt an und schickt ihm mittels action einige Kommandos, wie in der folgenden Beispielanwendung:

```
public static void main(String[] args) {
    String host = args.length > 0? args[0]:  "localhost";
    int port = args.length > 1? Integer.parseInt(args[1]):  2000;

    NameClient nc = new NameClient(host, port);
    System.out.println(nc.action("PUT", "Inge", "localhost"));
    System.out.println(nc.action("PUT", "Inge", "127.0.0.1"));
    System.out.println(nc.action("GET", "Inge", null));
    System.out.println(nc.action("DEL", "Inge", null));
    System.out.println(nc.action("GET", "Inge", null));
}
```

Lösung

Der NameClient speichert die Serveradresse und den Port in Instanzvariablen.

```
public class NameClient {
    private final String host;
    private final int port;

    public NameClient(String h, int p) {
        host = h;
        port = p;
    }
    ...
```

Das Übertragungsprotokoll wird in einer Methode action behandelt. Diese über-
nimmt auch eine einfache Fehlerbehandlung. Ausnahmen werden protokolliert
und null zurückgegeben.

```
public String action(String command, String key, String value) {
    String result = null;
    try {
        // Protokoll verarbeiten
        ...
    }
    catch (IOException x) {
        System.err.println(key + ": " + x);
    }
    return result;
}
```

In der Protokollverarbeitung wird zunächst eine Verbindung zum Server aufgebaut und ein `PrintWriter` zur formatierten Textausgabe erzeugt. Dann werden Kommando, Name und Wert an den Server geschickt, wobei der Wert `null` als Leerstring übertragen wird:

```
// Protokoll verarbeiten
Socket s = new Socket(host, port);
PrintWriter w = new PrintWriter(s.getOutputStream(), true);
w.printf("%s %s %s%n", command, key, value == null? "":  value);
...
```

Anschließend wird ein `BufferedReader` geöffnet und eine Zeile mit der Antwort des Servers gelesen. Falls die Antwort mit der Ziffer 1 beginnt, wird der nachfolgende Text in die Variable `result` kopiert. Andernfalls bleibt der Vorgabewert `null` von `result` unverändert. Damit ist die Anfrage komplett bearbeitet und der Socket kann geschlossen werden.

```
BufferedReader br =
    new BufferedReader(new InputStreamReader(s.getInputStream()));
String response = br.readLine();
if(response.startsWith("1"))
    result = response.substring(1).trim();
s.close();
```

Teil VIII

Generics

49 Objektpaare

In dieser Aufgabe wird eine generische Klasse mit zwei Typparametern definiert, um zwei unabhängige Objekte zu einem Paar zu koppeln.

Zum Vergleich von Paaren werden Comparator-Klassen definiert, die zum Beispiel die Sortierung von Listen mit Paaren nach dem ersten oder zweiten Element erlauben. *Typebounds* sichern ab, dass dazu nur vergleichbare Elementtypen verwendet werden können.

49.1 Generische Klasse

Definieren Sie eine generische Klasse Pair, die zwei beliebige Objekte speichert. Die Typen der beiden Objekte sind unabhängig. Mit Gettern können die Elemente einem Pair wieder entnommen werden.[1] Definieren Sie toString, equals und hashCode.

Im folgenden Beispiel wird eine Liste von String-Integer-Paaren erzeugt, die jeweils Namen und Vorlesungsnummern verknüpfen:[2]

```
List<Pair<String, Integer>> list = new ArrayList<Pair<String, Integer>>();
list.add(new Pair<String, Integer>("I", 1));
list.add(new Pair<String, Integer>("V", 5));
list.add(new Pair<String, Integer>("C", 100));
list.add(new Pair<String, Integer>("II", 2));
list.add(new Pair<String, Integer>("IX", 9));
```

Die Ausgabe dieser Liste ergibt:

```
[(I, 1), (V, 5), (C, 100), (II, 2), (IX, 9)]
```

---

[1] Eine etwas unflexible Alternative zu dieser Klasse wäre ein Array mit zwei Elementen. Allerdings bietet ein solches Array nur wenig Typsicherheit, weil der statische Typ beider Elemente aus der Sicht des Compilers derselbe ist.

[2] Ähnliche Funktionalität bieten Maps. Allerdings sind die Objektpaare in einer Map nicht symmetrisch, denn die Schlüssel müssen im Gegensatz zu den Werten eindeutig sein. In diesem Beispiel gibt es Duplikate bei beiden Komponenten der Paare.

Lösung

Die generische Klasse Pair hat zwei unabhängige Typparameter. In zwei entsprechenden Instanzvariablen werden die Komponenten eines Paars gespeichert. Der Konstruktor erwartet entsprechende Argumente und initialisiert die Instanzvariablen:

```
public class Pair<T, U> {
    private final T first;
    private final U second;

    public Pair(T fst, U snd) {
        first = fst;
        second = snd;
    }
    ...
```

Zwei einfache Getter liefern die Komponenten einzeln zurück:

```
public T first() {
    return first;
}

public U second() {
    return second;
}
...
```

Die Methode equals folgt dem Schema von Anhang D (Seite 383). Die Objekttypen können nur bezüglich des *raw-types* verglichen werden, denn zur Laufzeit sind die Typargumente nicht mehr verfügbar:

```
public boolean equals(Object x) {
    if(x == null)
        return false;
    if(x.getClass() != getClass())  // Test der raw-types
        return false;
    Pair other = (Pair)x;
    ...
```

An diesem Punkt steht fest, dass x ebenfalls ein Pair ist. Wenn die einander entsprechenden Komponenten der beiden Paare per equals gleich sind, dann sind auch die ganzen Paare gleich. Jede der vier beteiligten Komponenten kann allerdings null sein, deshalb darf nicht blind equals aufgerufen werden. Die entsprechenden Tests werden in eine private Hilfsmethode nullEquals verschoben, die den Wert null berücksichtigt:

```
            if(!nullEquals(first, other.first()))
                return false;
            if(!nullEquals(second, other.second()))
                return false;
            return true;
        }
        ...
```

`nullEquals` behandelt zwei Argumente `null` als gleich und fällt andernfalls auf `equals` zurück:

```
        private static boolean nullEquals(Object x, Object y) {
            if(x == null)
                return y == null;
            return x.equals(y);
        }
        ...
```

`hashCode` greift auf die entsprechenden Methoden der Komponenten zurück, wobei wieder `null` zu berücksichtigen ist (siehe Anhang D, Seite 384):

```
        public int hashCode() {
            int hash = 17;
            if(first != null)
                hash = 41*hash + first.hashCode();
            if(second != null)
                hash = 41*hash + second.hashCode();
            return hash;
        }
    }
```

49.2   Vergleich von Paaren

Definieren Sie zwei generische Klassen `FirstComparator` und `SecondComparator`, die Paare bezüglich des ersten beziehungsweise zweiten Elementes vergleichen. Beide Klassen implementieren das Interface `Comparator`. Die Vergleichsklassen können als geschachtelte Klassen in `Pair` definiert werden.

Im folgenden Programmfragment wird die Liste aus dem vorhergehenden Beispiel zuerst nach dem ersten und dann nach dem zweiten Element sortiert:

```
    Collections.sort(list, new Pair.FirstComparator<String, Integer>());
    System.out.println(list);
    Collections.sort(list, new Pair.SecondComparator<String, Integer>());
    System.out.println(list);
```

Die Ausgabe ergibt:

```
[(C, 100), (I, 1), (II, 2), (IX, 9), (V, 5)]
[(I, 1), (II, 2), (V, 5), (IX, 9), (C, 100)]
```

Lösung

Die Klasse `FirstComparator` hat zwei Typparameter T und U, die die Elementtypen der zu vergleichenden Paare `Pair<T, U>` festlegen. `FirstComparator` implementiert das Interface `Comparator` für diese Paare:

```
public static class FirstComparator<T, U>
    implements Comparator<Pair<T, U>> {
    ...
```

Allerdings werden keine beliebigen Paare akzeptiert, sondern nur Paare, deren erstes Element vergleichbar ist. Das wird mit dem *Typebound*[3]

```
Comparable<? super T>
```

des ersten Typparameters T erreicht:

```
public static class FirstComparator<T extends Comparable<? super T>, U>
    implements Comparator<Pair<T, U>> {
    ...
```

Das Interface `Comparator` verlangt die Definition der Methode `compare` mit den zwei Parametern des verglichenen Typs. Die ersten Komponenten der zu vergleichenden Paare p0 und p1 können den Wert `null` haben, der vorne einsortiert wird.[4]

```
public int compare(Pair<T, U> p0, Pair<T, U> p1) {
    if(p0.first() == null)
        return p1.first() == null? 0: -1;
    if(p1.first() == null)
        return 1;
    return p0.first().compareTo(p1.first());
}
}
```

Entsprechend lässt sich `SecondComparator` definieren.

---

[3]Der *Wildcard*-Parameter wird auf Seite 341 genauer diskutiert.
[4]Diese Entscheidung, `null` als kleinsten Wert zu definieren, ist willkürlich.

50 Generische Methoden

Unabhängig von generischen Klassen können auch einzelne Methoden mit Typ-parametern definiert werden. Diese werden als generische Methoden bezeichnet. In dieser Aufgabe werden einige einfache generische Methoden verlangt.

Die Syntax dieser Methoden ist etwas gewöhnungsbedürftig. Beim Aufruf müssen in der Regel keine Typargumente angegeben werden, weil die recht leis-tungsfähige *type-inference* des Java-Compilers aus dem Kontext die korrekten Typargumente automatisch erschließt.

Die Beschränkungen im Umgang mit Typvariablen betreffen generische Me-thoden ebenso wie generische Klassen. Die dritte Aufgabe zeigt zwei der Proble-me und Ansätze zur Lösung.

50.1 No Null

Definieren Sie in einer Klasse Util eine statische generische Methode nonull, die ei-ne beliebige Anzahl Argumente eines Typs akzeptiert und das erste, das heißt das am weitesten links stehende Argument zurückliefert, das verschieden von null ist. Wenn es kein solches Argument gibt, wird null zurückgegeben. Einige Beispiele:

```
System.out.println(nonull(null, 23, null, 27)); // 23
System.out.println(nonull(null, null));          // null
System.out.println(nonull());                    // null
```

Lösung

Die Methode definiert einen *Vararg*-Parameter, der als Array verarbeitet wird. Das Array kann mit einer *foreach*-Schleife durchlaufen werden, die jedes Element mit null vergleicht und das erste von null verschiedene zurückgibt.

```
public static <T> T nonull(T... args) {
    for(T element: args)
        if(element != null)
            return element;
    return null;
}
```

Der folgende Methodenaufruf löst zunächst eine Compilerwarnung aus und bricht zur Laufzeit mit einer `NullPointerException` ab:

```
nonull(null)
```

Das Argument `null` ist mehrdeutig: Es kann als abwesendes Array interpretiert werden oder als einziges Element eines Arrays mit der Länge 1. Der Compiler wählt die erste Interpretation, deshalb stürzt die Schleife im Rumpf der Methode ab. Die Mehrdeutigkeit lässt sich mit einem *Typecast* beseitigen:

```
nonull((Object[])null)    // abwesendes Array, Laufzeitfehler
nonull((Object)null)      // Inhalt eines Arrays mit einem Element
```

50.2   Median

Definieren Sie in `Util` eine statische generische Methode `median`, die von drei übergebenen Argumenten a, b, c das der Größe nach mittlere zurückliefert, wie in Aufgabe 4 (»Median«, Seite 12). Zwei Beispiele:

```
System.out.println(median(2, 1, 3));               // 2
System.out.println(median("abra", "ka", "dabra")); // dabra
```

Lösung

Die Argumente müssen der Größe nach vergleichbar sein. Das wird mit dem *Typebound* `Comparable<T>` erreicht:

```
public static <T extends Comparable<T>> T median(T a, T b, T c) {
    ...
```

In dieser Form müsste `T` selbst das Interface `Comparable` implementieren. Ebenso akzeptabel sind aber Typen, bei denen eine Basisklasse `Comparable` implementiert. Diese Freiheit gewährt ein *Wildcard*-Parameter:

```
public static <T extends Comparable<? super T>> T median(T a, T b, T c) {
    ...
```

Der Rumpf der Methode folgt der Idee von Aufgabe 4:

```
if(a.compareTo(b) < 0)
    if(b.compareTo(c) < 0)
        return b;
    else
        if(a.compareTo(c) < 0)
            return c;
```

```
                else
                    return a;
        else
            if(b.compareTo(c) < 0)
                if(a.compareTo(c) < 0)
                    return a;
                else
                    return c;
            else
                return b;
    }
```

Unabhängig davon, dass der folgende Aufruf zur Laufzeit ohnedies mit einer NullPointerException scheitern würde, wird die Anweisung vom Compiler überhaupt nicht übersetzt:

```
System.out.println(median(null, null, null));
```

Der Aufrufkontext gibt dem Compiler keinerlei Hinweis auf das Typargument, das er deshalb als Object annimmt. Object genügt allerdings dem geforderten *Typebound* Comparable nicht, deshalb meldet der Compiler:

```
incompatible types; inferred type argument(s) java.lang.Comparable<? super
T> do not conform to bounds of type variable(s) T
```

Sobald eines der Argumente einen konkreten Wert hat, erschließt der Compiler das Typargument und übersetzt die Anweisung, sofern der *Typebound* gilt:

```
System.out.println(median(1, null, null));
```

Wahlweise kann der Aufruf auch mit einem konkreten Typargument versehen werden. Die *type-inference* des Compilers ist damit nicht mehr nötig. Syntaktisch steht das Typargument zwischen dem Zielobjekt und dem Methodennamen. Das gilt auch dann, wenn das Zielobjekt implizit festlegt; in diesem Fall *muss* das Schlüsselwort this benutzt werden. Wäre median keine statische, sondern einen normale Methode, dann müsste ein Aufruf aus der eigenen Klasse folgendermaßen formuliert werden:

```
System.out.println(this.<String>median(null, null, null));
```

Bei statischen Methoden wird der Klassenname angegeben:

```
System.out.println(Util.<String>median(null, null, null));
```

Das gilt auch innerhalb von Util selbst; dort wird der eigene Klassenname vorangestellt.

50.3 Klon-Armee

Definieren Sie eine statische generische Methode cloneArray, die ein Array von *Clones* (identischen Kopien) eines übergebenen Argumentes orig zurückliefert. Die Länge des Arrays, d.h. die Anzahl der *Clones*, legt ein zweiter Parameter count fest.

Ein Beispiel: Die Klasse Foo implementiert das Interface Cloneable und definiert eine öffentliche clone-Methode, deren Rumpf hier ohne Belang ist:

```
public class Foo implements Cloneable {
    public Foo clone() {...}
}
```

cloneArray kann folgendermaßen verwendet werden:

```
System.out.println(java.util.Arrays.toString(cloneArray(new Foo(), 3)));
```

Die Ausgabe zeigt, dass das neue Array drei verschiedenen Objekte vom Typ Foo enthält.[1]

```
[Foo@a32b, Foo@1d8957f, Foo@3ee284]
```

Lösung

In dieser Aufgabe treten zwei verschiedene Probleme zutage.

Zum einen muss die Methode ein Array mit Elementen des Typparameters T zurückliefern. Die folgende Konstruktion ist in Anhang D (Seite 385) erklärt:

```
T[] result = (T[])new Object[count];
for(int i = 0; i < count; i++)
    result[i] = ...;          // Clone von orig, siehe unten
```

Der Compiler reagiert auf diese Anweisung mit einer Warnung, die aber ignoriert oder unterdrückt werden kann, weil hier in das Array *ausschließlich* Elemente vom Typ T eingefügt werden.

Zum anderen muss orig mit einem Aufruf von clone() kopiert werden. Jede Klasse erbt zwar clone() von Object, allerdings ist Object.clone() als protected definiert und kann deshalb nicht einfach aufgerufen werden.

Der *Typebound* Cloneable löst das Problem nicht, denn dieses Interface ist nur ein Marker-Interface (*tagging interface*) und definiert keine Methoden. Die Implementierung von Cloneable zeigt aber an, dass Objekte des betreffenden Typs korrekt mit clone dupliziert werden dürfen (siehe [Bloch 01], Kap. 3.4). Deshalb ist der *Typebound* dennoch sinnvoll.

---

[1]Eine Textdarstellung der Art »Foo@a32b« wird von Object.toString produziert und zeigt Klassennamen und Hashcode des Objektes.

Der Aufruf von clone selbst ist nur mithilfe von *Reflection* möglich: Erst wird die Methode mit getDeclaredMethod lokalisiert, dann mit invoke aufgerufen.[2] Nachdem clone nur ein Object liefert, wird der *Typecast* des Rückgabe-Arrays an das Ende des Rumpfes verschoben. Damit kann das Array mit Typ Object[] definiert und in der Schleife mit den Ergebnissen der clone-Aufrufe gefüllt werden:[3]

```
@SuppressWarnings("unchecked")
public static <T extends Cloneable> T[] cloneArray(T orig, int count)
        throws Exception {
    Object[] result = new Object[count];
    Method clone = orig.getClass().getDeclaredMethod("clone");
    for(int i = 0; i < count; i++)
        result[i] = clone.invoke(orig);
    return (T[])result;
}
```

Auch diese Lösung ist noch nicht befriedigend, denn cloneArray produziert ein Array mit Elementtyp Object. Dieses Array enthält zwar Foo-Objekte, hat aber selbst nicht den Typ Foo[], sondern Object[]. Die folgende Wertzuweisung führt deshalb zu einem Laufzeitfehler:

```
Foo[] a = cloneArray(new Foo(), 3);
```

In Anhang D (Seite 385) ist gezeigt, wie erneut mithilfe von *Reflection* ein Array mit Elementen des gleichen Typs wie orig erzeugt werden kann. Dieses Array kann nach der Rückgabe aus cloneArray zum Beispiel an eine Variable des Typs Foo[] zugewiesen werden.

Die oben als Beispiel angegebene Ausgabeanweisung

```
System.out.println(java.util.Arrays.toString(cloneArray(new Foo(), 3)));
```

umgeht dieses Problem, weil dort der Elementtyp des von cloneArray zurückgelieferten Arrays keine Rolle spielt.

---

[2] getDeclaredMethod erwartet als erstes Argument den Namen der Methode, in diesem Fall clone. Die weiteren Argumente nennen die *Klassen* der Parametertypen. Nachdem clone keine Parameter erwartet, werden keine Argumente angegeben.

[3] Die Exception-Signatur ist hier zu Exception gekürzt. In der Praxis wäre eine differenzierte Liste vorzuziehen.

51 Relationen

In dieser Aufgabe wird eine abstrakte generische Klasse definiert, die homogene Relationen, also Mengen von Objektpaaren, modelliert. Einfache Relationen lassen sich durch Aufzählung der Elemente definieren.

Typische Eigenschaften von Relationen werden mit Methoden überprüft, die unabhängig von einer konkreten Implementierung der Relationen sind.

Aus zwei gegebenen Relationen kann eine neue Relation konstruiert werden. Die entsprechende Struktur wird als *Composite Pattern* bezeichnet.

Eine binäre, homogene Relation R auf einer Menge M ist definiert als Teilmenge aller Paare (a, b) mit $a, b \in M$. Ein Beispiel:

$$R = \{(0, 2), (0, 4), (2, 4), (2, 3), (3, 4), (3, 0)\}$$

ist eine binäre Relation auf der Menge

$$M = \{0, 2, 3, 4\}.$$

Die generische abstrakte Basisklasse Relation beschreibt eine beliebige binäre Relation auf einer Menge M von Elementen vom Typ T:

```
public abstract class Relation<T> {
    public abstract boolean related(T a, T b);
    public abstract Set<T> elements();
}
```

related liefert genau dann true, wenn diese Relation (a, b) enthält. elements liefert die Menge M, auf der diese Relation definiert ist.

51.1 Aufgezählte Relation

Definieren Sie eine konkrete Klasse Simple, die von Relation abgeleitet ist und eine Relation repräsentiert, deren Elementpaare aufgezählt werden. Simple hat einen Konstruktor, der ein Array e als erstes Argument erhält. Die Elemente von e sind die Elemente der Menge M. Nach e folgt eine gerade Anzahl weiterer Argumente. Je zwei aufeinanderfolgende Argumente nennen zwei Elemente, die in Relation stehen. Ein Beispiel:

```
Relation<Integer> r = new Simple<Integer>(
    new Integer[] {0, 2, 3, 4},
    0, 2,
    0, 4,
    2, 4,
    2, 3,
    3, 4,
    3, 0);
System.out.println(r.related(0, 2));       // true
System.out.println(r.related(2, 0));       // false
```

Ignorieren Sie die Fehlerbehandlung und gehen Sie davon aus, dass alle Methoden mit zulässigen Argumenten aufgerufen werden.

Lösung

Die Klasse Simple ist von der abstrakten Basisklasse Relation abgeleitet:

```
public class Simple<T> extends Relation<T> {
    ...
```

Simple muss zum einen die Menge speichern, auf der die Relation definiert ist. Zum anderen müssen die Elementpaare gespeichert werden. Dafür gibt es verschiedene Möglichkeiten. Hier wird eine Map von Mengen benutzt: Die Schlüssel der Map sind die Elemente der Grundmenge M. Der zu einem Schlüssel gehörige Wert ist die Menge aller Elemente, die mit dem Schlüsselelement in Relation stehen:

```
private final Map<T, Set<T>> relatedTo = new HashMap<T, Set<T>>();
```

R würde beispielsweise folgendermaßen abgespeichert werden:

$\{0 \rightarrow \{2, 4\}\}$
$\{2 \rightarrow \{3, 4\}\}$
$\{3 \rightarrow \{0, 4\}\}$
$\{4 \rightarrow \{\}\}$

Der Konstruktor erhält ein Array e mit den Elementen der Grundmenge M sowie eine Liste der in Relation stehenden Elemente als *Vararg*-Parameter p:

```
public Simple(T[] e, T... p) {
    ...
```

Zunächst wird für jedes Element in e relatedTo mit leeren Mengen initialisiert:

```
for(T t: e)
    relatedTo.put(t, new HashSet<T>());
    ...
```

Schließlich werden alle Paare von aufeinanderfolgenden Elementen von p in
relatedTo eingetragen:

```
for(int i = 0; i < p.length; i += 2)
    relatedTo.get(p[i]).add(p[i + 1]);
}
...
```

Die Methode related sucht mit dem ersten Parameter a als Schlüssel in der
Map relatedTo. Nachdem im Konstruktor für jedes Element aus M ein Set als
Wert eingefügt wurde, kann das Ergebnis nicht null sein. Wenn im betreffenden
Set das zweite Element b gemäß contains enthalten ist, ist das Ergebnis true, an-
dernfalls false:

```
public boolean related(T a, T b) {
    return relatedTo.get(a).contains(b);
}
...
```

Die Auskunftsmethode elements gibt die Schlüsselmenge der Map zurück.

```
public Set<T> elements() {
    return relatedTo.keySet();
}
...
```

51.2   Reflexivität, Symmetrie und Transitivität

Definieren Sie drei Methoden, die bestimmte Eigenschaften von Relationen überprüfen:

- Eine Relation X auf M heißt »reflexiv«, wenn für jedes $a \in M$ gilt $(a, a) \in X$.
  Die in der vorhergehenden Teilaufgabe als Beispiel genannte Relation R ist
  nicht reflexiv, denn $(0, 0) \notin R$. Eine weitere Relation S auf M sei definiert
  durch:

  $$S = \{(0, 0), (2, 2), (2, 3), (3, 2), (3, 3), (4, 4)\}$$

  S ist reflexiv.
  Definieren Sie die Methode

  ```
  boolean isReflexive()
  ```

  die feststellt, ob eine Relation reflexiv ist.

▨ Eine Relation X heißt »symmetrisch«, wenn für jedes $(a, b) \in X$ auch gilt $(b, a) \in X$. R ist nicht symmetrisch, denn $(0, 2) \in R$, aber $(2, 0) \notin R$. S ist symmetrisch.

Definieren Sie die Methode isSymmetric entsprechend zu isReflexive.

▨ Eine Relation X heißt »transitiv«, wenn aus $(a, b) \in X$ und $(b, c) \in X$ folgt, dass auch $(a, c) \in X$. R ist nicht transitiv, denn $(0, 2) \in R$ und $(2, 3) \in R$, aber $(0, 3) \notin R$. S ist transitiv.

Definieren Sie die Methode isTransitive entsprechend zu isSymmetric.

Lösung

Die drei Methoden können in der Basisklasse Relation definiert werden.

isReflexive prüft in einer Schleife über alle Elemente der Menge, ob jedes Element mit sich selbst in Relation steht.[1] Wenn das für ein Element nicht zutrifft, wird sofort false zurückgegeben, andernfalls am Ende des Rumpfes true:

```
public boolean isReflexive() {
    for(T t: elements())
        if(!related(t, t))
            return false;
    return true;
}
```

isSymmetric testet für alle Elementpaare, ob die Beziehung in beiden Richtungen gleich ist:

```
public boolean isSymmetric() {
    for(T t: elements())
        for(T u: elements())
            if(related(t, u) != related(u, t))
                return false;
    return true;
}
```

isTransitive wird analog implementiert:

---

[1]Diese und die anderen Lösungen dieser Teilaufgabe sind etwas ineffizient implementiert. Einmal konstruierte Relationen ändern sich nicht, deshalb könnte das Ergebnis beim ersten Aufruf bestimmt, abgespeichert und später ohne neue Berechnung sofort zurückgeliefert werden.

```
public boolean isTransitive() {
    for(T t: elements())
        for(T u: elements())
            for(T v: elements())
                if(related(t, u) && related(u, v) && !related(t,v))
                    return false;
    return true;
}
```

51.3 Verkettete Relation

Zwei Relationen X_1 und X_2 auf der gleichen Menge M lassen sich zu einer neuen Relation $X_{1,2}$ auf M verketten: Genau dann, wenn $(a,b) \in X_1$ und $(b,c) \in X_2$, dann ist $(a,c) \in X_{1,2}$.

Leiten Sie von Relation eine Klasse Composed ab, die zwei Relationen auf diese Weise verknüpft. Der Konstruktor von Composed erhält zwei Relationen als Argumente. Ein Beispiel:

```
Relation<Integer> rs = new Composed<Integer>(r, s);
System.out.println(rs.related(0, 2));      // true
System.out.println(rs.related(2, 0));      // false

Relation<Integer> rsr = new Composed<Integer>(rs, r);
System.out.println(rsr.related(0, 2));     // false
System.out.println(rsr.related(2, 0));     // true
```

Lösung

Composed ist genauso wie Simple von der abstrakten Basisklasse Relation abgeleitet. Der Konstruktor erhält zwei Relationen und speichert diese in Instanzvariablen ab:[2]

```
public class Composed<T> extends Relation<T> {
    private final Relation<T> first;
    private final Relation<T> second;

    public Composed(Relation<T> fst, Relation<T> snd) {
        first = fst;
        second = snd;
    }
}
```

---

[2]Ein Test, ob die beiden an den Konstruktor übergebenen Relationen tatsächlich auf der gleichen Menge definiert sind, ist hier weggelassen.

related stellt fest, ob es ein Element x gibt, sodass (a, x) in first und (x, b) in second enthalten ist. Dazu werden alle x ausprobiert:[3]

```
public boolean related(T a, T b) {
    for(T x: elements())
        if(first.related(a, x)  &&  second.related(x, b))
            return true;
    return false;
}
```

elements fällt leicht: first und second sind vereinbarungsgemäß auf derselben Menge definiert. Deshalb kann wahlweise first.elements() oder second.elements() zurückgegeben werden:

```
public Set<T> elements() {
    return first.elements();
}
```

---

[3]Wieder gilt, dass diese Beziehung statisch ist und bereits im Konstruktor festgelegt werden könnte.

52 Ring-Queue

In dieser Aufgabe wird eine generische Containerklasse definiert. Ihre Kapazität wird beim Erzeugen festgelegt, im Gegensatz zu den Klassen des *Collection-Frameworks*. Um die Aufgabe überschaubar zu halten, wird nur ein minimaler Vorrat von Operationen verlangt. Dennoch müssen dabei die typischen Probleme bei der Implementierung einer generischen Datenstruktur gelöst werden.

Eine *Ring-Queue* ist ein Puffer mit einer festen Kapazität. In eine Ring-Queue kann man beliebig viele Elemente schieben. Sie werden hinten angefügt, bis die Kapazität der Ring-Queue erreicht ist. Dann wird das älteste Element stillschweigend mit dem neuen Element überschrieben. Benutzen Sie zur Lösung dieser Aufgabe keine Klassen aus dem *Collection-Framework*.

Definieren Sie eine generische Klasse RingQueue mit einem Konstruktor, der die Kapazität der Datenstruktur als int-Parameter akzeptiert. Definieren Sie einen weiteren Konstruktor, der eine beliebige Anzahl Elemente als Argumente akzeptiert und eine neue Ring-Queue mit diesen Elementen initialisiert. Die Anzahl der Argumente legt in diesem Fall auch gleichzeitig die Kapazität fest.

Geben Sie der Klasse über die Konstruktoren hinaus noch die folgenden Methoden:

size   Anzahl der momentan enthaltenen Elemente. Das Ergebnis liegt zwischen 0 und der im Konstruktor festgelegten Kapazität, wenn die Ring-Queue voll ist.

push   Schiebt ein neues Element in die Ring-Queue. Wenn die Ring-Queue bereits voll ist, wird dabei das älteste Element ersetzt. Andernfalls wird das neue Element angefügt. Die Anzahl der benutzten Elemente wächst nur dann an, wenn die Ring-Queue noch nicht voll besetzt war.+clear entleert die Ring-Queue. size liefert anschließend das Ergebnis 0. Die Kapazität bleibt unverändert.

get   Akzeptiert einen Parameter n und liefert für n = 0 das zuletzt eingefügte Element, für n = 1 das als vorletztes eingefügte Element und so weiter. n = size - 1 liefert das älteste Element der Ring-Queue. Achten Sie auf unzulässige Werte von n.

Im folgenden Codeausschnitt wird eine RingQueue mit drei Elementen angelegt und dann ausgegeben:

```
RingQueue<Integer> queue = new RingQueue<Integer>(1, 2, 3);
for(int i = 0;  i < queue.size();  i++)
    System.out.printf("%d ", queue.get(i));
```

Schreiben Sie eine Anwendung, die das zwanzigste Element der »Triple-Fibonacci-Folge« ausgibt. Die Folge ist definiert als:

$$f_0 = f_1 = f_2 = 1$$
$$f_n = f_{n-1} + f_{n-2} + f_{n-3} \text{ für } n \geq 3$$

Die jeweils letzten drei Elemente werden in einer Ring-Queue gespeichert. In jedem Schritt werden die drei letzten Elemente der Folge addiert und ergeben ein neues Element.

Lösung

Die Elemente einer Ring-Queue werden in einer Instanzvariablen buffer gespeichert, die als Array vom Elementtyp der Typvariablen T definiert ist. Arrays und generische Klassen passen in Java nicht sehr gut zusammen. Die entsprechenden Probleme werden in Anhang D (Seite 385) diskutiert. Die Instanzvariable capacity merkt sich die Länge des Arrays. buffer und capacity können final definiert werden, denn sie werden später nicht mehr verändert.[1]

Die Instanzvariable next enthält den Index des jeweils als Nächstes zu überschreibenden Elementes in buffer. Sie wird mit 0 initialisiert. used speichert die Anzahl der tatsächlich in buffer benutzten Elemente.

```
public class RingQueue<T> {
    private final T[] buffer;
    private final int capacity;
    private int next = 0;
    private int used;
    ...
```

Der erste Konstruktor erzeugt eine neue Ring-Queue der gegebenen Kapazität c. Die Datenstruktur ist leer, das heißt, null Elemente sind benutzt.

---

[1] final schützt die *Instanzvariable* buffer vor Änderungen, nicht aber den Inhalt des Arrays, das buffer referenziert. Der Instanzvariablen kann zwar kein neues Array zugewiesen werden, die Elemente des zugewiesenen Arrays können aber beliebig ersetzt und verändert werden.

```
    public RingQueue(int c) {
        capacity = c;
        buffer = (T[])new Object[c];
        used = 0;
    }
    ...
```

Im zweiten Konstruktor wird eine Anzahl Argumente übergeben, die im *Vararg*-Parameter a als fertiges, neu allokiertes Array abgeliefert werden. Mit diesem Array kann die Instanzvariable buffer initialisiert werden. Alle Elemente sind benutzt.

```
    public RingQueue(T... a) {
        capacity = a.length;
        buffer = a;
        used = a.length;
    }
    ...
```

Bei dieser Konstruktion ergibt sich ein mögliches Problem der Datenkapselung. Der Aufrufer könnte als Argument ein fertiges Array übergeben und selbst eine Referenz auf dieses Array behalten. Änderungen des Arrays beim Aufrufer werden dann auch in der Ring-Queue sichtbar. Als Lösung des Problems könnte der Konstruktor das übergebene Array komplett kopieren und nur die Kopie speichern. Allerdings kostet das in jedem Fall Zeit und Platz, auch wenn der Aufrufer keine Kopie braucht und wünscht.

Der Getter size liest die Anzahl der momentan benutzten Elemente aus der Instanzvariablen used:

```
    public int size() {
        return used;
    }
    ...
```

Ein neues Element wird an der von next angezeigten Indexposition in das Array buffer geschrieben und next um eine Position weiter geschoben. Falls dabei das letzte Array-Element benutzt wurde, wird mit dem ersten fortgefahren. next wird dazu auf 0 zurückgesetzt. Die Anzahl der benutzten Elemente wächst nur dann, wenn die Ring-Queue noch nicht voll besetzt war.

```
public void push(T t) {
    buffer[next] = t;
    next++;
    if(next >= capacity)
        next = 0;
    if(used < capacity)
        used++;
}
...
```

Eine Ring-Queue wird entleert, indem die Anzahl der benutzten Elemente auf 0 zurückgesetzt wird. Der Inhalt des Arrays buffer wird damit als ungültig erklärt. Die in next gespeicherte Indexposition ist nach außen nicht sichtbar und kann deshalb unverändert bleiben.

```
public void clear() {
    used = 0;
}
...
```

Etwas Sorgfalt erfordert das Auslesen eines Elementes via Index. Der Parameter n zählt zurück in der Reihenfolge, in der die Elemente eingetragen wurden. Negative Werte von n oder Werte jenseits der Kapazität sind unzulässig und werden mit einer Exception beantwortet. Stellt man sich das Array buffer zu einem Ring verknüpft vor, der im Uhrzeigersinn gefüllt wird, dann fände man das gewünschte Element immer $n + 1$ Positionen links von next. Sollte sich dabei ein negativer Index ergeben, muss er nur um die Array-Länge capacity erhöht werden, um das richtige Element zu erreichen:

```
public T get(int n) {
    if(n < 0)
        throw new IndexOutOfBoundsException();
    if(n >= used)
        throw new IndexOutOfBoundsException();
    n = next - (n + 1);
    if(n < 0)
        n += capacity;
    return buffer[n];
}
}
```

Damit ist die Definition der Klasse abgeschlossen.

Zur Berechnung des Triple-Fibonacci-Folge wird eine Ring-Queue mit drei int-Elementen definiert. In jedem Schleifendurchgang wird das älteste Element durch die Summe aller drei enthaltenen Elemente ersetzt. Sobald zwanzig Folgenglieder berechnet sind, wird das letzte ausgegeben:

```
public class TripleFibonacci {
    public static void main(String[] args) {
        RingQueue<Integer> t = new RingQueue<Integer>(1, 1, 1);
        int count = 3;
        while(count++ < 20)
            t.push(t.get(0) + t.get(1) + t.get(2));
        System.out.println(t.get(0));
    }
}
```

53 Listen und Warteschlangen

In dieser Aufgabe werden sortierte Listen und Warteschlangen behandelt. Ihre Schnittstelle orientiert sich an ähnlichen Klassen im *Collection-Framework*. Da die gespeicherten Elemente vergleichbar sein müssen, kommen *Typebounds* für die generischen Typvariablen ins Spiel. Schließlich werden Iteratoren für die neuen Collections definiert und das Zusammenspiel der verschiedenen generischen Klassen und Interfaces untersucht.

53.1   Geordnete Listen

Eine OrderedList ist eine Container-Datenstruktur mit Elementen vom Typ E, die stets in der Reihenfolge steigender Größe sortiert sind. Mehrere gleiche Elemente sind zulässig. OrderedList definiert die folgenden Methoden:

OrderedList<E> add(E e)
> Fügt das neue Element e in diese Liste ein. e wird an der richtigen Stelle einsortiert. Alle größeren Elemente rücken um eine Position nach hinten, die kleineren Elemente bleiben stehen. Die Methode liefert dieses Objekt zurück. Damit werden Kettenaufrufe möglich.

E get(int i)
> Liefert das Element an Indexposition i zurück.

E remove(int i)
> Löscht das Element an Indexposition i aus dieser Liste. Die nachfolgenden Elemente rücken um eine Position nach vorne und schließen die Lücke. Die Methode liefert das gelöschte Element zurück.

int size()
> Liefert die Anzahl der Elemente dieser Liste.

Definieren Sie ein Interface für geordnete Listen.

Schreiben Sie außerdem eine konkrete Klasse OrderedArrayList, die das Interface OrderedList implementiert. Zur Vereinfachung wird die maximale Anzahl Elemente einer OrderedArrayList im Konstruktor festgelegt. Speichern Sie die Elemente in einem Array.[1] Werfen Sie bei unzulässigen Methodenaufrufen passende Exceptions.

Das folgende Beispielprogramm zeigt den Umgang mit `OrderedArrayLists`:

```
OrderedList<Integer> olist = new OrderedArrayList<Integer>(10);
olist.add(3).add(2).add(4);

for(int i = 0; i < olist.size(); i++)
    System.out.println(olist.get(i));       // 2, 3, 4

OrderedList<Integer> olist2 = new OrderedArrayList<Integer>(10);
while(olist.size() > 0)
    olist2.add(olist.remove(0));

for(int i = 0; i < olist2.size(); i++)
    System.out.println(olist2.get(i));      // 2, 3, 4
```

Lösung

Damit die Elemente der Liste sortiert abgespeichert werden können, müssen sie der Größe nach vergleichbar sein. Wie schon in Aufgabe 50.2 (»Median«, Seite 325) diskutiert, eignet sich dafür ein *Typebound* mit einem *Wildcard*-Parameter. Das Interface `OrderedList` kann damit folgendermaßen definiert werden:[2]

```
public interface OrderedList<E extends Comparable<? super E>> {
    OrderedList<E> add(E el);
    E get(int i);
    E remove(int i);
    int size();
}
```

Die konkrete Klasse `OrderedArrayList` implementiert das Interface `OrderedList`, deshalb muss die Elementklasse `E` wieder das Interface `Comparable` implementieren:

```
public class OrderedArrayList<E extends Comparable<? super E>>
        implements OrderedList<E> {
    ...
```

Die Elemente der Liste werden in einem Array gespeichert. Die Variable used gibt an, wie viele Plätze des Arrays belegt sind. Zu Beginn ist der Container leer, das heißt, es sind null Elemente belegt:

---

[1]Die Klasse `OrderedArrayList` könnte mit wenig Aufwand auf vordefinierte Klassen des *Collection-Frameworks* gestützt werden. Das Ziel dieser Aufgabe ist allerdings, ohne deren Hilfe auszukommen.

[2]Die semantische Invariante $get(i) \leq get(j)$ für $i < j$ kann in Java nicht syntaktisch formuliert werden.

```
private final E[] elements;
private int used = 0;
...
```

Der Konstruktor erhält die Kapazität der Liste als Parameter. Er legt ein Array dieser Größe an.[3]

```
public OrderedArrayList(int capacity) {
    elements = (E[])new Comparable[capacity];
}
...
```

size ist eine *Getter*-Methode für die Instanzvariable used:

```
public int size() {
    return used;
}
...
```

add prüft zuerst, ob das Aufruf-Argument null ist oder die Liste voll ist. Beides führt zu einer RuntimeException:

```
public OrderedList<E> add(E e) {
    if(e == null)
        throw new NullPointerException("cannot add null");
    if(used == elements.length)
        throw new IllegalArgumentException("list overflow");
    ...
```

Dann wird die Einfügeposition i für das neue Elemente e gesucht. Die bereits vorhandenen Elemente werden von hinten nach vorne mit e verglichen, solange der Anfang der Liste nicht erreicht und das neue Element e kleiner als das aktuell betrachtete Listenelement ist. Gleichzeitig werden die größeren Array-Elemente nach hinten verschoben ...

```
int i = used;
while(i > 0  && e.compareTo(elements[i - 1]) < 0) {
    elements[i] = elements[i - 1];
    i--;
}
...
```

... und e an der frei gewordenen Position eingefügt. Zur Buchführung muss der Zähler used inkrementiert werden.

---
[3]Bezüglich der Art der Allokierung siehe Anhang D (Seite 385).

```
        elements[i] = e;
        used++;
        return this;
    }
    ...
```

get überprüft, ob der Index i zulässig ist, und liefert dann das entsprechende Array-Element zurück:

```
    public E get(int i) {
        if(i < 0  ||  i >= used)
            throw new IndexOutOfBoundsException();
        return elements[i];
    }
    ...
```

Um ein Element zu entfernen, wird es für die Rückgabe in einer temporären Variablen result gesichert. Dann werden die nachfolgenden Elemente um eine Position nach vorne verschoben und der Zähler korrigiert.

```
    public E remove(int i) {
        E result = get(i);
        for(int k = i + 1;  k < used;  k++)
            elements[k - 1] = elements[k];
        used--;
        return result;
    }
}
```

53.2   Geordnete Warteschlangen

Eine OrderedQueue ist, ebenso wie OrderedList, ein Container für Elemente eines Typs E. Sie lässt allerdings keinen wahlfreien Zugriff mit Indizes zu, sondern definiert die folgenden Methoden:

OrderedQueue<E> offer(E... e)
>   e ist ein *Vararg*-Parameter, der beliebig viele Argumente akzeptiert, die alle in diese Schlange eingefügt werden. offer liefert dieses Objekt zurück.

E poll()
>   Entfernt das kleinste Element aus dieser Schlange und liefert es zurück.

int size()
>   Liefert die Anzahl der Elemente dieser Schlange.

Definieren Sie ein Interface für derartige Schlangen.

Schreiben Sie eine konkrete Klasse OrderedArrayQueue, die das Interface OrderedQueue implementiert. Auch diese Klasse speichert nur eine feste Maximalzahl Elemente, die im Konstruktor fixiert wird.

Das folgende Beispielprogramm zeigt den Umgang mit OrderedArrayQueues:

```
OrderedQueue<String> oqueue = new OrderedArrayQueue<String>(10);
oqueue.offer("Li").offer("H").offer("He").offer("Be", "B", "C");
System.out.println(oqueue.size());      // 6
while(oqueue.size() > 1)
    System.out.println(oqueue.poll());  // B, Be, C, H, He
System.out.println(oqueue.size());      // 1
System.out.println(oqueue.poll());      // Li
```

Lösung

Das Interface OrderedQueue entspricht weitgehend der OrderedList. Nachdem poll auf ein »kleinstes« Element Bezug nimmt, müssen die Elemente vergleichbar sein. Ein *Typebound* des Typparameters stellt sicher, dass E das Interface Comparable implementiert.

```
public interface OrderedQueue<E extends Comparable<? super E>> {
    OrderedQueue<E> offer(E... e);
    E poll();
    int size();
}
```

Die konkrete Klasse OrderedArrayQueue arbeitet recht ähnlich wie eine OrderedArrayList, bietet aber andere Methoden und insbesondere *keinen* wahlfreien Zugriff. Vererbung wäre hier fehl am Platz, denn dann könnte der Indexzugriff nicht verhindert werden. Stattdessen wird in OrderedArrayQueue eine OrderedArrayList als Instanzvariable eingebettet und ein großer Teil der Funktionalität an diese Liste »delegiert«:

```
public class OrderedArrayQueue<E extends Comparable<? super E>>
        implements OrderedQueue<E> {
    private final OrderedList<E> list;
    ...
```

Im Konstruktor wird eine OrderedArrayList der verlangten Größe erzeugt. Die OrderedArrayQueue speichert die Elemente also nicht selbst:

```
    public OrderedArrayQueue(int capacity) {
        list = new OrderedArrayList<E>(capacity);
    }
    ...
```

`poll` und `size` »delegieren« die Arbeit an entsprechende `OrderedArrayList`-Methoden:

```
    public E poll() {
        return list.remove(0);
    }

    public int size() {
        return list.size();
    }
    ...
```

`offer` bietet gegenüber `add` den Luxus eines *Vararg*-Parameters. In einer Schleife wird für jedes Argument ein add-Aufruf abgesetzt:

```
    public OrderedQueue<E> offer(E... elements) {
        for(E e: elements)
            list.add(e);
        return this;
    }
}
```

53.3 Iteratoren

Zum »Durchlaufen« der Elemente stellen viele Containerklassen Iteratoren zur Verfügung. Erweitern Sie die bisher definierten Interfaces und Klassen um entsprechende Funktionalität. Besondere Bequemlichkeit bietet das Interface `Iterable`, das die Verarbeitung in *foreach*-Schleifen ermöglicht.

Damit lässt sich eine `OrderedList` folgendermaßen ausgeben:

```
OrderedList<Integer> ol = new OrderedArrayList<Integer>(10);
ol.add(3).add(2).add(4);
for(int i: ol)
    System.out.println(i);      // 2, 3, 4
```

Das folgende Programmfragment gibt die Primzahlen bis 100 aus. Es implementiert das »Sieb des Eratosthenes« (siehe Seite 199):

```
OrderedQueue<Integer> q = new OrderedArrayQueue<Integer>(100);
for(int i = 2;  i < 100;  i++)
    q.offer(i);
while(q.size() > 0) {
    int p = q.poll();
    System.out.println(p);
    for(Iterator<Integer> i = q.iterator();  i.hasNext();)
        if(i.next()%p == 0)
            i.remove();
}
```

Lösung

Die beiden Interfaces erben vom Interface Iterable. Auf die existierenden Methoden hat das keinen Einfluss:

```
public interface OrderedList<E extends Comparable<? super E>>
    extends Iterable<E>
...
```

Die konkreten Klassen müssen jetzt zusätzlich die Methode iterator definieren. Diese liefert als Ergebnis ein Objekt, das das Interface Iterator implementiert:

```
public class OrderedArrayList { ...
    ...
    public Iterator<E> iterator() {
        ...
```

Die konkrete Klasse des zurückgegebenen Objektes ist unerheblich, nur die Kompatibilität zum Interface Iterator zählt. Man könnte eine neue, getrennte Klasse definieren, die allerdings keinen Zugriff auf die privaten Bestandteile von OrderedArrayList hätte. Leichter fällt das mit einer inneren Klasse, die aber nur hier, das heißt an einem einzigen Punkt, gebraucht wird. In einer solchen Situation reicht ein anonymes Objekt aus, das in einem Zug erzeugt und sofort verwendet wird:

```
        return new Iterator<E>() {
            ...
```

Jeder Iterator führt in der Instanzvariablen at Buch über den Index des Elementes, vor dem er momentan steht.

```
            private int at = 0;
            ...
```

Solange die Position das Ende der Liste noch nicht erreicht hat, können weitere Elemente geliefert werden:

```java
public boolean hasNext() {
    return at < size();
}
...
```

next holt das nächste Element und rückt den Iterator vor:

```java
public E next() {
    return get(at++);
}
...
```

Die Methode remove der anonymen Klasse löscht das zuletzt vom Iterator über-querte Element. Das nachfolgende Element, das der Iterator noch nicht erfasst hat, rückt dabei in die Lücke. Deshalb wird der Iterator um eine Position zurück-gesetzt. Dieses remove *verschattet* die gleichnamige Methode der äußeren Klasse OrderedArrayList. Um remove in OrderedArrayList dennoch aufrufen zu können, ist eine ungewöhnliche Syntax nötig:

```java
public void remove() {
    at--;
    OrderedArrayList.this.remove(at);
}
    };
    }
}
```

Auch die Klasse OrderedArrayQueue muss die Methode iterator definieren. Wie bei den anderen Methoden dieser Klasse kann auch dieser Aufruf an das eingebettete Objekt list delegiert werden:

```java
public class OrderedArrayQueue ... {
    ...
    public Iterator<E> iterator() {
        return list.iterator();
    }
}
```

54 Algebraische Strukturen

Algebraische Strukturen (Gruppen, Ringe, Körper, Vektorräume etc.) werden abstrakt durch ihre Eigenschaften und Operationen definiert. Sie können deshalb durch Java-Interfaces beschrieben werden. Ihre hierarchische Beziehung zueinander kann durch Vererbung modelliert werden. Konkrete algebraische Strukturen, beispielsweise der Ring der reellen Polynome, werden durch konkrete Klassen modelliert. Verknüpfungen, z.B. Addition oder Multiplikation, sind nur für Objekte derselben Klasse definiert – man kann keine Zahlen zu Vektoren addieren, auch wenn beide Gruppen bilden. Diese Verträglichkeit kann zur Compilezeit überprüft werden, wenn generische Typen für die Modellierung algebraischer Strukturen verwendet werden.

Die folgenden Aufgaben beleuchten das Zusammenspiel zwischen Vererbung (dynamische Typbindung) und Generics (statische Typüberprüfung).

Es gibt einen ganzen Zoo algebraischer Strukturen. Von diesen werden exemplarisch drei ausgewählt und ihre Beziehungen modelliert. Eine informelle Definition lautet:[1]

- Eine additiv geschriebene *Gruppe* (*group*) ist eine Menge, in der man zwei Elemente »addieren« und »subtrahieren« kann.
  Beispiele sind die ganzen Zahlen mit der Addition und die Permutationen von drei Zahlen bezüglich der Komposition.
- Ein kommutativer *Ring* (*ring*) ist eine Menge, in der man zwei Elemente »addieren«, »subtrahieren« und »multiplizieren« kann.
  Beispiele sind die ganzen Zahlen mit Addition und Multiplikation, Polynome mit reellen oder ganzzahligen Koeffizienten und $n \times n$-Matrizen mit ganzzahligen Koeffizienten.
- Ein *Körper* (*field*) ist eine Menge, in der man zwei Elemente »addieren«, »subtrahieren«, »multiplizieren« und »dividieren«[2] kann.
  Beispiele sind die reellen Zahlen mit Addition und Multiplikation und die Menge $\{0, 1\}$ mit Addition und Multiplikation modulo 2.

---

[1]Mathematische Definitionen finden Sie in Algebra-Büchern.

[2]Division durch 0, das »neutrale Element« der Addition, ist nicht definiert.

54.1   Gruppe, Ring und Körper

Da die algebraischen Strukturen abstrakt beschrieben werden, liegt eine Modellierung durch Interfaces nahe.

Definieren Sie generische Interfaces für die drei Strukturen Gruppe, Ring und Körper. Stellen Sie durch *Typebounds* sicher, dass nur gleichartige Elemente (aus derselben Gruppe, demselben Ring und demselben Körper) miteinander verknüpft werden können.

Lösung

Ein Ring erweitert eine Gruppe um Multiplikation, ein Körper einen Ring um Division. Für die entsprechenden Interfaces Group, Ring und Field liegen Ableitungsbeziehungen nahe:

```
public interface Group {
    Group add(Group x);
    Group sub(Group x);
    boolean isZero();
}


public interface Ring extends Group {
    Ring mult(Ring x);
    boolean isOne();
}


public interface Field extends Ring {
    Field div(Field x);
}
```

In dieser Form, das heißt als nichtgenerische Interfaces, werden die mathematischen Eigenschaften allerdings nur ungenügend abgebildet. Nehmen Sie an, die Gruppen der ganzen Zahlen und der Permutationen wären als konkrete Klassen definiert, die beide das Interface Group implementieren:

```
public class IntGroup implements Group { ... }
public class Permutation implements Group { ... }
```

Jetzt können unterschiedliche Gruppenarten verknüpft werden, obwohl das nicht zulässig sein sollte:

```
Group i = new IntGroup();
Group p = new Permutation();
i = i.add(p);            // nicht sinnvoll!
```

Mit Generics kann ein Teil der mathematischen Intention auf die statische Typ-prüfung von Java übertragen werden. Das Interface Group wird mit einem Typparameter G versehen, der mit dem *Typebound* »extends Group<G>« auf eine Gruppe der *gleichen* Art eingeschränkt ist. Die Methoden im Interface akzeptieren ausschließlich Argumente des Typs G und liefern ein Ergebnis des gleichen Typs:

```
public interface Group<G extends Group<G>> {
    G add(G other);
    G sub(G other);
    boolean isZero();
}
```

Der oben gezeigte Ausdruck i.add(p) wird jetzt vom Compiler als unzulässig abgewiesen.

Das Interface Ring ist ebenfalls generisch mit einem entsprechend eingeschränkten Typparameter. Weiterhin ist es von Group abgeleitet:

```
public interface Ring<R extends Ring<R>> extends Group<R> {
    R mult(R other);
    boolean isOne();
}
```

Die Definition von Field folgt der gleichen Idee wie Ring:

```
public interface Field<F extends Field<F>> extends Ring<F> {
    F div(F other);
}
```

54.2   Der Körper $\mathbf{Z}_2$

Der kleinste endliche Körper heißt $\mathbf{Z}_2$ oder $GF(2)$ (*Galois Field*). Er hat 2 Elemente, die mit 0 und 1 bezeichnet werden. Man kann ihn sich als Menge der ganzen Zahlen $\{0, 1\}$ mit Addition und Multiplikation modulo 2 vorstellen. Die Subtraktion stimmt mit der Addition überein, die Division mit der Multiplikation. Durch 0 darf nicht dividiert werden.

Modellieren Sie $\mathbf{Z}_2$ durch eine Klasse Z2, die das Interface Field implementiert.

Lösung

```
public class Z2 implements Field<Z2> {
    public final static Z2 ZERO = new Z2(0);
    public final static Z2 ONE = new Z2(1);
    private final int value;

    public Z2(int i) {
        value = Math.abs(i%2);
    }
    ...
```

Der Konstruktor akzeptiert eine beliebige ganze Zahl, die er auf die Repräsentanten 0 oder 1 normiert.

Die Methoden isZero und isOne vergleichen das Zielobjekt mit den Konstanten ZERO bzw. ONE.

```
public boolean isZero() {
    return this.equals(ZERO);
}

public boolean isOne() {
    return this.equals(ONE);
}
...
```

Sie machen Gebrauch von der redefinierten Methode equals (siehe auch Anhang D (Seite 383):

```
public boolean equals(Object x) {
    if(x == null)
        return false;
    if(x.getClass() != getClass())
        return false;
    Z2 other = (Z2)x;
    return other.value == value;
}
...
```

Im Zuge von equals wird auch hashCode redefiniert:

```
public int hashCode() {
    return value;
}
...
```

Die arithmetischen Operationen kapseln die Arithmetik modulo 2:

```
public Z2 add(Z2 other) {
    return new Z2(value + other.value);
}

public Z2 div(Z2 other) {
    if(other.isZero())
        throw new ArithmeticException("division by zero");
    return mult(other);
}
    ...
```

Die toString-Methode gibt die Instanzvariable value als String zurück:

```
public String toString() {
    return Integer.toString(value);
}
}
```

54.3 Aufzählungstyp

Der Körper $\mathbf{Z}_2$ hat genau zwei Elemente. Eine alternative Lösung stellt zwei Objekte für diese beiden Elemente zur Verfügung und verhindert, dass weitere Objekte geschaffen werden. Diese Anforderungen werden von einem Aufzählungstyp erfüllt. Definieren Sie einen enum-Typ Z2e, der die gleichen Eigenschaften wie Z2 hat.

Lösung

Ein Aufzählungstyp kann Interfaces implementieren wie jeder Typ. Z2e implementiert das Interface Field<Z2e>. Der Aufzählungstyp hat die beiden Elemente ZERO und ONE.

```
public enum Z2e implements Field<Z2e> {
    ZERO, ONE;
    ...
```

Die Addition von zwei gleichen Werten liefert 0, ansonsten ergibt sich 1. Die Subtraktion wird auf die Addition zurückgeführt:

```
    public Z2e add(Z2e other) {
        return this == other? ZERO:  ONE;
    }


    public Z2e sub(Z2e other) {
        return add(other);
    }
    ...
```

Die Tests `isZero` und `isOne` vergleichen die Identität der Objekte, nachdem es nur zwei verschiedene Objekte gibt:

```
    public boolean isZero() {
        return this == ZERO;
    }


    public boolean isOne() {
        return this == ONE;
    }
    ...
```

Multiplikation und Division arbeiten entsprechend den anderen arithmetischen Methoden:

```
    public Z2e mult(Z2e other) {
        return this == ZERO  ||  other == ZERO? ZERO:  ONE;
    }


    public Z2e div(Z2e other) {
        if(other == ZERO)
            throw new ArithmeticException("division by zero");
        return mult(other);
    }
}
```

Die Definition von `equals` erübrigt sich. Die ererbte Defaultimplementierung vergleicht Objektreferenzen und reicht bei Aufzählungstypen aus.

54.4 Der Körper $\mathbb{Z}_p$

Der Körper $\mathbb{Z}_2$ ist nur ein Spezialfall eines endlichen Körpers. Für jede Primzahl p bildet die Menge $\mathbf{Z}_p = \{0, 1, \ldots, p-1\}$ mit der Addition und Multiplikation modulo p einen Körper. Das multiplikativ inverse Element i^{-1} eines Elements i kann durch Potenzieren berechnet werden:

$$i^{-1} = i^{p-2} \bmod p \quad \text{für } i \neq 0$$

Zum Beispiel ist in $\mathbf{Z}_5$ der »Kehrwert« von 2:

$$2^{5-2} \bmod 5 = 2^3 \bmod 5 = 8 \bmod 5 = 3,$$

denn

$$2 \cdot 3 \bmod 5 = 6 \bmod 5 = 1.$$

Modellieren Sie $\mathbf{Z}_p$ durch eine Klasse Zp, die das Interface Field implementiert. Das Codefragment

```
int p = 5;
Zp i1 = new Zp(p, 3);
Zp i2 = new Zp(p, 2);
System.out.println(i1 + " / " + i2 + " = " + i1.div(i2));
```

erzeugt die Ausgabe 3 / 2 = 4, denn $3 \cdot 2^{-1} \bmod 5 = 3 \cdot 3 \bmod 5 = 9 \bmod 5 = 4$.

Lösung

Für jede der unendlich vielen Primzahlen p gibt es einen Körper $\mathbf{Z}_p$. Die Klasse Zp repräsentiert daher unendlich viele Typen gleichzeitig. In Java kann allerdings als Typargument nur ein Referenztyp angegeben werden, aber kein primitiver Wert wie eine Primzahl.[3] Die Primzahl p wird deshalb im Konstruktor übergeben und in der Instanzvariablen prime gespeichert:

```
public class Zp implements Field<Zp> {
    private final int prime;
    private final int value;

    public Zp(int p, int i) {
        if(!isPrime(p))
            throw new IllegalArgumentException("not a prime: " + p);
        prime = p;
        value = (i%p + p)%p;
    }
    ...
```

Der Modulus-Operator von Java % liefert für ein negatives Argument i ein negatives Ergebnis. Dieser Sonderfall wird durch Addition von p und eine zweite Anwendung des Operators ausgeglichen.

Aus mathematischer Sicht können Elemente aus unterschiedlichen $\mathbf{Z}_p$ nicht sinnvoll kombiniert werden. Für den Java-Compiler sind dagegen alle Zp-Objekte kompatibel. Mit einem Test können derartige Fehler wenigstens zur Laufzeit erkannt werden:

---

[3]C++ erlaubt auch Konstanten als *Template*-Parameter.

```
public Zp mult(Zp f) {
    if(prime != f.prime)
        throw new IllegalArgumentException("different field");
    return new Zp(prime, value*f.value);
}
...
```

Die Division kann auf die Multiplikation zurückgeführt werden. Für die Inversenbestimmung in der Methode inverse wird die Potenzfunktion aus Aufgabe 13 (»Potenzieren«, Seite 46) verwendet.

```
public Zp div(Zp f) {
    if(f.isZero())
        throw new ArithmeticException("division by zero");
    return mult(f.inverse());
}

public Zp inverse() {
    if(isZero())
        throw new ArithmeticException("division by zero");
    return new Zp(prime, pow(value, prime - 2, prime));
}

public boolean isZero() {
    return value == 0;
}
...
```

Der Vergleich von zwei Objekten mit equals (siehe Anhang D, Seite 383) bezieht den Wert und die Primzahl ein:

```
public boolean equals(Object x) {
    if(x == null)
        return false;
    if(x.getClass() != getClass())
        return false;
    Zp other = (Zp)x;
    return other.value == value  &&  other.prime == prime;
}
...
```

Das Gleiche gilt für die Methode hashCode (siehe Anhang D, Seite 384):

```
public int hashCode() {
    int hash = 17;
    hash = 53*hash + prime;
    hash = 53*hash + value;
    return hash;
    }
}
```

54.5 Polynomringe

In Aufgabe 26 (»Polynom«, Seite 141) wurden Polynome mit reellen Koeffizienten behandelt. Die Polynome mit Koeffizienten aus beliebigen Körpern bilden einen Ring.[4] Implementieren Sie eine Klasse

```
public class Polynomial<F extends Field<F>>
        implements Ring<Polynomial<F>> { ... }
```

Bei geeignet definierter toString-Methode liefert das Programm

```
public static void main(String[] args)
    int p = 5;
    Zp z1 = new Zp(p, 2);
    Zp z2 = new Zp(p, 1);
    Polynomial<Zp> u = new Polynomial<Zp>(z1, z2, z1); // 2 + x + 2x²
    Polynomial<Zp> v = new Polynomial<Zp>(z2, z1, z2); // 1 + 2x + x²
    System.out.printf("[%s] * [%s] = [%s]%n", u, v, u.mult(v));
```

die Ausgabe:

```
[2 + 1x^1 + 2x^2] * [1 + 2x^1 + 1x^2] = [2 + 0x^1 + 1x^2 + 0x^3 + 2x^4]
```

Lösung

Die Implementierung erfolgt analog zu Aufgabe 26, deshalb wird hier besonders auf die Unterschiede eingegangen, die durch die Generics bedingt sind.

Auf die Konstanten Zero und One muss verzichtet werden, da generische Klassen keine statischen Variablen definieren dürfen, die von Typvariablen abhängen. Im Konstruktor werden Koeffizienten aus dem *Vararg*-Parameter c in ein Array kopiert, das an die Instanzvariable a zugewiesen wird. Dabei werden schließende 0-Koeffizienten weggelassen.

---

[4]Wenn man auf die Division mit Rest verzichtet, dürfen die Koeffizienten sogar aus einem Ring sein.

```
public class Polynomial<F extends Field<F>>
        implements Ring<Polynomial<F>> {
    private final F[] a;

    public Polynomial(F... c) {
        a = Arrays.copyOf(c, length(c));
    }
    ...
```

Die Hilfsmethode length bestimmt den höchsten Index der nicht verschwinden-
den Koeffizienten. Überflüssige 0-Koeffizienten werden also ignoriert. Dazu verwendet length die Methode isZero des Körpers F. Obwohl die Methode length
auf keine Instanzvariablen zugreift, kann sie nicht statisch definiert werden, da F
eine Typvariable ist.

```
private int length(F[] a) {
    int d = a.length - 1;
    while(d >= 0  &&  a[d].isZero())
        d--;
    return d + 1;
}
```

Die Methoden isZero und isOne können nicht mehr durch den Vergleich mit den
nicht mehr existierenden Konstanten Zero und One realisiert werden. Stattdessen
wird die Anzahl der Koeffizienten (keine für das Nullpolynom) überprüft. isOne
delegiert die Null-Abfrage an den einzigen Koeffizienten:

```
public boolean isZero() {
    return a.length == 0;
}

public boolean isOne() {
    return a.length == 1  &&  a[0].isOne();
}
```

Die arithmetischen Operationen add, sub und mult können direkt implementiert
werden. Ist einer der Operanden das neutrale Element, wird der andere zurückgegeben. Sonst wird zunächst ein Koeffizienten-Array ausreichender Größe angelegt, dann werden die Koeffizienten berechnet und daraus das Rückgabepolynom
erzeugt.

Ist bei der Addition einer der beiden Summanden null, so ist der andere das
Ergebnis.

```
public Polynomial<F> add(Polynomial<F> p) {
    if(isZero())
        return p;
    if(p.isZero())
        return this;
    ...
```

Andernfalls wird ein Array b für die Koeffizienten des Summenpolynoms allo-kiert.[5] In einer Schleife werden dann korrespondierende Koeffizienten addiert, wobei zu berücksichtigen ist, dass die Summanden-Polynome unterschiedlichen Grad haben können:

```
    int degree = Math.max(degree(), p.degree());
    F[] b = (F[])new Field[degree + 1];
    for(int i = 0;  i <= degree;  i++)
        if(i > degree())
            b[i] = p.get(i);
        else if(i > p.degree())
            b[i] = get(i);
        else
            b[i] = get(i).add(p.get(i));
    return new Polynomial<F>(b);
}
```

Ganz entsprechend wird die Multiplikation abgewickelt:

```
public Polynomial<F> mult(Polynomial<F> p) {
    if(isZero() || p.isZero())
        return new Polynomial<F>();
    if(isOne())
        return p;
    if(p.isOne())
        return this;
    int d = degree() + p.degree();
    F[] b = (F[])new Field[d + 1];
    for(int i = 0;  i <= degree();  i++)
        for(int j = 0;  j <= p.degree();  j++)
            if(b[i + j] == null)
                b[i + j] = get(i).mult(p.get(j));
            else
                b[i + j] = b[i + j].add(get(i).mult(p.get(j)));
    return new Polynomial<F>(b);
}
```

---

[5]Auf die Gründe für die etwas umständliche Art, dieses Array zu erzeugen, wird in Anhang D (Seite 385) eingegangen.

Teil IX

Anhang

A   Glossar

Alias   Mehrfacher Name für ein und dasselbe Objekt. Entsteht zum Beispiel durch Zuweisung einer Referenz an verschiedene Variablen.

Anonyme Klasse

Namenlose Klasse, für die nur ein einziges Objekt angelegt wird. Sie wird an der Stelle der Objektinstanziierung als Ableitung eines Basistyps (Klasse oder Interface) definiert.

API (*application programming interface*)

Signaturen von Methoden und anderen öffentlichen Elementen einer Klassenbibliothek. Oft bezogen auf die umfassende Bibliothek, die mit dem JDK von Sun Microsystems geliefert wird.

Argument

Ausdruck beim Aufruf einer Methode, dessen Wert für die Dauer des Aufrufs an den korrespondierenden Parameter zugewiesen wird.

Backtracking

Meist rekursiv implementierter Durchlauf eines baumartig strukturierten Suchraumes.

Bibliotheksmethode

Methode einer Klasse, die in einer externen Sammlung definiert ist. In diesem Text sind damit Methoden aus der mit dem JDK gelieferten Klassenbibliothek gemeint.

Bitmaske

Ganzzahliger Wert, dessen einzelne Bits eine bestimmte Bedeutung tragen. Der numerische Wert ist in der Regel nicht interessant.

Bitshift-**Operator**

Java-Operatoren, die die Bitdarstellung von ganzzahligen Werten nach links (<<) oder rechts (>>) verschieben. Die Variante >>> füllt die frei werdenden Bits am linken Rand mit 0 auf, >> mit Kopien des am weitesten links stehenden Bits.

Bytecode

Systemneutraler, binärer Assemblercode, den der Java-Compiler aus Quelltext erzeugt. Wird von der JVM ausgeführt.

CamelCode
> In Java-Code übliche Schreibweise von Bezeichnern, bei der Teilwörter lückenlos aneinandergesetzt werden und jeweils mit Großbuchstaben beginnen, wie zum Beispiel in *CamelCode*.

checked exception
> Exception, die mit `catch` gefangen oder im Methodenkopf angekündigt werden *muss*. Technisch abgeleitet von `Throwable`, aber nicht von `RuntimeException` oder `Error`.

Cloning Mechanismus zum Erzeugen einer unabhängigen Kopie eines vorhandenen Objektes. Wird in Java über die komplizierte Methode `clone` abgewickelt. Unnötig bei unveränderlichen Klassen.

Collection-Framework
> Container-Typen und Algorithmen im Package von `java.util`, deren Hauptaufgabe die Verwaltung von Sammlungen von Elementen ist. Populäre Beispiele sind `ArrayList` und `HashSet`.

Container-Typ
> Typ, der Elemente eines anderen Typs speichert und verwaltet. Beispiele sind Arrays und die Klassen im *Collection-Framework*.

Conversion
> Umwandlung eines Wertes eines Typs in einen anderen. Wird für numerische Typen automatisch ausgeführt, wenn kein Informationsverlust auftritt.[1] Andernfalls muss die Konvertierung mit einem *Typecast* explizit verlangt werden, sofern es überhaupt möglich ist.

Copy-**Konstruktor**
> siehe Kopierkonstruktor.

Ctor Abkürzung für »Konstruktor«.

Custom-Konstruktor
> Konstruktor mit einem oder mehreren Parametern.

Dekrementieren
> Verringern des Wertes einer ganzzahligen Variablen um 1.

Defaultkonstruktor
> Konstruktor mit leerer Parameterliste.

Design Pattern
> Arrangement von Klassen, Interfaces und Methoden, das sich für einen bestimmten Zweck bewährt hat.

Directory
> Synonym für »Ordner« oder »Folder« in einem Filesystem.

---

[1]Bei der Konvertierung von Ganzzahlen in Gleitpunktzahlen wird manchmal Informationsverlust in Kauf genommen. Zum Beispiel wird `long` implizit in `float` konvertiert, obwohl dabei niederwertige Ziffern verloren gehen können.

Dynamisches Binden

Auswahl einer Methode zur Laufzeit entsprechend dem tatsächlichen Typ des Zielobjektes (zentraler Mechanismus in objekt-
orientierten Sprachen). Wird nicht angewendet bei Konstruktoren, `private`- und `static`-Methoden.

Elementtyp

Typ der Bestandteile einer größeren Datenstruktur, die in der
Regel die Rolle des »Besitzers« der Elemente spielt.

Encoding

Konkrete Abbildung zwischen numerischen Zeichencodes und
Bytefolgen. Beispiele sind ASCII, Latin-1 und UTF-8.

Entwurfsmuster

Siehe *Design Pattern*.

Exception-Signatur

Mit `throws` eingeleiteter Zusatz zum Methodenkopf, der die Art
der potenziell aus dem Methodenrumpf geworfenen Exceptions
auflistet. Pflicht für *checked exceptions*, optional für *unchecked
exceptions*.

fall-through

Fehlendes `break` am Ende einer Alternative in einem `switch`.

Filesystem

Organisationsform von Files und anderen Informationen auf einem Datenträger. Praktisch alle Filesysteme sind heute hierarchisch, das heißt, sie gruppieren Files in geschachtelte Directories, Subdirectories usw.

Filterklassen

Klassen im Package `java.io`, die keine konkrete Datenquelle
oder -senke repräsentieren, sondern Daten durchreichen und dabei auf bestimmte Art manipulieren.

foreach-Schleife

Mit Java 5 eingeführte Kurzform für einfache Schleifen, in denen die Laufvariable nicht sichtbar ist. Lässt sich mit Arrays und
allen Klassen anwenden, die das Interface `Iterable` implementieren.

Framework

Sammlung von Typen, die gewisse Grundfunktionen bieten und
die Erweiterung um neue, benutzerdefinierte Funktionalität vor-
sehen.

Ganzzahlige Division

Anwendung des Divisionsoperators auf ganzzahlige Operanden.
Liefert nur den ganzzahligen Anteil des Quotienten ohne den
Nachkommaanteil, wie zum Beispiel 23/4→5.

Generische Klasse

Klassendefinition mit Typparametern, die später durch verschiedene konkrete Typen ersetzt werden können (ebenso »generisches Interface«).

Generische Methode

Einzelne Methode mit einem Typparameter, der beim Aufruf durch ein konkretes Typargument ersetzt wird.

Generischer Typ

Generische Klasse (Interface) mit konkreten Typargumenten, die zusammen eine Typangabe liefern.

Geschachtelte Klasse

Statische Klassendefinition innerhalb einer anderen Klassendefinition. Im Gegensatz zu einer »inneren Klasse« ist ein Objekt einer geschachtelten Klasse unabhängig von Objekten der äußeren Klasse.

Getter Auskunftsmethode für eine einzelne Eigenschaft eines Objektes. Besteht oft nur aus einer Zeile, die den Wert einer Instanzvariablen zurückliefert.

Hashcode

Kennnummer eines Objektes, möglichst unterschiedlich für logisch verschiedene Objekte. Gekoppelt an die Definition von `equals`.

Hostname

Symbolischer Name für einen Rechner im Netzwerk, wie zum Beispiel `www.dpunkt.de`.

if-Kaskade

Folge von ineinandergeschachtelten `if`-Anweisungen, die nacheinander eine Reihe von Bedingungen überprüfen. Lässt sich manchmal einfacher als `switch`-Anweisung formulieren.

immutable class

Klasse, deren Objekte nach dem Erzeugen nicht mehr verändert werden können. Braucht keine Setter, kein `clone`, keinen Kopierkonstruktor, hat Wertesemantik.

Import-Klausel

Hinweis am Anfang einer Quelltextdatei, mit dem Typen aus anderen Packages in dieser Quelltextdatei ohne weitere Angaben für den Compiler verfügbar gemacht werden. Kann als »statische Importklausel« auch auf Bestandteile von Klassen angewendet werden.

Index Laufende Nummer in einer Liste, die immer mit 0 für das erste Element beginnt.

information hiding

> Prinzip zur Konstruktion von Klassen, bei dem der konkrete innere Aufbau verborgen bleibt und nur über Methodenaufrufe abgelesen oder beeinflusst werden kann.

Inkrementieren

> Erhöhen einer ganzzahligen Variablen um 1.

Innere Klasse

> Klassendefinition innerhalb einer anderen Klassendefinition. Objekte einer inneren Klasse enthalten automatisch eine unveränderliche Referenz auf ein Objekt der äußeren Klasse.

Instanzvariable

> Variable in der Definition einer Klasse, die allen Methoden zugänglich ist und von denen jedes Objekt ein eigenes Exemplar mit sich führt.

Invariante

> Bedingung, die an einem bestimmten Punkt im Programm unter allen Umständen gilt.

IP-Adresse

> Ganze Zahl, die einen Rechner im Netzwerk eindeutig identifiziert. Wir zur besseren Lesbarkeit in einzelnen Bytes geschrieben, wie zum Beispiel 192.168.0.1.

JDK (*java development kit*)

> Sammlung von Werkzeugen und Hilfsmitteln zur Entwicklung neuer Java-Programme, wie zum Beispiel der Java-Compiler. Enthält das JRE.

JRE (*java runtime environment*)

> Alle nötigen Werkzeuge zum Ausführen fertiger Java-Programme, wie zum Beispiel die JVM und eine umfangreiche Bibliothek von Klassen.

JVM (*java virtual machine*)

> Hypothetischer Prozessor für Java-Bytecode. Kümmert sich um alle Aufgaben zur Laufzeit und läuft selbst auf einem konkreten System.

Klassenvariable

> In einer Kassendefinition mit `static` markierte Variable, von der es nur ein Exemplar gibt, das sich alle Objekte dieser Klasse teilen.

Klausel Anweisung zur Steuerung des Compilers, wie zum Beispiel Import- oder Package-Klauseln.

Kontrollstruktur

> Sammelbegriff für zusammengesetzte Anweisungen, die den Ablauf untergeordneter Anweisungen steuern, wie zum Beispiel `if`, `while` und `for`.

Kontrollzeichen

> Zeichen ohne lesbare Darstellung, wie zum Beispiel *Newline* zum Wechsel in eine neue Zeile.

Kopierkonstruktor

> Konstruktor, der ein gegebenes Objekt der gleichen Klasse kopiert. Eingeschränkte Alternative zu `clone`. Überflüssig bei unveränderlichen Klassen.

Literal   Konstante im Quelltext, wie zum Beispiel `"Hello"` oder `23`.

Lokale Variable

> Variable, die im Rumpf einer Methode definiert ist und nur für die Dauer eines Aufrufs existiert. Muss erst einen Wert zugewiesen bekommen, bevor sie gelesen werden kann.

Magic number

> Zahlenkonstante im Quelltext, deren Bedeutung nicht klar zu erkennen ist und die besser durch eine Variable mit passendem Namen ersetzt werden sollte.

Modifier

> Zusatz zur Definition von Methoden, Variablen und Klassen, wie zum Beispiel `static`, `final` und `public`.

Newline   Plattformabhängige Kontrollzeichen, die bei der Textausgabe an den Anfang einer neuen Zeile wechseln.

Numeral

> Explizit genannte Zahlenkonstante im Quelltext, wie zum Beispiel `23` und `3E-8`.

Package   Sammlung von Typen, die zusammenarbeiten und die sich gegenseitig ohne weitere Angaben referenzieren können.

Package-Klausel

> Angabe am Beginn eines Quelltextes, das die Einordnung der weiteren Typdefinitionen in ein bestimmtes Package festlegt.

Parameter

> Variable im Kopf einer Methodendefinition, die beim Aufruf mit dem Wert des korrespondierenden Argumentes initialisiert wird.

Pattern   Siehe *Design Pattern*.

Port   Ganze Zahl (1-65535), die im Netzwerkverkehr zur Adressierung eines Dienstes benutzt wird. Zum Teil per Konvention festgelegt, wie zum Beispiel Port 80 für Webseiten (*well-known ports*).

postcondition

Bedingung, die eine Methode nach der Rückkehr garantiert, falls beim Aufruf die *precondition* eingehalten ist. Bezieht sich in der Regel auf den Rückgabewert.

precondition

Bedingung dafür, dass eine Methode fehlerfrei arbeiten und das korrekte Ergebnis liefern kann. Bezieht sich in der Regel auf die Werte der Parameter.

primitiver Typ

Einer von acht vorgegebenen Typen, wie beispielsweise `int`, deren Werte keine Objekte sind und die keine Methoden kennen. Können nicht vom Benutzer definiert werden. Gegenteil von Referenztypen.

Pseudozufallszahl

Kaum vorhersagbarer Wert, der allerdings von einem Algorithmus berechnet wird. Physikalische Prozesse können echte Zufallszahlen liefern (Würfeln, radioaktiver Zerfall).

Qualifizierter Name

Identifier mit komplettem Package-Pfad als Präfix, wie zum Beispiel `java.util.Date`. Manchmal notwendig, um Mehrdeutigkeiten aufzulösen.

Redefinition

Neue Definition einer Methode, die mit gleichem Kopf in einer Basisklasse definiert ist. Nicht anwendbar bei Konstruktoren, `private`-, `final`- und `static`-Methoden.

Redirection

Umlenken der Konsolenein- oder -ausgabe auf andere Datenquellen und -ziele, meist Dateien. Wird vom Betriebssystem abgewickelt, nicht erkennbar für ein Programm.

Referenzsemantik

Eigenschaft von Typen, bei denen der logische Wert eines existierenden Objektes nachträglich verändert werden kann. Erlaubt manchmal effizienten Code, weil vorhandene Objekte »wiederverwendet« werden können, wie zum Beispiel `StringBuilder` zum schrittweisen Aufbau eines Strings. Das Gegenteil von Wertesemantik.

Referenztyp

Typ, dessen Werte Objekte sind, die über Referenzen (Speicheradressen) angesprochen werden. Das Gegenteil von primitivem Typ.

Ressource

Betriebsmittel eines Rechners, in erster Linie Speicherplatz und Rechenzeit.

RuntimeException

Eine Art von *unchecked exception*s. Vorbehalten für Fehler, auf die kaum eine sinnvolle Reaktion möglich ist. Weist in der Regel auf Konstruktionsfehler im Programm hin.

Security-Manager

Mechanismus in der JVM, der laufend die Zulässigkeit von Methodenaufrufen überwacht. Kann beim Start eines Programms konfiguriert werden, um bestimmte Aktionen zu unterbinden, wie zum Beispiel den Zugriff auf das Filesystem.

Setter   Einfache Methode, die einer einzelnen Eigenschaft eines Objektes einen neuen Wert gibt. Sinnlos bei unveränderlichen Klassen.

Signatur Kopf einer Methode, einschließlich Exception-Signatur. Einzige Information, die für einen Aufrufer der Methode wichtig ist.

Socket   Ende eines Kommunikationskanals beim Datenaustausch zwischen zwei Rechnern im Netzwerk.

space-time trade-off

Häufig beobachtete Wahl zwischen Speicherplatz- und Rechenzeitverbrauch. In der Regel ist ein praktikabler Kompromiss gesucht.

Statische Importklausel

Besondere Form einer Importklausel, die keine Typen, sondern die statischen Elemente innerhalb eines Typs einfach zugänglich macht.

Statisches Binden

Auswahl einer Methode zur Übersetzungszeit durch den Compiler. Gilt in Java für Konstruktoren, `private`- und `static`-Methoden.

Stream Objekt, von dem binäre Daten gelesen oder auf das Daten geschrieben werden können. Repräsentiert in der Regel eine Datei im Filesystem.

System-Properties

In der JVM verwaltete, verbindliche Liste von Konfigurationsparametern, die im laufenden Programm abgefragt werden können und Auskunft über die Eigenschaften des Systems geben.

Typargument

Konkrete Typangabe zu einer generischen Klasse, ergibt zusammen einen generischen Typ.

Typebound

Einschränkung der Typargumente einer generischen Klasse.

Typecast

Explizite Umwandlung eines Wertes in einen anderen Typ. Es gibt unmögliche (werden nicht übersetzt), überflüssige (werden vom Compiler gelöscht) und die übrigen Typecasts (werden nach Typprüfung zur Laufzeit ausgeführt).

Type-Inference

Mechanismus des Java-Compilers, der beim Aufruf einer generischen Methode fehlende Typargumente aus dem Kontext erschließt.

Typparameter

Variable bei der Definition einer generischen Klasse, die später durch ein konkretes Typargument ersetzt wird. Kann in der Definition, unter gewissen Einschränkungen, wie ein »echter« Typ benutzt werden.

Überladen

Definition von mehreren Methoden mit gleichem Namen, aber unterschiedlichen Parameterlisten, deren Aufrufe der Compiler anhand der Argumente differenziert.

Überlauf

Bereichsüberschreitung bei Operationen mit primitiven Typen. Führt bei ganzzahligen Typen zu arithmetisch falschen Ergebnissen und bei Floatingpoint-Typen auch zu Fluchtwerten wie `Double.POSITIVE_INFINITY`.

unchecked exception

Von `Error` oder `RuntimeException` abgeleitete Exception, die nicht in der Exception-Signatur angekündigt werden muss. Weist in der Regel auf Probleme hin, die nicht im laufenden Programm behoben werden können, wie etwa fehlerhaften Code.

Unicode Zuordnung von Zahlencodes zu den Zeichen praktisch aller Schriften der Welt. Legt kein bestimmtes *Encoding* fest.

Unicode-Ersatzdarstellung

Schreibweise für beliebige Unicode-Zeichen im Quelltext in der Form `\uXXXX`.

Unveränderlicher Typ

Siehe *immutable class*.

Vararg-**Parameter**

Besonderer letzter Parameter einer Methode, an den beliebig viele Argumente gebunden werden können. Im Methodenrumpf erscheint ein *Vararg*-Parameter als Array der konkreten Argumente.

Wertesemantik

Eigenschaft von Typen, bei denen die Identität der Werte keine Rolle spielt. Gilt für primitive Typen und unveränderliche Referenztypen, wie beispielsweise String. Vereinfacht die Definition, die zum Beispiel keine Setter benötigt. Erfordert neue Objekte, wenn neue Werte gebraucht werden. Eine Alternative zur Referenzsemantik.

***Wildcard*-Parameter**

Unbestimmtes Typargument bei der Definition eines generischen Typs. Erzeugt einen *Wildcard*-Typ, zu dem alle generischen Typen derselben generischen Klasse kompatibel sind.

wrap-around

Verhalten ganzzahliger Typen bei Überlauf. Nicht darstellbare positive Werte werden zu negativen Werten und umgekehrt.

Zeichensatz

Abbildung zwischen Zeichen und numerischen Codes. In Java verbindlich Unicode.

B   Schwerpunkte der Aufgaben

Sie finden in der folgenden Liste die Sprachmittel, die jeweils Gegenstand der einzelnen Aufgaben sind. Auf der Suche nach einer Herausforderung können Sie in der rechten Spalte schnell passende Aufgaben lokalisieren.

Die Anzahl der Sternchen zeigt unsere Einschätzung des Schwierigkeitsgrades. Eine solche Einordnung ist natürlich subjektiv. Nehmen Sie also die Sternchen nur als grobes Richtmaß für den Zeitaufwand, den eine Lösung im Vergleich zu den anderen Aufgaben des jeweiligen Abschnittes erfordern wird.

1	Dreiecksfläche	Variablen, Arithmetik
2	Datumsarithmetik ★	Variablen, Arithmetik
3	Dutzend, Schock, Gros	Variablen, Arithmetik
4	Median ★	Alternativen
5	Mäxchen	Alternativen
6	Flaggen ★	Alternativen
7	Rechtecke ★★	Kontrollstrukturen, Algorithmik
8	S-Bahn in Byteburg ★	Kontrollstrukturen, Algorithmik
9	Newton-Verfahren	Kontrollstrukturen, Algorithmik
10	Zahlenbasis ★★	Kontrollstrukturen, Algorithmik
11	Messwerte ★	Kontrollstrukturen, Algorithmik
12	Reihen ★	Kontrollstrukturen, Algorithmik
13	Potenzieren	Kontrollstrukturen, Algorithmik
14	Kompression ★	Kontrollstrukturen, Algorithmik
15.1	Perfekte Zahlen ★	Kontrollstrukturen, Algorithmik
15.2	Befreundete Zahlen ★	Kontrollstrukturen, Algorithmik
15.3	Quersumme	Kontrollstrukturen, Algorithmik
15.4	Lychrel-Zahlen ★★	Kontrollstrukturen, Algorithmik
15.5	Fröhliche Zahlen ★	Kontrollstrukturen, Algorithmik

16.1	Binomialkoeffizienten iterativ	Kontrollstrukturen, Algorithmik
16.2	Binomialkoeffizienten rekursiv ★	Rekursion
16.3	Pascal'sches Dreieck ★	Klassen, Methoden, Arrays
16.4	Pascal'schen Dreieck optimiert ★	Arrays
17	Teppiche ★	Kontrollstrukturen, Algorithmik
18.1	Exakter Primzahltest	Kontrollstrukturen, Algorithmik
18.2	Probabilistischer Primzahltest ★	Kontrollstrukturen, Algorithmik
18.3	Primzahlen-Iterator ★	Iteratoren
18.4	Goldbach-Vermutung	Kontrollstrukturen, Algorithmik
18.5	Generator zu einer Primzahl ★★	Kontrollstrukturen, Algorithmik
18.6	Zufallszahlengenerator ★	Iteratoren
19.1	Permutationsvektoren ★	Kontrollstrukturen, Algorithmik, Arrays
19.2	Permutationsmatrizen ★	Kontrollstrukturen, Algorithmik, Arrays
19.3	Sudoku ★★★	Rekursion
20.1	Blockkommentare ★	Kontrollstrukturen, Algorithmik, Enums
20.2	Zeilenkommentare ★★★	Generische Klassen
21	Mustervergleich ★	Rekursion
22	Punkte und Dreiecke ★	Klassen, Methoden
23	Intervalle ★	Klassen, Methoden
24	Uhrzeit	Klassen, Methoden
25	Große Ganzzahlen ★	Klassen, Methoden, Strings
26.1	Polynomklasse ★	Klassen, Methoden, Arrays
26.2	Division von Polynomen ★★	Kontrollstrukturen, Algorithmik, Arrays
27	Josephusring ★	Datenstrukturen
28.1	Kamele und Karawanen ★	Datenstrukturen
28.2	E-Camel, Robuste Implementierung ★★	Datenstrukturen, innere Klassen
29	Mobiles ★	Interfaces, Vererbung
30	Widerstandsnetzwerke ★	Interfaces, Vererbung
31	Stoppuhren ★	Interfaces, Vererbung
32	Spielkarten ★★★	Enums, Vererbung, innere Klassen

33	Zahlenfolgen ★★	Interfaces, Vererbung, Iteratoren
34	Chiffren ★★★	Interfaces, Vererbung, Strings
35	Bäume ★	Datenstrukturen, generische Klassen
36.1	Längen	Enums
36.2	Allgemeine physikalische Größen ★	Generische Klassen, Enums
36.3	Zusammengesetzte physikalische Einheiten ★★★	Generische Klassen, generische Methoden
37	Buchstabensammlungen ★	Datenstrukturen
38	Vorlesungsverzeichnis	Collections
39	Römische Zahlen ★	Collections
40	Zählerlisten ★	Collections
41	Textdateien ★★	I/O, Iteratoren, abstrakte Basisklassen
42	I/O-Filter ★	I/O
43	Filesystemsuche ★	Rekursion, abstrakte Basisklassen, I/O
44	Bitstreams ★★	Klassen, Methoden, I/O
45	Tittle-Tattle ★	Threads, Networking
46	Watchdog ★	Threads, Networking
47	Verkehrsüberwachung ★★	Threads, Networking
48	Nameservice ★	Networking, I/O
49	Objektpaare	Generische Klassen
50	Generische Methoden ★	Generische Methoden
51	Relationen ★	Generische Klassen, abstrakte Basisklassen, Vererbung
52	Ring-Queue	Generische Klassen, Datenstrukturen, Arrays
53	Listen und Warteschlangen ★	Generische Klassen, Datenstrukturen, Arrays, Iteratoren
54	Algebraische Strukturen ★★★	Generische Klassen, Interfaces, Vererbung

C Konventionen

Bei den Lösungen in diesem Buch werden einige Konventionen eingehalten. Wie bei allen Konventionen geht es um Leitlinien, die über längere Zeit hinweg aus guten und schlechten Erfahrungen vieler Entwickler gewonnen wurden und von jedem Einzelnen beachtet werden können, oder auch nicht. Für eine technisch funktionsfähige Lösung ist die Einhaltung von Konventionen nicht erforderlich. Der Compiler hat zum Beispiel keine Vorstellung von irgendwelchen Konventionen. Es mag im Einzelfall gute Gründe geben, davon abzuweichen, deshalb sollten Sie die nachfolgenden Regeln nicht als »Gesetze« auffassen, sondern nach Ihren eigenen Maßgaben ignorieren, anpassen oder übernehmen.

Bezeichner

Quelltext gewinnt mit längeren, »sprechenden« Bezeichnern an Lesbarkeit. Kurze Identifier lassen sich dagegen schneller schreiben. Ein Anhaltspunkt für eine angemessene Länge von Namen ist die Ausdehnung des Gültigkeitsbereichs (*scope*), in dem der Name gilt. In einer kurzen Schleife ist ein Zähler namens i durchaus akzeptabel, als Name einer Instanzvariablen in einer mehrseitigen Klassendefinition dagegen kaum. Wegen der knappen Zeilenlänge im Buchdruck werden in den hier abgedruckten Lösungen aber oft kürzere Bezeichner verwendet, als vielleicht empfehlenswert wäre.

In diesem Buch werden die folgenden Namenskonventionen eingehalten (siehe [Vermeulen 2000], Items 25, 28, 31, oder [Codeconv], Kap. 9):

- Namen von Typen beginnen mit einem Großbuchstaben und werden mit kleinen Buchstaben fortgesetzt, wie zum Beispiel Counter. Wortteile zusammengesetzter Begriffe werden mit Großbuchstaben abgesetzt, wie zum Beispiel BitStream. Dieser sogenannte *CamelCode* hat sich für Java etabliert, abgesehen von wenigen Ausnahmen.
- Namen von Methoden und Variablen beginnen mit kleinen Buchstaben, wie zum Beispiel read und setSize.

▪ Namen öffentlicher Konstanten[1] werden in Großbuchstaben gesetzt. Wortteile werden mit Underscores getrennt, wie zum Beispiel `DAYS_OF_YEAR`. Diese Schreibweise ist die einzige Abweichung vom sonst benutzten *CamelCode*.

▪ Akronyme werden in Großbuchstaben gesetzt, wie zum Beispiel `HTMLTag`.

Als Bezeichner werden englische Begriffe gewählt, sofern nicht im Aufgabenkontext anders geboten, wie etwa bei Aufgabe 5 (»Mäxchen«, Seite 15).

Abkürzungen sollte man mit Bedacht verwenden. Auf unerfahrene Leser mögen sie anfangs professionell wirken, weil sie Zugehörigkeit zu einem inneren Zirkel »Eingeweihter« suggerieren, denen dergleichen Kürzel selbstverständlich geläufig sind. In Wahrheit verleiten sie oft zu Fehlinterpretationen oder behindern das Verständnis, wenn der Leser nicht in der gleichen Begriffswelt lebt wie der Verfasser.

Kommentare

Angemessenes Kommentieren ist eine Kunst für sich. Allgemein sollte der Zweck von Code im Vordergrund stehen (*was* ist beabsichtigt) und weniger die Arbeitsweise (*wie* funktioniert das Programm). Wenn die Erklärung eines bestimmten Codeabschnitts unverhältnismäßig viel Kommentar erfordert, sollte vielleicht nach einer einfacheren Lösung gesucht werden, die weniger Rechtfertigung braucht. Nicht hoch genug zu schätzen sind die Kommentare von Variablendefinitionen, die vielleicht noch wichtiger sind als Kommentare für zusammengesetzte Anweisungen, wie Alternativen oder Schleifen.

Blockkommentare können in Java nicht geschachtelt werden. Sie werden aber oft gebraucht, um einzelne Codeabschnitte auszublenden.[2] Deshalb sollte man auf Blockkommentare in Methodenrümpfen ganz verzichten und stattdessen dort nur Zeilenkommentare verwenden (siehe [Vermeulen 2000], Items 36, 37). Außerhalb von Methodenrümpfen gilt das nicht, insbesondere mit Blick auf Javadoc-Kommentare.

Der Code in diesem Buch ist nur knapp kommentiert, weit dürftiger als eigentlich angemessen wäre. Die Erklärungen zum Code sind hier im Buchtext zu finden und werden deshalb nicht in Kommentaren wiederholt. Auf Javadoc-Kommentare wird aus dem gleichen Grund weitestgehend verzichtet.

Kommentare sind mit Blick auf den erwarteten Leserkreis deutsch formuliert.

---

[1]Definition mit Modifiern `public static final`.

[2]Editoren in integrierten Entwicklungsumgebungen (IDEs) ermöglichen, auch ganze Codeabschnitte durch Zeilenkommentare auf einmal auszublenden.

Datenkapselung

Für praktisch alle Klassen ist Datenkapselung (*information hiding*) sinnvoll. Instanz- und Klassenvariablen sollten dazu mit dem Modifier private definiert werden, sodass sie nur innerhalb der eigenen Klasse sichtbar sind. [3]

An dieser Stelle ist zwischen »Attributen« und »Instanzvariablen« zu unterscheiden. Aus Sicht einer Anwendung maßgebliche Merkmale von Objekten, wie zum Beispiel Tag, Monat und Jahr eines Datums, werden als »Attribute« bezeichnet. Die Instanzvariablen einer Klassen können eins zu eins die Attribute widerspiegeln, oder aber ganz andere Informationen speichern, wie zum Beispiel einen absoluten Tageszähler seit der Zeitenwende.

Andere Klassen haben keinen Zugriff auf private Instanz- und Klassenvariablen einer Klasse. Für diese »Kunden« sind ausschließlich die Attribute maßgeblich. Den Zugriff auf Attribute erlauben »Getter« (Lesen eines Attributwertes) und »Setter« (Schreiben eines Attributwertes). Ob diese Methoden direkt auf Instanzvariable zugreifen oder intern Berechnungen abwickeln, spielt für die Kunden einer Klasse keine Rolle. Die Namen von Gettern und Settern sollten aus den Namen der Attribute abgeleitet werden:

```
type getName() {...}
void setName(type x) {...}
```

Bei unveränderlichen Klassen (siehe nächster Abschnitt), bei denen es grundsätzlich keine Setter geben kann, und bei Attributen, für die kein Setter infrage kommt, können die Getter vereinfachend ohne das Präfix get- benannt werden, das heißt namensgleich zum entsprechenden Attribut:[4]

```
type name() {...}
```

private wird vom Compiler ausgewertet und verhindert, dass andere Klassen auf dieses Element zugreifen. Das gilt allerdings nicht für andere Objekte derselben Klasse zur Laufzeit. Letzteres widerspricht in gewissem Sinne der Idee der Datenkapselung, obwohl es die statische Sicht des Compilers zulässt.

Gelegentlich wird argumentiert, dass auch innerhalb einer Klasse ausschließlich Konstruktoren, Setter und Getter auf Instanzvariable zugreifen dürfen, aber keine anderen Methoden. Diese strenge Auslegung der Datenkapselung hat durchaus ihren Sinn, wird aber aus Gründen der Übersichtlichkeit in diesem Buch nicht praktiziert.

---

[3]Eine Ausnahme sind »öffentliche Konstanten«, deren Definition mit den Modifiern public static final versehen ist. Das ist gleichzeitig die einzige Art von Variablen, die auch in Interfaces zulässig ist.

[4]Namen von Instanzvariablen und Methoden kollidieren in Java nicht.

Unveränderliche Klassen

Ein wichtiges Konzept sind »unveränderliche Klassen« (*immutable classes*, siehe zum Beispiel [Liskov 01], Kap. 5.8): Ein Objekt einer unveränderlichen Klasse kann, nachdem es mit einem Konstruktor initialisiert wurde, nicht mehr verändert werden. Das bedeutet, dass es in solchen Klassen zum Beispiel keine »Setter« gibt, sondern nur »Getter«.

Der entscheidende Vorteil zeigt sich bei der Suche nach einem Fehler, der sich in einem inkonsistenten Objekt manifestiert: Bei einer gewöhnlichen (veränderlichen) Klasse muss jeder Methodenaufruf überprüft werden, in den das Objekt verwickelt ist, sei es direkt als Zielobjekt, als Argument oder indirekt als Komponente eines anderen Objektes. Bei einer unveränderlichen Klasse kommen *nur Konstruktoraufrufe* infrage: Wenn der Konstruktor ein intaktes Objekt produziert, kann es später nicht mehr beschädigt werden.

Der Preis für unveränderliche Klassen ist eine höhere Belastung des Laufzeitsystems: Statt das Ergebnis eines Methodenaufrufs als Modifikation eines bereits existierenden Objektes zu hinterlassen, muss es in einem neuen Objekt geliefert werden. Die Speicherverwaltung aktueller Java-Implementierungen arbeitet aber in diesem Punkt so effizient, dass dieser Nachteil nur selten spürbar wird und die Vorteile in der Regel überwiegen.

Unveränderliche Klassen können in mancher Hinsicht einfacher definiert werden als veränderliche Klassen. So ist zum Beispiel das Kopieren von Objekten in der Regel sinnlos: Wenn die Kopie später nicht verändert werden kann, kann ebenso das Original benutzt werden. Das bedeutet, dass weder ein Kopierkonstruktor nötig ist noch eine Redefinition der heiklen Methode `clone`. Zum Kopieren reicht eine schlichte Wertzuweisung aus. Des Weiteren können Tests von Vor- und Nachbedingungen sowie von Klasseninvarianten (siehe Seite 378) weitgehend unterbleiben.

In gewissem Sinne können unveränderliche Klassen wie primitive Typen behandelt werden. Man spricht ihnen deshalb »Wertesemantik« zu, im Gegensatz zur »Referenzsemantik« veränderlicher Klassen. Für den Anwender bedeutet das, dass er die Existenz von Referenzen, wie zum Beispiel beim *Aliasing*, ignorieren kann. Der Blick verschiebt sich von individuellen Objekten zu den Werten, die sie repräsentieren.

Standardmethoden

Unter »Standardmethoden« werden in diesem Text Methoden wie `equals`, `hashCode` und `toString` verstanden, die in einigen Situationen stillschweigend benutzt werden, ohne dass man das auf den ersten Blick erkennen kann. In den meisten Klassen ist die Redefinition dieser Methoden (siehe Anhang D, Seiten 383f.) sinnvoll und nötig. Die von `Object` ererbten Fassungen reichen selten aus. In den Lösungen dieses Buches werden diese Methoden dennoch manchmal weggelassen, wenn ihre Definition keinen nennenswerten Beitrag zum Gegenstand der betreffenden Aufgabe leistet.

Magic Numbers

In den meisten Programmen werden Literale gebraucht, das heißt Konstanten verschiedener Typen, wie zum Beispiel Numerale (*magic numbers*) oder feste Strings. Der Sinn solcher Literale erschließt sich dem Leser nicht ohne Weiteres, wie etwa im folgenden Beispiel:

```
if(x > 21) ...
```

Sie sollten deshalb durch passend benannte Variablen ersetzt werden, die mit den entsprechenden Werten initialisiert und mit dem Modifier `final` vor Änderungen geschützt werden.[5] Treffende Namen kommunizieren (hoffentlich) einen Zweck, wie etwa in:

```
final int FULL_AGE = 21;
...
if(x > FULL_AGE) ...
```

oder:

```
final int THE_ULTIMATE_ANSWER = 42;
...
if(x > THE_ULTIMATE_ANSWER) ...
```

Der Quelltext wird dabei zwar etwas länger, aber der Gewinn an Lesbarkeit und Wartbarkeit wiegt den zusätzlichen Schreibaufwand bei Weitem auf. Der Compiler erzeugt am Ende ohnedies den gleichen Code, sodass es keinen Nachteil zur Laufzeit gibt.

---

[5] Manchmal wird argumentiert, dass es im laufenden Code überhaupt nur die Numerale 0 und 1 geben dürfte. Das ist zwar übertrieben, aber im Ansatz trotzdem richtig.

Bereichsüberschreitungen

Die primitiven Typen haben technische Wertebereichsgrenzen, wie zum Beispiel Integer.MIN_VALUE und Integer.MAX_VALUE für int-Werte. Tests auf Einhaltung dieser Wertebereiche würden den Code vieler Lösungen aufblähen und die eigentlich interessanten Teile verdrängen. In den meisten Lösungen wird möglicher Werteüberlauf deshalb ignoriert.

Davon ausgenommen sind Aufgaben, deren Lösung praktisch zwangsläufig an die Bereichsgrenzen stößt und die sich deshalb mit der Problematik auseinandersetzen müssen, wie zum Beispiel Aufgabe 15.4 (»Lychrel-Zahlen«, Seite 62) und 13 (»Potenzieren«, Seite 46).

Konsistenzbedingungen

Die wenigsten Methoden akzeptieren *alle* möglichen Werte eines Parameters, die der Typ des Parameters zulässt. Die im Einzelfall auferlegten Einschränkungen werden als Vorbedingungen (*preconditions*) einer Methode bezeichnet. Ob Vorbedingungen eingehalten werden, ist Sache des Aufrufers; eine Methode selbst kann nichts dazu tun.[6] Im Methodenrumpf muss daher mit unzulässigen Parameterwerten gerechnet werden. In der Regel werden die Vorbedingungen am Anfang des Rumpfes überprüft und gegebenenfalls Exceptions geworfen.[7]

Falls die Vorbedingungen erfüllt sind, gelten am Ende von ändernden Methoden bestimmte Nachbedingungen (*postconditions*). Diese können kraft Programmlogik zugesichert werden, im Gegensatz zu den Vorbedingungen. Falls Nachbedingungen nicht eingehalten werden, obwohl die Vorbedingungen gelten, dann ist das ganze Programm fehlerhaft und muss besser gestoppt werden, bevor es Amok läuft und unkontrollierte Flurschäden verursacht. Nachbedingungen werden deshalb in der Regel mit assert-Anweisungen formuliert, bei deren Scheitern das Programm sofort abbricht.

Schließlich gibt es für die meisten Klassen Invarianten, das heißt Konsistenzbedingungen bezüglich des Objektzustandes (*class invariants*). Klasseninvarianten gelten immer *zwischen* Methodenaufrufen, aber nicht unbedingt während des Ablaufs von ändernden Methoden.[8] Klasseninvarianten werden beim Eintritt oder beim Verlassen von Methoden mit assert-Anweisungen sichergestellt. Bei unveränderlichen Klassen kann ein Teil dieser Tests wegbleiben.

---

[6]Der Compiler stellt korrekte *Typen* der Argumente sicher, kümmert sich aber in keiner Weise um deren *Werte*.

[7]In wenigen Fällen ist eine angemessene Reaktion auf nicht eingehaltene Vorbedingungen in der Methode selbst möglich. Meist werden Exceptions also an den Aufrufer zurückgegeben. Erst Methoden hoch oben in der Aufrufhierarchie haben den ausreichenden Horizont für eine sinnvolle Fehlerbehandlung und implementieren dann try/catch.

[8]Bei Multithreading sind zusätzliche Maßnahmen nötig, um keine Objekte in inkonsistenten Zuständen sichtbar zu machen.

In unseren Lösungsvorschlägen fehlen die Tests von Vorbedingungen sowie die Zusicherungen von Invarianten und Nachbedingungen. Wir haben uns in fast allen Beispielen zu diesem Verzicht entschlossen, um die unbedingt notwendigen Elemente der Lösungen umso deutlicher hervortreten zu lassen.

Bibliotheksmethoden

Das JDK wird mit einer umfassenden Bibliothek mit Tausenden von nützlichen Typen und Methoden geliefert.[9] Einige der Aufgaben in diesem Buch könn-ten durch geschickten Einsatz der Bibliothek sehr einfach gelöst werden, wie zum Beispiel Aufgabe 25 (»Große Ganzzahlen«, Seite 136) mittels der Klasse `java.math.BigInteger`. Der Gegenstand der Aufgaben ist aber nicht der virtuo-se Einsatz vorgefertigter Bausteine, die ein anderer, wahrscheinlich sehr fähiger Kopf geschrieben hat. Es geht darum, Ihre eigene Kreativität und Findigkeit zu entwickeln, vielleicht mit dem Ziel, selbst eines Tages Bibliotheken für andere zu schaffen. Sofern auf Bibliotheksbausteine zurückgegriffen werden sollte, geht das aus dem Aufgabentext hervor.

---

[9]Gelegentlich wird argumentiert, dass ein guter Teil des Erfolgs von Java auf das Konto der ausgereiften Bibliotheken geht.

D Programmfragmente

Die kurzen Programme in diesem Anhang werden als Bausteine für einige Lösungen im Hauptteil des Buches gebraucht. Sie benutzen verschiedene Bibliotheksklassen und -methoden, um einfache, wiederkehrende Aufgaben zu erledigen. Ihr Gegenstand ist eher technischer Natur und für das Verständnis der Struktur von Java-Programmen weniger wichtig. Sie können als Vorlagen schablonenhaft kopiert werden.

Textdatei lesen und schreiben

Das folgende Programmfragment liest eine Textdatei input.txt zeilenweise ein und gibt die Zeilen einzeln auf der Konsole aus:

```
BufferedReader input = new BufferedReader(new FileReader("input.txt"));
for(String line = input.readLine();
        line != null;
        line = input.readLine())
    System.out.println(line);
input.close();
```

Das nächste Programmfragment schreibt ein Array von Strings als Zeilen in eine Textdatei output.txt:

```
String[] array = ...;
PrintWriter output = new PrintWriter(new FileWriter("output.txt"));
for(String line: array)
    output.println(line);
output.close();
```

Binärdatei lesen und schreiben

Das folgende Programm liest eine Datei byteweise und gibt die Werte der Bytes aus:

```
InputStream input = new FileInputStream("input.dat");
int b = input.read();
while(b >= 0) {
    System.out.println(b);
    b = input.read();
}
input.close();
```

Das nächste Programm schreibt ein Array von ganzen Zahlen im Bereich $[0, 255]$ als Bytes in eine Datei:[1]

```
int[] array = ...;
OutputStream output = new FileOutputStream("output.dat");
for(int b: array)
    output.write(b);
output.close();
```

Netzwerkclient und -server

Das folgende Programmfragment schickt über eine Netzwerkverbindung auf Port port des Servers server ein Byte als »Anfrage« an den Server und liest als Antwort ebenfalls ein Byte (siehe [Darwin 04], Kap. 16.5). Dann wird die Verbindung wieder geschlossen. Damit wird die Grundfunktionalität von Clients in einer Client/Server-Architektur implementiert.

```
String host = "server";    // Hostname oder IP-Adresse
int port = 2000;

// Verbindung öffnen
Socket socket = new Socket(host, port);
InputStream input = socket.getInputStream();
OutputStream output = socket.getOutputStream();
```

---

[1]Der primitive Java-Typ byte ist ein vorzeichenbehafteter ganzzahliger Typ. Er umfasst den Wertebereich $[-128, 127]$.

```
// Anfrage senden
output.write(5);

// Antwort lesen und ausgeben
int b = input.read();
System.out.println(b);

// Verbindung trennen
socket.close();
```

Das nächste Programmfragment entspricht dem Kern eines Servers in einem Client/Server-Netzwerk. Er empfängt ein Byte vom anfragenden Client, berechnet daraus ein neues Byte und schickt es an den Client.

```
int port = 2000;

ServerSocket serversocket = new ServerSocket(port);
while(true) {
    // auf Verbindung warten
    Socket socket = serversocket.accept();
    InputStream input = socket.getInputStream();
    OutputStream output = socket.getOutputStream();

    // Anfrage lesen
    int b = input.read();

    // Antwort berechnen und senden
    output.write(b + 1);

    // Verbindung trennen
    socket.close();
}
```

Client und Server müssen sich über die Portnummer einig sein. In der Regel eignet sich jede Nummer[2] zwischen 1024 und 65535. Allerdings konkurrieren alle Netzwerkprogramme eines Systems um den gleichen Vorrat von Portnummern, sodass es zu Kollisionen kommen kann.

Netzwerkverbindungen sind ungerichtet und transportieren beliebige Daten in jede Richtung. Client und Server müssen sich deshalb über die Art und Interpretation der ausgetauschten Daten einig sein. Diese Regelungen werden als »Protokoll« bezeichnet. Bekannte Beispiele sind HTTP und FTP.

---

[2]Portnummern unter 1024 sind für Systemprogramme reserviert und erfordern oft besondere Rechte, über die normale Serverprogramme nicht verfügen.

Methode equals

equals kann nach folgendem »Rezept« definiert werden:

```
public boolean equals(Object x) {
    if(x == null)                   // 1.
        return false;

    if(getClass() != x.getClass())  // 2.
        return false;

    if(!super.equals(x))            // 3.
        return false;

    Classname other = (Classname)x; // 4.

    // 5. Vergleich der Instanzvariablen von other und this
    ...

    return true;                    // 6.
}
```

Dabei wird die folgende Liste von Tests durchgeführt:

1. Der erste Test vergleicht dieses Objekt mit null, das ein abwesendes Objekt repräsentiert. Kein existierendes Objekt kann gleich einem nicht existierenden Objekt sein, deshalb ist das Ergebnis in diesem Fall immer false.
2. Im nächsten Test wird das eigene Typobjekt mit dem Typobjekt von x verglichen. Beide müssen identisch sein, andernfalls lässt sich die Symmetriebedingung an equals nicht einhalten (siehe [Bloch], Kap. 3).[3]
3. Bei Klassen, deren Basisklassen selbst Object.equals redefinieren, müssen im dritten Test die Basisobjekte verglichen werden. Das lässt sich mit dem Aufruf super.equals erreichen.
4. In diesem Schritt wird x nach einem *Typecast* an eine Variable other des eigenen Typs zugewiesen. Dieser Schritt hat keine logische Funktion, ist aber nötig, um der statischen Typprüfung des Compilers zu genügen. Dieser *Typecast* ist harmlos und kann nicht scheitern, weil der passende Typ vorher sichergestellt wurde.

---

[3] Der Einsatz von instanceof verletzt in aller Regel die Symmetriebedingung, weil zwar Derived instanceof Base gilt, nicht aber Base instanceof Derived.

5. Schließlich wird der Zustand dieses Objektes mit dem Zustand von other verglichen. In der Regel werden dabei die Instanzvariablen paarweise abgeglichen. Bei primitiven Variablen reicht der Vergleich mit relationalen Operatoren (== und !=). Bei Referenztypen ist wiederum equals aufzurufen. Im Fall einer Abweichung wird das Ergebnis false zurückgegeben.

6. Wenn alle Vergleiche durchlaufen sind, kann x als inhaltlich gleich zu diesem Objekt ausgewiesen werden. Das Ergebnis ist true.

Methode hashCode

Im Zusammenhang mit equals muss auch hashCode redefiniert werden. Die beiden Methoden sind gekoppelt, denn für x und y mit

```
x.equals(y) == true
```

müssen die Hashcodes von x und y in jedem Fall gleich sein. Umgekehrt gilt das nicht: Für

```
x.equals(y) == false
```

sollten die Hashcodes unterschiedlich sein, aber das ist nicht unbedingt erforderlich.

In manchen, eher seltenen Fällen können logisch verschiedenen Objekten *immer* unterschiedliche Hashcodes zugeordnet werden, wie zum Beispiel bei der Klasse Clocktime (Aufgabe 24, Seite 131). In der Regel ist das aber unmöglich, weil es viel mehr verschiedene Objekte gibt, als int-Werte zur Verfügung stehen.

In der Regel wird ein Hashcode aus den Werten bedeutungstragender Instanzvariablen gewonnen.[4] Sofern die Instanzvariablen Referenztypen haben, können deren hashCode-Methoden einbezogen werden.

Die Methode hashCode kann fast schematisch nach »Rezept« definiert werden (siehe [Bloch 01], Kap. 8). Das Schema ist allerdings nicht ganz einfach und wird deshalb hier etwas verkürzt wiedergegeben:

```
public int hashCode() {
    int hash = 17;
    hash = p*hash + f;  // siehe unten
    ...
    return hash;
}
```

---

[4]Nicht »bedeutungstragend« sind zum Beispiel Instanzvariablen, deren Werte aus anderen Instanzvariablen berechnet werden können. Sie werden etwa aus Effizienzgründen definiert, um wiederkehrende Berechnungen einzusparen.

Der Hashcode wird mit einem beliebigen, von null verschiedenen Anfangswert initialisiert. Dann wird er für jede relevante Instanzvariable f mit einer beliebigen Primzahl p > 2 multipliziert und der Hashcode von f addiert. Je nach Typ der Instanzvariablen wird folgendermaßen verfahren:

- Für boolean-Instanzvariablen wird 0 oder 1 addiert.
- Instanzvariablen der Typen byte, char short und int werden direkt addiert.[5]
- Bei Objekten wird deren Hashcode addiert, der mit einem delegierten Aufruf von hashCode gewonnen wird.
- Für Arrays liefert die Bibliotheksmethode Arrays.hashCode einen kombinierten Hashcode aller Elemente.

Methode toString

toString wird man in praktisch allen Klassen schon zu Testzwecken definieren. Oft gibt es eine naheliegende, »natürliche« Textdarstellung eines Objektes. Alternativ kann in das Ergebnis von toString der eigene Laufzeittyp einfließen, den die Methode getClass liefert.

Bei komplexen Objekten wird toString keine vollständige Darstellung des Objektzustandes produzieren können. In diesem Fall sollte man sich auf Schlüsselinformationen beschränken, die ein Objekt möglichst klar von anderen unterscheiden.

In der Regel sollte das Ergebnis von toString keine Kontrollzeichen, wie Zeilenwechsel oder Tabulator, enthalten, sondern nur aus druckbaren Zeichen und Blanks bestehen. Hilfreich ist ein gleichbleibender, charakteristischer Substring, der zum Beispiel in längeren Protokolldateien leichter aufzuspüren ist.

Array eines Typparameters

In generischen Klassen wird manchmal ein Array mit Elementen eines Typparameters T gebraucht. Ein solches Array kann nicht direkt allokiert werden:

```
T[] result = new T[count];     // error: generic array creation
```

Beim Erzeugen von Arrays werden Laufzeitinformationen über den Elementtyp gebraucht, die bei einem Typparameter nicht verfügbar sind.[6] Ein Ausweg führt über ein Object-Array, das mit einem *Typecast* in T[] konvertiert wird:[7]

```
T[] result = (T[])new Object[count];
```

---

[5]Für den Umgang mit long, float und double siehe [Bloch 01], Kap. 8.

[6]Beim Erzeugen von Arrays sind nur *reifiable types* zulässig, siehe [Naftalin 06], Kap. 6.4.

[7]Dieser »Trick« ist recht populär und findet sich zum Beispiel in der Implementierung des *Collection-Frameworks*.

Statt Object kann allgemein ein *Typebound* von T verwendet werden. Object ist der voreingestellte *Typebound* bei fehlender expliziter Angabe. Der Compiler reagiert auf den *Typecast* mit einer Warnung, dass er die Typsicherheit nicht mehr sicherstellen kann:

```
warning: uses unchecked or unsafe operations
```

Das Programm ist deshalb nicht zwangsläufig fehlerhaft. Ob der Code noch typsicher ist oder nicht, kann der Compiler aber jetzt nicht mehr nachvollziehen. Die Korrektheit liegt damit alleine in der Hand des Entwicklers. Die Warnung kann mit einer Annotation ausgeblendet werden:

```
@SuppressWarnings("unchecked")
```

Eine Diskussion dieses Themas finden Sie zum Beispiel in [Nowak 05], Kap. 4.9, [Naftalin 06], Kap. 6.4, und [Langer].

Der Aufruf new Object[...] liefert ein Array mit dem Elementtyp Object. Manchmal reicht das nicht aus. Stattdessen wird ein Array mit Elementen eines Typs gebraucht, der erst zur Laufzeit bekannt ist. Dieses Problem lässt sich mit *Reflection* lösen, wenn das Typobjekt des gewünschten Elementtyps zur Verfügung steht. Mithilfe der statischen Methode newInstance der Klasse java.lang.reflect.Array wird ein Array des gleichen Elementtyps wie orig erzeugt:

```
Object[] result = (Object[])Array.newInstance(orig.getClass(), count);
```

Das neue Array wird zwar hier mit einem *Typecast* in Object[] konvertiert, aber das ändert nichts am Laufzeittyp. Der *Typecast* ist nur für den Compiler zur Übersetzung der Zuweisung an die Variable result interessant.

Literaturverzeichnis

[Almanac 02]
   The Java Developers Almanac
   http://www.exampledepot.com
   Prentice Hall, 2002, 4th Ed., ISBN 0-201-752808

[Bloch 01]
   Joshua Bloch: *Effektiv Java programmieren*
   Addison-Wesley, 2001, ISBN 3-827-319331

[Codeconv]
   Code Conventions for the Java(TM) Programming Language
   http://java.sun.com/docs/codeconv

[Darwin 04]
   Ian F. Darwin: *Java Cookbook*
   O'Reilly, 2004, 2nd Ed., ISBN 0-596-007019

[Langer]
   Java Generics FAQs
   http://www.angelikalanger.com/GenericsFAQ/JavaGenericsFAQ.html

[Liskov 01]
   Barbara Liskov, John Guttag: *Program Development in Java*
   Addison-Wesley, 2001, ISBN 0-201-657686

[Mössenböck 05]
   Hanspeter Mössenböck: *Sprechen Sie Java?*
   dpunkt.Verlag, 2005, 3. Auflage, ISBN 3-89864-362X

[Naftalin 06]
   Maurice Naftalin, Philip Wadler: *Java Generics and Collections*
   O'Reilly, 2006, ISBN 0-596-52775-6

[Nowak 05]
   Johannes Nowak: *Fortgeschrittene Programmierung mit Java 5*
   dpunkt.Verlag, 2005, ISBN 3-89864-3069

[Schiedermeier 04]
   Reinhard Schiedermeier: *Programmieren mit Java, eine methodische Einführung*
   Pearson Education, 2004, ISBN 3-827-371163

[Simmons 04]
   Robert Simmons: *Hardcore Java*
   O'Reilly, 2004, ISBN 0-596-005687
[Tutorial]
   The Java Tutorials
   http://java.sun.com/docs/books/tutorial
[Vermeulen 2000]
   Allan Vermeulen et al.: *The Elements of Java Style*
   Cambridge University Press, 2000, ISBN 0-521-777682

Index

AbstractList, 254
Additive Substitution, 208
AdditiveSubstitution, 208
Annotation
      SuppressWarning, 328, 386
ArithmeticException, 147, 203, 352
Array
      generic, 327
      generisch, 385
      nicht rechteckig, 74
      Typparameter, 385
Arrays
      asList, 241
      copyOf, 143, 275, 356
      equals, 143, 220
      hashCode, 144, 221, 237, 385
      toString, 207
arsinh, 45
asList
      Arrays, 241
assert, 378
Attribut, 375
Aufzählungstyp, 103, 186–188, 190–192, 200,
      222, 225–227, 352
Auswertung
      teilweise, 122
Autoboxing, 254
Automat, 101
availableCharsets, 204

Backtracking, 97
BaseStopWatch, 179
BigInt, 137
BigInteger, 136
Binom, 70
BitInputStream, 286
BitOutputStream, 288
Bitshift-Operator, 291
Blockkommentar, 101, 374
BufferedReader, 262, 312, 380

Cäsar-Chiffre, 205
Camel, 156
CamelCode, 373
Caravan, 157
Card, 187
checked-Exception, 265
Chiffre
      asymmetrische, 204, 210
      symmetrische, 204
Cipher, 204
Circuit, 171
Client/Server-Netzwerk, 381
Clocktime, 133
clone, 257, 327, 376
Cloneable, 327
Closure, 194
Collection, 85
Collections
      synchronizedMap, 309
      unmodifiableMap, 258
CommentX, 103
CommentXDeluxe, 109
CommentXTest, 102
Comparable, 251, 325, 341
Comparator, 249, 322
Composed, 333
Composite Pattern, 164, 171, 329
CompoundCircuit, 173, 175
consumer, 304
copyOf
      Arrays, 143, 275, 356
CountList, 253, 255, 258
currentTimeMillis
      System, 179, 305

Datenkapselung, 375
Decorator Pattern, 270
Delegation, 208, 255, 344
Dezimalziffern, 61
DHCipher, 213
Diffie-Hellman, 210

DirDepth, 280
Distance, 224
Division
      ganzzahlig, 5, 9, 28, 35, 61, 135
double-ended queue, 305
Doublets, 281

ECamel2010, 156
Encoding, 204
Entwurfsmuster, 164, 171
Enum, 103, 200, 222, 352
      ordinal, 108
      values, 189
EnumMap, 188
equals, 383
      Arrays, 143, 220
Eratosthenes, 199, 345
Ersatzdarstellung
      Unicode, 205
Erzeuger/Verbraucher-Problem, 303
Euklidischer Algorithmus, 147, 148
Evens, 201
exp
      Math, 42

Fermat, 83
Fibonacci-Folge, 136, 139, 336
Field, 108, 350
File, 277
Filecount, 278
FileInputStream, 381
FileOutputStream, 381
FileReader, 380
Filesystem, 277, 279, 281
FileWriter, 380
Filter, 198, 199, 270, 272, 274
Filter, 199, 202
finalize, 265
foreach-Schleife, 85, 216, 234, 262, 345
format
      String, 74, 128, 134, 146, 268, 271
FTW, 278

Generator, 88, 211, 212
geordnete Liste, 340
getBytes
      String, 204
getClass, 328, 386
getDeclaredMethod, 327
Getter, 375
GF(2), 350
GF(p), 353

ggT, 148
GlitterStar, 169
Goldbach-Vermutung, 87
Group, 349, 350
Gruppe, 348, 349

Hand, 188
hashCode, 384
      Arrays, 144, 221, 237, 385
HashMap, 108, 243, 246, 254, 281, 304, 311, 330
HashSet, 243, 254, 330
Heronische Formel, 3, 121
Hexadezimalzahl, 34
Horner-Schema, 142
hypot
      Math, 3, 19, 118

Identifier
      Schreibweise, 373
immutable class, 376
import
      static, 4
IndexOutOfBoundsException, 145, 338, 343
information hiding, 375
InputStream, 381
Interface
      abgeleitet, 181, 349
      geschachtelt, 186
      privat, 186
      tagging, 327
Interval, 127
IntGroup, 349
Invariante, 378
invoke, 327
ISO-8859-1
      Zeichensatz, 204
Iterable, 85, 216, 262, 345
Iterator, 85, 195, 217, 218, 262, 345

Javadoc-Kommentar, 374
Joker, 112, 113
Josephus, 152

Körper, 348–350
Kirchhoff'sche Regeln, 171
Klasse
      abstrakt, 173, 278
      anonym, 91, 186, 192, 194, 294, 307, 346
      geschachtelt, 85, 160, 322
      innere, 91, 218, 264, 265, 346
      lokal, 294
      privat, 85, 218, 264

unveränderlich, 376
Klassenvariable, 149
Kommentar, 101, 374
Konstante, 375
Konstruktor
    privat, 127, 236
Kopie
    flach, 257
Kryptografie, 204

Latin-1
    Zeichensatz, 204
Lectures, 242
Length, 224, 227
LetterColl, 234
Liste
    verkettet, 149, 154
Lock, 306
long, 48, 63, 291

magic number, 377
Main, 168
Marker-Interface, 327
Median, 12, 325
Median, 12
Methode
    generisch, 229, 324
Mobile, 166

NameClient, 316
Namen
    Schreibweise, 373
NameServer, 311
natürliche Ordnung, 249
Naturals, 196
Nebenläufigkeit, 293, 303
nested class, 160
Netzwerk, 298
    peer-to-peer, 293
newInstance, 386
Newline, 74, 106, 271
Node, 217
NoSuchElementException, 197, 233

ObjectStream, 314
Oktalzahl, 34
OrderedArrayList, 341, 346
OrderedArrayQueue, 344, 347
OrderedList, 341, 346
OrderedQueue, 344
Osterdatum, 6
OutputStream, 381

Pair, 321
Palindrom, 62
Parallel, 174
Partialsumme, 42
Pascal, 74
Pascal'sches Dreieck, 72, 75
PascalOpt, 75
peer-to-peer
    Netzwerk, 293
Permutation, 94
Point, 117
Polynom, 141, 356
Polynomial, 142, 356
Port, 303
PositionReader, 272
postcondition, 378
Potentiometer, 178
Potenz, 46, 83, 84, 213, 355
precondition, 159, 378
Primes, 85
PrimeTest, 82
Primzahl, 81, 199, 211, 345, 353, 385
Primzahlen-Iterator, 85, 87
Primzahltest
    exakt, 81
    probabilistisch, 83
PrintWriter, 380
Prisoner, 150
Prod, 229
Producer, 305, 306
producer, 304
Pseudoprimzahl, 83
Pseudozufallszahl, 91

Quadratwurzel
    Approximation, 31
Quantity, 227

Random, 83, 209, 293
RandomGenerator, 91
Range, 197
Rank, 191
Reflection, 327, 386
Reihe, 42
Rekursion, 71, 97, 112, 113
    Baum, 168, 173, 219, 277
Relation, 329
ResettableStopWatch, 181
Resistor, 172
ReverseInputStream, 274
Ring, 348, 349

Ring, 350
RingQueue, 336
Roman, 245, 251
Rundungsfehler, 116, 125
Runlength Encoding, 50
RuntimeException, 159, 265, 301, 342

Scanner, 39
Schaltung
    parallel, 171, 173
    seriell, 171, 173
seed, 90
Sequence, 195
Serial, 174, 176
Seriennummer, 149
ServerSocket, 382
Setter, 375
Sieb des Eratosthenes, 199, 345
Simple, 330
Singleton, 194
sinh
    Math, 44
Socket, 381
Spielkarte, 186
sqrt
    Math, 3
Square-and-Multiply, 46
Standardeingabe
    ganze Zahl, 39
Star, 166
Static Block, 246
StreamCipher, 209
StringMatch, 112
StringReader, 271
Stromchiffre, 208
Substitution, 206
Substitutionschiffre, 205
Sudoku, 96
Sudoku, 98
Suit, 187
super
    Basisklassenmethode, 124, 170, 184,
        272, 383
SuppressWarning
    Annotation, 328, 386
SuspendableStopWatch, 183
SwissTick, 180, 182
SwissTickDeluxe, 184
SwissTickZero, 182
synchronized, 306
synchronizedMap

Collections, 309
System property
    line.separator, 74, 106

tagging
    Interface, 327
Teiler
    echt, 55, 81
TextfileLines, 263
TextfileMapper, 267
TextfileSplitter, 268
Thread, 293, 299, 304
Ticker, 293
Time-space tradeoff, 73
TittleTattle, 294
toString, 327, 385
    Arrays, 207
TrafficControl, 304, 305
TrafficControlSimple, 307, 309
Transition, 107
TreeMap, 248
TreeSet, 242, 249
Triangle, 120
TriangleArea, 3
TriangleCached, 124
TripleFibonacci, 339
Trustcenter, 211
type inference, 326
Typecast
    generic, 327
Typobjekt, 189
Typsicherheit
    statisch, 386

Überlauf
    numerisch, 46, 63, 70, 87, 139, 195, 378
unchecked operation
    Warnung, 386
Unicode
    Ersatzdarstellung, 205
UniqueLetterColl, 239
Unit, 226
unmodifiableMap
    Collections, 258

Verschlüsselung, 204

Watchdog, 299
Wertesemantik, 129
Wildcard, 253, 325, 341
Wire, 167
Wochentag, 5

wrap-around, 64, 196
Wrapper-Typ, 246

XOR-Substitution, 206, 210
XorSubstitution, 207

Z2, 351
Z2e, 352
Zählmaß, 8
Zahlenfolge, 195
Zahlensystem, 34
ZapMultiples, 201
Zeichensatz, 204
     Latin-1, 204
Zeilenkommentar, 106, 374
Zeilentransformator, 266
Zeilenwechsel, 74, 106, 271
Zeller, Christoph, 5
Zp, 354
Zufallsgenerator, 84, 90, 209

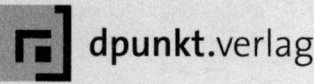

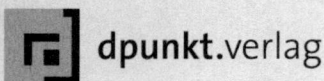

3., überarbeitete Auflage 2006
530 Seiten, gebunden
€ 44,00 (D)
ISBN 978-3-89864-385-6

Gunter Saaker · Kai-Uwe Sattler

Algorithmen und Datenstrukturen

Eine Einführung mit Java

3., überarbeitete Auflage

Kenntnisse von Algorithmen und Datenstrukturen sind Grundbaustein eines jeden
Informatikstudiums. Das Buch behandelt diese
Thematik in Verbindung mit der Programmiersprache Java. Darüberhinaus werden ganz
grundlegende Konzepte angesprochen wie
formale und alternative Algorithmenmodelle,
Korrektheit und Komplexität. Einen weiteren
Schwerpunkt bilden fundamentale Datenstrukturen sowie deren objektorientierte
Implementierung mit modernen Methoden
der Softwareentwicklung. Die Neuerungen
der 3. Auflage beziehen sich vor allem auf die
Vorstellung der aktuellen Sprachkonzepte von
Java.

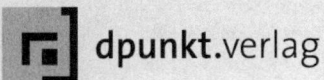 dpunkt.verlag

Ringstraße 19 · 69115 Heidelberg
fon 0 62 21/14 83 40
fax 0 62 21/14 83 99
e-mail hallo@dpunkt.de
http://www.dpunkt.de

2007, 392 Seiten, Broschur
€ 39,00 (D)
ISBN 978-3-89864-465-5

Framework für die Java-Entwicklung

2., aktualisierte und erweiterte Auflage

Spring ist ein leichtgewichtiges Framework für die Java-SE- und Java-EE-Entwicklung und integriert Frameworks wie Hibernate, iBATIS und die Java Persistence API.

Das Buch bietet eine umfassende Einführung in die Spring-Grundlagen wie Dependency Injection und aspektorientierte Programmierung. Darüber hinaus wird die Unterstützung für Transaktionen, Persistenz, verteilte Anwendungen und das Spring Web Framework erläutert. Schließlich erhält der Leser einen Überblick über fortgeschrittene Spring-Eigenschaften sowie Technologien aus dem Spring-Umfeld. Eine Beispielanwendung illustriert die Themen.

Die 2. Auflage wurde vollständig überarbeitet und auf die Version 2.0 von Spring aktualisiert. Sie enthält neue Kapitel zur Java Persistence API, zu Spring Web Services und zu Spring OSGi.

»Das Werk ›Spring – Framework für die Java-Entwicklung‹ ist ein gelungenes Buch und richtet sich insbesondere an Spring-Neulinge, die einen kompakten und fundierten Einstieg in das Framework suchen.«
(Javamagazin 10/2006, zur ersten Auflage)

»Mit ›Spring. Frameworks für die Java-Entwicklung‹ bietet Wolff einen sauberen Einstieg in das Spring-Framework mit klarer Struktur, durchgehendem Beispiel und einer ordentlichen Portion Erfahrung zum mitlesen.«
(Amazon.de-Redaktion, zur ersten Auflage)

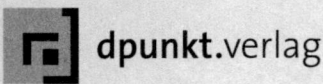 dpunkt.verlag

Ringstraße 19 · 69115 Heidelberg
fon 0 62 21/14 83 40
fax 0 62 21/14 83 99
e-mail hallo@dpunkt.de
http://www.dpunkt.de